GÜTERSLOHER
VERLAGSHAUS

Wolfgang Gründinger

ALTE SÄCKE POLITIK

Wie wir unsere Zukunft verspielen

Gütersloher Verlagshaus

Inhalt

5

1. Früher war mehr Lametta
Über ein Land im Weckglas, das einen Weckruf braucht

»Die Demokratie ist das beste Regierungssystem, das wir haben, aber sie hat eine Macke: Sie ist orientiert an Legislaturperioden.«
Franz Müntefering[1]

»Ich fahre auf Sicht.«
Angela Merkel[2]

Im schicken Saal des Hotel Intercontinental in Berlin-Charlottenburg, bei einer der vielen Demografiekonferenzen, spitzte der Moderator seine Frage bewusst provokativ zu: »Beuten die Alten die Jungen aus?«, wollte er von den Experten auf der Bühne wissen. Der Politiker verneinte vehement und meinte, er habe da ganz andere Erfahrungen. Der Soziologieprofessor erklärte, dafür gebe es keine wissenschaftliche Evidenz. Und die Seniorenvertreterin, wie könnte sie auch anders, schüttelte nur den Kopf.

Als der Blick des Moderators zu mir wanderte, wusste ich, was er von mir erwartete: das Gegenfeuer im Krieg der Generationen. Das war schließlich die mir zugedachte Aufgabe, ihretwegen hatte man mich eingeladen: Das war meine Rolle als halbwegs junger Politikwissenschaftler und Zukunftsaktivist. Doch ich fühlte mich zum Nachdenken angeregt: Wie sollten meine Mutter oder meine Großmutter mich ausbeuten? Und würde ich selbst, wenn ich einmal alt bin, meine Kinder und Enkel ausbeuten? Das schien mir doch etwas zweifelhaft. Also sagte auch ich frei heraus: »Nein, die Alten beuten die Jungen nicht aus.«

Allerdings: Die Frage ist falsch gestellt. Jede Antwort führt daher in die Irre. Denn gibt es sie wirklich, »die« Alten, die sich konspirativ zusammengetan hätten, um »die« Jungen in gemeiner Absicht auszubeuten? Ein einfaches »Nein« oder »Ja« greift zu kurz. Wir müssen tiefer schürfen und der Sache auf den Grund gehen, anstatt das Problem mit einem Halbsatz kleinzureden.

Wer es als einigermaßen junger Mensch wagt, seine Meinung öffentlich kundzutun, dem schallt es oft genug entgegen: Jammert doch nicht, euch geht es doch gut! Und es stimmt ja auch: Meine Generation ist, alles in allem, in materiellem Wohlstand aufgewachsen. Ich musste nie hungern, hatte immer ein warmes Dach über dem Kopf und Internet, seit ich 15 bin. Sogar der Arbeitsmarkt scheint es inzwischen ganz gut mit uns zu meinen, denn trotz Bankenkollaps und Eurokrise ist von der ihr prekäres Dasein fristenden Generation Praktikum nicht mehr viel zu hören. Geht es uns also einfach nur zu gut?

Nein, wir jammern nicht. Dennoch erben wir keine schöne heile Welt. Wir spüren die Probleme nur noch nicht, die sich zwar unter der Oberfläche, dafür aber umso massiver zusammenballen. Die auf Kurzatmigkeit geeichte Politik verwaltet den Stillstand, auf dass sich die Gegenwart auf ewig verlängere. Deutschland ist ein Land, das längst vergangene Stadtschlösser wieder aufbaut und gleichzeitig Jugendclubs schließt, ein Land, das über Nacht zig milliardenschwere Rentenpakete schnürt, aber zugleich Förderprogramme für Kitas auf Eis legt, weil angeblich die Kassen leer sind, ein Land, das Umgehungsstraßen baut, aber beim Ausbau von Glasfaser-Internet auf der Stelle tritt, ein Land, dessen Schüler Latein und Altgriechisch lernen müssen, nicht aber Programmieren und Informatik – kurzum: ein Land, das in der Vergangenheit schwelgt, statt von der Zukunft zu träumen.

Diesen Zeitgeist mit dem Muff von hundert Jahren umschreibe ich mit der Metapher »Alte-Säcke-Politik«. Damit meine ich aber ausdrücklich nicht »die« Alten; denn ein Methusalem-

Komplott räuberischer Alter, die sich als monolithischer Block gegen die Jungen verschworen hätten, gibt es nicht. Die meisten der Älteren sind selbst Eltern und Großeltern, die sich um ihre Kinder und Enkel sorgen und kümmern. Pauschales Bashing gegen »die« Alten ist fehl am Platz – ebenso wie populäre, aber dennoch wirklichkeitsfremde und selbstgerechte Pauschalurteile über »die« Politiker, »die« Manager oder ganz einfach »die da oben«.

Dennoch darf man nicht die Augen schließen und betreten wegschauen: Die ebenso reiche wie zahlreiche Babyboomer-Generation hält die Geschicke des Landes in ihren Händen und tut dabei vor allem eins: protestieren gegen Veränderungen, damit alles so bleibt, wie es ist, nach dem Motto »Uns geht es doch so gut!«. Und die Jungen werden dabei gern übersehen. Die Lebenslagen und Lebenswelten der meisten Älteren, ihre Wertegerüste und Weltanschauungen unterscheiden sich allerdings so fundamental von denen der meisten Jüngeren, dass sich daraus unweigerlich Konflikte ergeben müssen. Trotz aller verschiedenen Grautöne gibt es sie in zu großer Zahl: Politiker und Manager, die unsere Zukunft verspielen – und genügend von uns Bürgern, die sie tatkräftig dazu antreiben oder jedenfalls untätig gewähren lassen. In diesem Sinne können auch Junge schon die bildlich gesprochenen »alten Säcke« sein, wenn sie lieber Barrikaden um die Gegenwart errichten, als diese Barrikaden niederzureißen.

Es fällt leicht, die großen Fragen zu benennen, deren Beantwortung wir verschleppen. Der demografische Wandel, die digitale Revolution, die ökologische Plünderung des Planeten oder die verhärtete soziale Ungleichheit werden von der Elite unseres Landes zwar in zahllosen Sonntagsreden abgehandelt, und bisweilen haben sie die Lage ganz richtig erkannt, mitunter stellen sie gar Handlungsdruck fest, aber Taten folgen den Worten entweder überhaupt nicht oder aber zu spät, zu verzagt, oder es folgen gänzlich falsche Taten. Und selbst wenn Politiker und Manager das Richtige tun oder zumindest tun wollen, formiert sich eilig eine Front alter Säcke aus Wählerschaft und organisierten Interessengruppen, die lieber das Gestern konservieren als das Morgen ermöglichen wollen. Die Opfer dieses Zeitgeistes werden unsere Kinder sein, denen wir Lebenschancen rauben.

Der Jugend gehört die Zukunft. Den Alten gehört alles andere

»Ich bin Teil einer schamlosen Generation«, hadert der pensionierte ARD-Journalist Sven Kuntze, selbst 1942 geboren, mit seinen Altersgenossen. »Für uns zählt in erster Linie das ›Ich‹ und leider selten das ›Wir‹. Doch wehe, das sagt uns jemand!« Es ist ein vergiftetes Erbe, sagt Kuntze, das die Alten hinterlassen: globale Erwärmung, Atommüll, Schuldenberge, Ungerechtigkeit und Marktdominanz. »Das ist für die Nachkommen eine schwer zu tragende Hinterlassenschaft. Eine höhere Form an Rücksichtslosigkeit ist kaum vorstellbar.«[3]

Dabei könnte man ihm einiges zugutehalten: Seine Generation, selbst nicht mehr in den Krieg verwickelt, hat ein zerstörtes Land wiederaufgebaut, unter harten Entbehrungen das Wirtschaftswunder geschaffen und sich daher allen Respekt redlich verdient.

Nach der Trümmergeneration aber folgen die Babyboomer der Jahrgänge 1955 bis 1969, und mit ihnen haben die Kriegskinder nichts mehr gemein. Sie sind im Frieden aufgewachsen, in der Ära des Wirtschaftswunders, der Vollbeschäftigung auf Lebenszeit und der Blüte des Sozialstaates. Mit der Deutschen Mark fühlten sie sich wie Krösus, das war noch eine sichere Währung! Für ihr Sparkonto kassierten sie dicke Zinsen, aber eigentlich brauchten sie gar nicht sparen, denn die Renten waren sicher. Dank auskömmlicher Zinsen und gutentlohnter Jobs konnten sie sich bald ein Reihenhaus leisten. Freilich, es gab den Kalten Krieg, zwei Atommächte drohten sich gegenseitig mit der völligen Vernichtung, aber genau das machte den

Frieden auch so sicher. An einen Angriffskrieg war nicht zu denken, und deutsche Soldaten mussten nicht den Hindukusch verteidigen.

In Sicherheit aufgewachsen, wollen sie ihren Lebensabend nun auch genauso unbelästigt genießen, wie sie es gewohnt sind, koste es, was es wolle! Und bis dahin soll alles gefälligst so bleiben, wie es schon immer war. Ich würde es ihnen gönnen, wenn nicht das Schicksal meiner Generation von ihnen abhängen würde.

Alles, was einmal sicher war, ist es heute nicht mehr: der Frieden, der Job, die Währung, die Rente, das Ersparte.

Der Jugend gehört die Zukunft? Sicherlich. Doch den Alten gehört alles andere: die Wählerstimmen, das Geld, die Firmen, die Parteien, die Häuser, die Zeit. Sie machen die Gesetze, sie sind der größte Konsumfaktor, sie entscheiden über das Schicksal unseres Landes. Sie haben mehr Vergangenheit hinter sich als Zukunft vor sich. Sie stimmen für die Vergangenheit, allenfalls noch für ihre Gegenwart, nicht aber für die Zukunft – eine Zukunft, die ihnen selbst egal sein kann.

Demografie und Demokratie sind zwei Seiten einer Medaille. Wenn das Wahlvolk älter wird, verändert das die systematischen Handlungslogiken einer Gesellschaft: ihrer Politik, ihrer Wirtschaft, ihrer Kultur.

Deutschland hat die zweitälteste Bevölkerung der Welt, gleich hinter Japan. Bereits heute ist die Hälfte aller Deutschen älter als 46,3 Jahre. Im Jahr 2000 lag die Lebensmitte noch bei vergleichsweise frischen 39,9 Jahren.[4] Und die Alten werden immer zahlreicher, weil wir länger leben und weniger Kinder zur Welt bringen. Im Jahr 2030 wird ein Drittel der Deutschen seinen 65. Geburtstag hinter sich haben.[5] Ohne die Alten wird dann erst recht kein Staat mehr zu machen sein. Selbst wenn die Geburtenraten unverhofft nach oben schnellen würden, ließe sich dieser Trend nicht mehr umkehren, da sich die fehlenden Geburten der letzten drei Jahrzehnte nicht einfach »nachholen« lassen.

Babyboomer: die wirklich schamlose Generation

Dabei sitzen bereits heute die Grauhaarigen an den Hebeln der Macht. Die Alten von heute leben nicht nur länger als früher, sondern sie verbringen diese gewonnenen Lebensjahre in aller Regel auch in guter Gesundheit und materieller Sicherheit. Die Babyboomer sind die größte und wohlhabendste Generation aller Zeiten und bestimmen Politik, Wirtschaft und Kultur.

In Talkshows und Zeitungsreportagen werden die Meldungen über Rentenbeschlüsse mit gebrechlichen Tattergreisen illustriert, die einzig dank Krückstock ihren Spaziergang zur Parkbank bewältigen können. Doch dieses Stereotyp vom gebrechlichen Greis ist längst von der Wirklichkeit überholt: Die modernen »Silversurfer« sind fitter und gesünder als je zuvor. Wir leben in Zeiten, in denen 80-Jährige den Mount Everest erklimmen[6] und 91-Jährige Marathon laufen.[7] »Graue Schläfen, harte Tritte«: Karate und Judo liegen bei den Senioren voll im Trend.[8] Man muss sich also vorsehen. Selbst Banküberfälle trauen sich die Senioren zu: Eine Rentner-Gang in Nordrhein-Westfalen hat zuletzt eine Beute von mehr als einer Million Euro eingesackt und konnte erst nach 14 geglückten Banküberfällen von einer eigens gebildeten »Soko Opa« dingfest gemacht werden. Die Gangster waren im rüstigen Alter von 64, 73 und 74 Jahren.[9] Und was die berühmte Reiselust angeht: Die Ruheständler von heute reisen doppelt so häufig wie ihre Altersgenossen vor 40 Jahren.[10] Keine andere Altersgruppe gibt einen höheren Anteil ihres Einkommens für Urlaub aus.[11] Die Kreuzfahrtschifffahrt boomt – die Hälfte aller Kreuzfahrttouristen ist jenseits der 55.[12] Kein Wunder, dass die Lebensenergie bei der Sexualität nicht Halt macht: Studien berichten beispielsweise von einer wachsenden Gruppe sexuell emanzipierter Frauen zwischen 50 und 65, die sexuell besonders aktiv sind, häufiger als ihr Partner die dominierende Rolle im Bett ergreifen und häufiger Sex haben als junge Paare.[13]

Die Alten fühlen sich freilich selbst niemals zu alt. Alt sind immer die anderen, die eben *noch* älter sind. Laut der Generali-Altersstudie sagen die Alten von heute von sich selbst, dass sie sich zehn Jahre jünger fühlen, als sie wirklich sind.[14] Und die medizinischen Daten geben ihnen recht: Der durchschnittliche 65-Jährige von heute ist so gesund wie ein 55-Jähriger vor 40 Jahren.[15] Die Wahrnehmung von dem, was wir für »alt« halten, verschiebt sich. Jeder will zwar alt *werden*, aber kaum jemand will jemals alt *sein*.

Das mediale Zerrbild, in dem mittellose Trümmerfrauen gegen wohlstandsverzogene Teenager in Szene gesetzt werden, könnte trügerischer nicht sein. Die materielle Situation der großen Mehrheit der Alten ist besser, als die Talkshows über Altersarmut glauben machen. Alle Vermögens-, Armuts- und Einkommensstatistiken zeigen: Die Alten sind die am reichlichsten ausgestattete Altersgruppe hierzulande. Der durchschnittliche Neurentner besitzt ein Nettovermögen von knapp 175 000 Euro.[16] Altersarmut ist zum Glück beinahe ausgerottet: Lediglich 2,6 Prozent der Über-65-Jährigen sind auf die staatliche Grundsicherung angewiesen. Zum Vergleich: 18,2 Prozent aller Kinder unter drei Jahren müssen von Sozialhilfe leben.[17] Und das Risiko, als junger Mensch in Armut aufzuwachsen, ist in den vergangenen Jahren deutlich gestiegen.[18] Kinderarmut ist zu einem wesentlich gravierenderen Problem als Altersarmut geworden. Darum aber kümmert sich keine Talkshow.

Es geht nicht darum, Alte gegen Junge auszuspielen. Aber wir haben Altersarmut heute erfolgreich besiegt, beinahe zumindest. Jedes einzelne Schicksal einer verarmten Witwe, die vielleicht drei oder sogar mehr Kinder großgezogen und jahrzehntelang Entbehrungen auf sich genommen hat, ist ein Schicksal zu viel. Aber so schlimm solche Schicksale auch sind, dürfen sie den Blick nicht trüben: Denn heute ist es wahrscheinlicher, ein armes Kind zu treffen als einen armen Rentner.

In einer Demokratie übersetzt sich Masse in Macht. Die Mitte der Gesellschaft – das sind die Babyboomer, die jetzt in Rente gehen. Sie sind zur wichtigsten Zielgruppe der großen Parteien geworden. Mehr als ein Drittel aller Wähler ist über 60 Jahre alt, und im Jahr 2030 dürfte ihr Anteil auf mindestens 43 Prozent geklettert sein. Bei der Bundestagswahl 2013 hatte die junge Generation so wenig Gewicht wie nie zuvor in der Geschichte der Bundesrepublik. Hätte eine Partei sämtliche Wähler unter 21 mobilisiert, hätte das nicht einmal für die Fünf-Prozent-Hürde gereicht. Hätte sie dagegen alle Wähler über 70 auf ihre Seite gebracht, wären dies bereits mehr als ein Fünftel aller Stimmen.[19] Politik gegen die Alten ist eine Anleitung zum politischen Selbstmord. »Wir Älteren sind selbstbewusster geworden und spüren unsere Macht. Gegen uns sind für eine Volkspartei keine Wahlen mehr zu gewinnen«, prahlt Otto Wulff, Jahrgang 1933, Bundesvorsitzender der Senioren-Union.[20] An Selbst- und Sendungsbewusstsein mangelt es wahrlich nicht.

Ein befreundeter SPD-Abgeordneter aus Brandenburg verriet mir kürzlich das Geheimnis seines Erfolgs: »Ich gehe nur auf Termine, wo mindestens zwei Omis sind. Ohne die Omis kannst du keine Wahl gewinnen.« Fast jeden Samstag postet er auf Facebook ein Bild von ihm beim Kaffeekränzchen im Altenheim – dabei ist er erst knapp über 30 Jahre alt. Junge können es nur nach oben schaffen, wenn die Alten es ihnen gönnen.

Noch grauhaariger als die Wählerschaft sind die Parteien, in denen die Lebenswelt der Jungen gar nicht mehr vorkommt. Die Hälfte aller SPD- und CDU/CSU-Mitglieder ist über 60 Jahre alt. Keine drei Prozent sind jünger als 25.[21] Nicht aus der Luft gegriffen scherzte daher Klaus Wowereit, bis zuletzt Regierender Bürgermeister von Berlin (SPD), kurz vor seinem Rücktritt im November 2014, er könne ja nun Chef der Arbeitsgemeinschaft 60plus der SPD werden. »Dann habe ich die Mehrheit wieder hinter mir.«[22]

Auch die Gewerkschaften sind nicht etwa in der Hand der Arbeiter – sondern der Rentner. Jedes dritte Mitglied der IG Metall beispielsweise ist gar nicht mehr erwerbstätig.[23] Wie lange die Gewerkschaften noch die Interessen der Arbeitnehmer (also der Beitragszahler) gegen die Interessen der Rentner (also der Leistungsempfänger) verteidigen können, ist angesichts deren alternder Mitgliederstruktur nur noch eine Frage der Zeit.

In den Parlamenten sind die Jungen eine Randerscheinung. Im Bundestag sind aktuell über 82 Prozent der Abgeordneten jenseits der 40 Jahre, in den Landtagen sind es sogar rund 90 Prozent.[24] Obwohl auch die Jungen zum Volk gehören, sind sie in den Volksvertretungen kaum vertreten.

Manch einem ist selbst das noch nicht betagt genug. Alois Glück, Jahrgang 1940, ehemaliger CSU-Spitzenpolitiker und nun Vorsitzender des Zentralkomitees deutscher Katholiken, moniert eine unzeitgemäße »Jugendfixierung« der Politik, deretwegen sich die »dominante ältere Wählergruppe« nicht mehr angesprochen fühle. Er fordert, man solle wieder die »richtige Mischung« der Altersgruppen finden und mehr Alte in die Parlamente wählen.[25] Hans-Jochen Vogel, Jahrgang 1926, vor langer Zeit (Ende der 80er Jahre) Bundesvorsitzender der SPD, stimmte in die Klage ein, man bräuchte endlich wieder mehr Alte in den Parlamenten.[26]

Mit der tektonischen Verschiebung im demografischen Gleichgewicht wächst die Gefahr, dass die Alten durch ihr strukturelles Wählergewicht die politische Agenda diktieren und Zukunftsthemen von der Tischkante stoßen. Die Alten bestimmen, was hinten rauskommt – in den Parteien und Parlamenten nicht anders als bei Volksentscheiden. Die Parteien sehen sich gezwungen, »aus Machterwerbs- und Machterhaltungsgründen die ökonomischen Interessen der älteren Wählerschaft fest im Blick zu haben«, konstatiert Manfred G. Schmidt, Professor für politische Wissenschaft an der Universität Heidelberg.[27] Sein Namensvetter Harald Schmidt bringt seinen Rat zur Erlangung der absoluten Mehrheit in seiner launigen »Handreichung für die Politkarriere« etwas zugespitzter auf den Punkt: »Rentner, Rentner, Rentner. Größte Wählergruppe, finanzstark, staatstreu. Vergessen Sie moderne junge Frauen in Großstädten. Überschaubare Anzahl, wählen sowieso Grün.«[28]

Junge haben es schwer, sich durchzusetzen – sie können nur aufsteigen, wenn sie nichts machen, was der Mehrheit der Alten nicht passt. Die Jungen werden zu einer Minderheit, die politisch praktisch irrelevant ist.

Im Klartext: In Deutschland haben die Alten das Sagen. Und zwar, weil die Politiker in vorauseilendem Gehorsam genau das tun oder genau das unterlassen, von dem sie *glauben*, dass die Mehrheit der Alten es möchte oder eben nicht möchte. Die Wünsche und Interessen der Jungen fallen von der Tagesordnung. Die Jugend existiert politisch nicht; dass sie physisch existiert, wird für sie zunehmend zum Problem.

Aufstand der Wutrentner auf Kosten der Jugend

Die Solidarität der Generationen sei doch ungebrochen, wird oftmals eingewandt, denn die Großeltern kümmerten sich doch innig um ihre Enkel. Und auch die Eltern wollen doch nur das Beste für ihre Kinder! Stimmt: für *ihre eigenen, leiblichen* Enkel und *ihre eigenen, leiblichen* Kinder. Die sollen es gut haben, auf die besten Schulen gehen, ins Ausland gehen, Klavier spielen, tolle Praktika absolvieren und sich einen klasse Job ergattern. Die Kinder anderer Leute allerdings mögen die eigenen Kinder dabei gefälligst nicht behelligen. Die Solidarität der Generationen ist eine dynastische: Sie gilt nur der eigenen Familie – obwohl gerade diejenigen Kinder am meisten die Solidarität der Gesellschaft brauchen, deren eigene Eltern am wenigsten selbst leisten können.

Auch wenn das Paradigma des eigensüchtigen Homo Oeconomicus schon immer falsch war und auch für die Alten nicht stimmt: Alte und Junge haben mehrheitlich unterschiedliche

Werte und Wünsche, Prioritäten und Interessen. Das ist normal, aber das führt auch zu ganz normalen Konflikten.

Das ideologisch unverdächtige Max-Planck-Institut für demografische Forschung konnte mittels einer methodisch sorgfältig gemachten Befragung von 14 000 Menschen nachweisen, dass die politischen Präferenzen eines Bürgers immer zukunftsfeindlicher werden, je älter er wird. Dass beispielsweise ein 65-Jähriger eine Erhöhung des Kindergelds befürwortet, ist um 85 Prozent weniger wahrscheinlich als bei einem 20-Jährigen. Die Zustimmung zu flexibleren Arbeitszeiten für Eltern schrumpft um 50 Prozent. Und auch die Befürwortung öffentlicher Kinderbetreuung nimmt etwa ab dem 60. Lebensjahr drastisch ab. Zugleich sprechen sich die Alten für mehr Staatsausgaben aus, wenn sie davon profitieren – zu Lasten der mittleren Generation: Alte sind wesentlich häufiger als Junge gegen die Erhöhung des Rentenalters und gegen die Kürzung der Rentenbezüge, dafür aber für Steuererhöhungen zur Finanzierung der Rente und für mehr gesetzliche finanzielle Unterhaltspflichten der Kinder gegenüber ihren Eltern.[29]

Um ihre Interessen durchzusetzen, können die Alten nicht nur ihr schier riesiges Wählergewicht ausspielen. Die Zeit- und Geldeliten bestimmen das Land, und das sind eben die Rentner. Sie haben wesentlich mehr Zeit und Geld griffbereit, um in Parteigremien zu sitzen oder Bürgerproteste aufzuziehen. Die Wutbürger sind vor allem Wutrentner. Viele Bürgerinitiativen sind »alt, oft verbittert und manchmal richtig böse«, findet Dieter Salomon, grüner Oberbürgermeister von Freiburg.[30] Und er hat völlig recht.

In einer großangelegten Untersuchung zu den Bürgerprotesten in Deutschland aus dem Jahr 2013 stellte das Institut für Demokratieforschung an der Universität Göttingen fest, dass »ganz besonders Vorruheständler, Rentner, Pensionäre« zu den Protestierern gehören. Beispielsweise sind von den Anti-Energiewende-Demonstranten, die gegen Windräder oder Stromleitungen auf die Straße und vor die Gerichte gehen, 80 Prozent über 45 Jahre alt. »Junge bilden die Ausnahme.« Die Forscher fürchteten, dass sich bald »Hunderttausende hochmotivierter und rüstiger Rentner in den öffentlichen Widerspruch begeben«.[31]

In Brandenburg ist die SPD inzwischen angesichts wachsenden Widerstands vom Ausbau der Windkraft abgerückt: »Es gibt eine breite Bewegung gegen Windenergie, die ist wahrscheinlich quantitativ größer als die gegen Braunkohle«, klagte der damalige SPD-Fraktionschef Klaus Ness über die altersrenitenten Konterrevolutionäre. Kein gutes Omen für die Energiewende.

Das Wissenschaftszentrum Berlin nahm den Protest gegen den Bahnhof Stuttgart 21 näher in Augenschein und bestätigt das Bild: Die meisten Bahnhofsgegner waren entweder im späten Berufsleben, im Vorruhestand oder in Rente. Jugendliche waren dagegen kaum anzutreffen; im Vergleich dazu fiel der Anteil Jugendlicher bei Anti-Kriegs-Demos wesentlich höher aus. Mit anderen Worten: Die Alten gehen gegen Bahnhöfe und Windräder auf die Straße, die Jungen für den Frieden.[32]

Dieses Ungleichgewicht schlägt sich auch bei Volksentscheiden nieder. Für die Schweiz haben Giuliano Bonoli, Professor für Sozialpolitik an der Universität Lausanne, und Silja Häusermann, Professorin für Politikwissenschaft an der Universität Zürich, das Abstimmungsverhalten bei 22 Volksentscheiden zu Arbeitsmarktpolitik, Rentenpolitik und Familienpolitik untersucht und in fast allen Fällen das Lebensalter als prägenden Faktor identifiziert.[33] So votierten die Alten signifikant häufiger gegen Arbeitszeitverkürzungen, gegen Reformen in der Rentenversicherung und gegen Entlastungen für Familien. Bei einer Volksabstimmung im März 2013 über die Förderung öffentlicher Kinderbetreuung (den sogenannten Familienartikel) beispielsweise stimmten die jüngeren Schweizer mehrheitlich dafür, aber die älteren mehrheitlich dagegen.[34] Die Alten wollten demzufolge nicht, dass der Staat jungen Familien mehr öffentliche Kinderbetreuung bietet. Das ist genau das Ergebnis, wie es das Max-Planck-Institut prognostiziert hat. Gisela Erler, Staatsrätin für Zivilgesellschaft und Bürgerbeteiligung in Baden-Württemberg, erklärte auf einer Demografiekonferenz im Bundestag: »Den Kita-Ausbau hätten wir bei einem Volksentscheid nie durchbekommen. Da wären wir gnadenlos niedergestimmt worden.«[35]

Bei einer Volksabstimmung in Österreich im Januar 2013 über die Wehrpflicht stimmten 63 Prozent der Unter-30-Jährigen für die Abschaffung, aber 71 Prozent der Über-60-Jährigen für die Beibehaltung.[36] Damit ist die Abschaffung der Wehrpflicht am Veto der Alten gescheitert. Wer gibt den Alten das Recht, eine Minderheit zu Zwangsdiensten zu verpflichten?

Bei der Mitgliederbefragung des CDU-Landesverbands Berlin zur »Ehe für alle« sprachen sich im Juli 2015 fast zwei Drittel der Über-60-Jährigen gegen die Öffnung der Ehe für homosexuelle Paare aus, während mehr als zwei Drittel der Unter-30-Jährigen dafür votierten.[37] Angesichts der Altersstruktur der Partei heißt das: Die Mehrheit der Mitglieder ist dagegen. Und so drückten die Alten der Partei ihre altertümlichen Wertvorstellungen aus dem letzten Jahrtausend auf, nur weil ihnen Gott oder das Bauchgefühl der Kanzlerin geflüstert haben, dass gleichgeschlechtliche Liebe irgendwie nicht ganz koscher sein kann. Selbst in den konservativen USA dürfen Schwule seit 2015 mit staatlichem Siegel heiraten. Kaum zu glauben, dass Texas einmal liberaler sein würde als Berlin.

Die Blockadehaltung macht auch vor der Bildungspolitik nicht Halt. Laut Umfragen im Rahmen der Pisa-Untersuchungen beklagen die Schulleitungen es als das zweitgrößte Problem, dass Veränderungen gegen den Widerstand der Lehrer nur schwer durchsetzbar sind (als größtes Problem sahen sie die mangelnde individuelle Förderung der Schüler an).[38] In einem Land, in dem jeder zweite Lehrer über 50 ist,[39] können wir wohl noch lange auf die Bildungsrevolution warten. Die Leidtragenden sind unsere Kinder, die wir zu Opfern der Schulen von gestern machen.

Wenn künftig auch auf Bundesebene per Volksentscheid abgestimmt werden soll, wird die Alten-Lobby die Themen vorgeben, die Politik vor sich hertreiben und die Jungen unterjochen. Die Interessen von Minderheiten – und damit in einer alternden Gesellschaft auch die der Jungen – werden in einer Referendumsrepublik der Greise leicht untergebuttert.

Deutschland schickt sich an, ein kinderfreundliches Land zu werden, doch das Bewusstsein für Kinder stirbt aus. Ganze Altenreservate werden zu kinderbefreiten Zonen. Wenn die Alten gegen Kinder auf die Barrikaden gehen, werden Spielplätze geschlossen – wie in Potsdam, wo sich Rentner echauffierten: »Hier war zu den unmöglichsten Zeiten Remmidemmi. Manchmal war ein halber Kindergarten da.« Nach Handgreiflichkeiten mit den Eltern und einem Rechtsstreit mit dem Vermieter ist der Spielplatz nun umzäunt, verschlossen, verwaist.[40] Andernorts werden in der Fußgängerzone nachmittags die Wasserfontänen am Stadtbrunnen ausgeschaltet, damit die plantschenden Kinder nicht die Mittagsruhe der Senioren stören.[41] »Kinder und Hunde« werden per Verbotsschild aus dem Biergarten verbannt; eine Anwohnerin zieht vor Gericht und lässt eine Spielstraße dichtmachen; und die Polizei muss anrücken, weil sich Nachbarn über Musik aus der nahegelegenen Grundschule beschweren. Das alles ist Realität in Deutschland. So viel zum Thema »Familienfreundlichkeit« und »Niedrige Geburtenrate«.

Kinderlärm ist Zukunftsmusik? Das war einmal. Angesichts von sich häufenden Klagen gegen die »unzumutbare Lärmbelästigung« durch Kindergeschrei (so Leonhard Kuckart, stellvertretender Vorsitzender der Senioren-Union), mit denen ältere Herrschaften den Bau von Spielplätzen und Kitas verhinderten oder gar per Gerichtsurteil die Schließung erwirkten, hat die Bundesregierung es inzwischen zum Gesetz machen müssen, dass spielende Kinder auch in Wohngebieten ausdrücklich zulässig sind.[42] Zu vielen Alten waren fröhliche Kinder zu viel der Lebensfreude. Sollen die Kinder doch zu Hause bleiben, wo sie hingehören!

Ein Gesundheits-Check für Autofahrer über 70? Ein Tabuthema, an das sich kein Politiker heranwagen kann, ohne öffentlich gelyncht zu werden. Dabei sind es die überforderten Alten, nicht die übermütigen Jungen, die das größte Risiko auf der Straße darstellen. Über-80-Jährige verursachen dreimal so häufig Unfälle wie der Durchschnittsfahrer, Über-75-Jährige fast doppelt so häufig. Die sonst gern zu Unrecht verdächtigten Fahranfänger der 18- bis 24-Jährigen folgen erst an dritter Stelle.[43] Menschen sterben, weil die Alten sich nichts vorschreiben lassen wollen und sich an ihr Auto klammern, bis dass der Tod sie scheide. Politiker, die das Thema auch nur anzusprechen wagen, landen auf dem Scheiterhaufen. Als beispielsweise der Hamburger CDU-Verkehrspolitiker Klaus-Peter Hesse im Jahr 2010 anregte, Freitickets für Bus und Bahn an Senioren zu verschenken, wenn sie ihren Führerschein freiwillig abgeben, hagelte es erboste E-Mails und Leserbriefe. Parteikollegen pfiffen ihn zurück, mit dem Hinweis, der Vorschlag sei »nicht wahlkampffördlich«.[44] Die Idee wurde schleunigst beerdigt, aus falsch verstandener Altenfreundlichkeit. Seither sind die von Senioren verursachten Unfälle weiter gestiegen und noch mehr Menschen starben.[45] Bei den Koalitionsverhandlungen 2013 wurde ein Gesundheitstest für alte Autofahrer ebenso schnell wieder verworfen, wie er ins Gespräch gebracht worden war – diesen »politischen Selbstmord« wollte keiner riskieren, berichtet ein Teilnehmer.[46] Noch immer sind Menschenleben weniger wert als die freie Fahrt für freie Senioren.

Sobald andere die eigene Idylle stören, rufen die Alten mit erhobenem Zeigefinger nach Verboten, um den letzten Rest der abendländischen Kultur zu retten. Die Alten wollen den Jugendlichen sogar vorschreiben, wie sie sich zu kleiden haben: Die Mehrheit der älteren Bürger will Hotpants und andere freizügige Kleidung an Schulen verbieten, die Mehrheit der Jungen ist verständlicherweise gegen ein solches Verbot.[47] Mit Alkoholverboten auf öffentlichen Plätzen und in U-Bahnen und mit Sperrstunden für Kneipen und Clubs wollen die Alten den Jungen das Feiern vermiesen, damit diese bloß nicht Ruhe und Ordnung stören. In Berlin wollen Gewerkschaften und Kirchen die Spätis dichtmachen, weil sie gegen das Verkaufsverbot an Sonntagen verstoßen – eine Forderung fernab jeder Lebensrealität. In Baden-Württemberg ist es Supermärkten und Tankstellen gesetzlich untersagt, nach 22 Uhr Bier oder Wein zu verkaufen, und im Jahr 2015 weitete ausgerechnet die grün-rote Landesregierung das Alkoholverbot auf Pizzalieferdienste aus. Damit nicht genug: Die greisen Juristen am obersten Verwaltungsgerichtshof von Baden-Württemberg verfügten im Jahr 2011 ein landesweites Verbot für den Sonntagsbetrieb von DVD-Leihautomaten, um »die völlige Aushöhlung« des heiligen Sonntagsfriedens abzuwenden.[48] Was wie ein Schildbürgerstreich klingt, ist traurige, spießbürgerliche Wahrheit in Deutschland. Im Notfall werden uns alte Männer in Roben vor der Herrschaft der Roboter bewahren. Gott behüte!

In Berlin warnte kürzlich der verkehrspolitische Sprecher der SPD, Ole Kreins, man dürfe nicht den Fehler machen, nach der autogerechten Stadt nun die fahrradgerechte Stadt schaffen zu wollen. Berlin ist nicht willens, mehr Fahrradwege zu bauen; nicht in der Lage, einen Flughafen zu bauen; aber dickköpfig und retroselig genug, um ein antikes Stadtschloss wiederzuerrichten. Wir machen aus dem Land ein Museum.

Die Opakratie drückt auch der Sozialpolitik ihren Stempel auf. Als es der damalige Bundesfinanzminister Peer Steinbrück im Jahr 2010 wagte, anlässlich der Einführung der gesetzlichen Rentengarantie (seit der die Renten nie mehr sinken dürfen) darauf hinzuweisen, dass es ja auch keine gesetzliche Lohngarantie für junge Arbeitnehmer gebe, bescherte ihm das eine gehörige Tracht Prügel. »Wer die Rentengarantie infragestellt, muss damit rechnen, bei der Bundestagswahl abgestraft zu werden«, warnte Ulrike Mascher, damalige Präsidentin des einflussreichen Rentnerverbandes VdK, der mit 1,7 Millionen zahlenden Mitgliedern mehr Wählermacht hinter sich weiß als CDU und SPD zusammen an Mitgliedern haben.[49] »Der VdK ist eine Lobbyorganisation für Leute meines Alters. Dagegen sind die Jungen machtlos«, bemerkte Steinbrück, selbst Jahrgang 1947, unlängst bei einem Rückblick auf seine politische Laufbahn.[50] Seitdem die SPD die unbeliebte Rente mit 67 beschlossen hat, kann sie Gutes tun, so viel sie will, und bekommt beim Wähler doch keinen Fuß mehr in die Tür.

Eine ganze Legion pensionierter Politiker und Manager will partout nicht loslassen und schickt sich an, das Schicksal des Landes in ihre Hände zu nehmen. »Von morgens bis abends bin ich an der Aufklärung der Bevölkerung beteiligt«, brüstet sich Politpensionär Hans-Olaf Henkel, einstiger Vorsitzender des Bundesverbands der Deutschen Industrie und späterer Spitzenpolitiker der sogenannten Alternative für Deutschland, für die er im Mai 2014 als Abgeordneter in das Europaparlament gewählt wurde. »Ich lasse keine Gelegenheit aus, meine Meinung zu sagen.« Da schwebt er auf einer Wellenlänge mit Altbundespräsident Roman Herzog (CDU), der auch einfach nicht aufhören will. Nur er und seine Seniorenfreunde könnten nämlich endlich die bittere Wahrheit aussprechen: »Wir können sagen, was wir denken, und kein Mensch kann uns abwählen.«[51] Man möche hinzufügen: leider. Denn ihre Sessel zu räumen und anderen das Sagen zu überlassen, daran denken sie nicht einmal im Traum. »Was soll ich denn loslassen?«, fragt kopfschüttelnd die Altfeministin Alice Schwarzer, Jahrgang 1942. »Hinter diesem ganzen Gerede steckt doch in Wahrheit etwas anderes: der Neid einiger mitteljunger Frauen auf meine Position.« Fähige Nachfolgerinnen gebe es halt nicht, fügt sie hinzu. Und wenn sie einmal nicht mehr da sei, werde ihr Stuhl leer bleiben: »Das ist nämlich der Stuhl von Alice«, sagt sie, und da dürfe niemand anders Platz nehmen.[52] Selbst nach dem Tod möge alles so bleiben, wie es schon immer war. Das sagt ausgerechnet jemand, der einmal eine Ikone des Kampfes für Veränderung war.

In früheren Zeiten waren die Alten auf die Barmherzigkeit der Jungen angewiesen. »Genau das aber hat sich mit der Einführung des allgemeinen und gleichen Wahlrechts verändert. Schon auf Grund ihrer Zahl hat die ältere Generation heute Macht und Einfluss wie nie zuvor«, erklärt Herfried Münkler, Professor für Politische Theorie und Ideengeschichte an der Humboldt-Universität zu Berlin. »Die Verschiebung der Machtverhältnisse wird noch dadurch verstärkt, dass es Wahlrechtsbegrenzungen zwar in Kindheit und Jugend, aber nicht im Alter gibt. Schon deswegen ist ein Generationenkrieg für die Jüngeren unter den herrschenden Verteilungsregeln nicht zu gewinnen.«[53] Heute, sagt Münkler, sind die Jungen auf die Barmherzigkeit der Alten angewiesen, nicht umgekehrt.

Überall wird über die Jugend geurteilt und verhandelt, aber kaum jemals wird *mit* der Jugend gesprochen. Man traut der Jugend nichts zu oder hält sie bewusst fern, um sich bloß nicht mit anderen Ideen beschäftigen zu müssen. Im Nachhaltigkeitsrat, der die Bundesregierung in Fragen der Zukunftsfähigkeit berät, sitzen viele honorable Persönlichkeiten, aber kein einziger Mensch unter 50 Jahren. Meine Ersuchen beim Ratsvorsitzenden und dem Kanzleramt, doch mal zur Abwechslung einen jüngeren Menschen in den Rat zu berufen, wurden mit Gleichgültigkeit und Verständnislosigkeit abgewunken. Im Bundesjugendkuratorium, das von Bundesfamilienministerin Manuela Schwesig (SPD) im Jahr 2014 neu eingerichtet wurde, sind von den 15 Mitgliedern gerade drei unter 40 Jahre alt. Das Bundesjugendkuratorium müsste eigentlich Bundesaltenkuratorium heißen. Und als Ursula von der Leyen (CDU), damals noch Bundesarbeitsministerin, im Jahre 2011 ihren »Rentendialog« eröffnete, fehlte wieder einmal die junge Generation am Verhandlungstisch. Warum darf die Jugend nicht mitreden, wenn es um ihre Interessen und ihre Zukunft geht?

Hass und Frust statt Love and Peace

Die Sehnsucht nach Beständigkeit in einer Welt, die sich immer schneller dreht, hat den modernen Empörungseifer hervorgebracht und den einstigen Fortschrittseifer verdrängt. Weil zu viele nicht mehr neugierig sind, sondern gerne alles so beibehalten wollen, wie sie es kennen, steht unsere Gesellschaft still. »Nichts ist ungünstiger und unangenehmer für den Bewegungscharakter einer Gesellschaft als die Herrschaft gebildeter Rentiers«, schreibt Heinz Bude, Professor für Makrosoziologie an der Universität Kassel.[54] »In gewisser Weise kann man sich manchmal unsere Gesellschaft als ein Aggregat aus Rentnern vorstellen, in der die Sucht nach Sicherheit alles Leben zum Erliegen gebracht hat«, meint auch Reimer Gronemeyer, Professor für Soziologie an der Universität Gießen. »Es ist ein panischer Egoismus, in den sie sich eingemauert haben. In gut gesicherten Positionen, in abbezahlten Immobilien, mit Lebensversicherung und Pensionsanspruch starren sie auf ihren Garten mit Feuchtbiotop und haben Angst.«[55]

Laut mehreren übereinstimmenden Umfragen aus dem Jahr 2015 sind die Deutschen zufrieden mit dem, wie es ist, und sie wollen, dass das auch so bleibt. Aber sie haben Angst: vor Griechenland-Kosten, Terror und Flüchtlingen. Und sie wünschen sich vor allem: Steuersenkungen.[56] Zukunftsprojekte wie Energiewende, Infrastrukturpaket oder Bildungsreform müssen hinten anstehen. »Die deutsche Gesellschaft ist eine alternde, um nicht zu sagen: gealterte Gesellschaft. Solche Gesellschaften haben ein deutlich eingeschränktes Zukunftsvertrauen; tiefgreifende Veränderungen machen sie besorgt, wenn sie nicht gar Angst verbreiten, und es gibt eine verbreitete Vorstellung, alles müsse so bleiben, wie es ist«, kommentiert der Politikwissenschaftler Herfried Münkler von der Humboldt-Universität.[57]

Die Merkel-Regierung wird vermutlich fast die Hälfte ihrer selbstgesetzten Nachhaltigkeitsziele verfehlen.[58] Stören tut das niemanden. Es geht uns ja so gut heute, wen kümmert da schon die Zukunft? Wir fühlen uns wohl in unserem bequemen Heim und schotten uns ab gegen das unbequeme Draußen: gegen Griechenland und Globalisierung, gegen Flüchtlinge und Freihandel.

Pegida und AfD: Sammelbecken für (Vor-)Ruheständler

Gerade die Massenaufmärsche der »Patriotischen Europäer gegen die Islamisierung des Abendlandes« und der Erfolg der sogenannten Alternative für Deutschland beruhen genau auf der Idee, dass früher alles besser war: D-Mark, weniger Ausländer, weniger Europa, mehr Ruhe und Ordnung. Deshalb wählten wir Deutschen eine rechte Altenpartei ins Europaparlament, in fünf Landtage und beinahe in den Bundestag, und ihre Ideologie ist viel tiefer in der bürgerlichen Mitte verankert, als viele das wahrhaben wollen, wie Christoph Giesa und Liane Bednarz in ihrem Buch *Gefährliche Bürger* eingehend dokumentieren.[59]

Wenn unerschütterlich geglaubte Wertvorstellungen plötzlich zur Disposition stehen, fühlen sich die Menschen sogar dann bedroht, wenn es keine Bedrohung gibt – wie in Sachsen, wo Zehntausende meist ältere Männer gegen den Islam auf die Straße gingen, obwohl es dort gar keine Muslime gibt. Solche Menschen klammern sich umso mehr an die verschollene Vergangenheit. »Wer bei Pegida mitmarschierte, stand dem Renteneintritt näher als dem Schulabschluss«, so der Journalist Sebastian Christ. »Was im Jahr 2015 stattfindet, ist ein 1968 mit umgekehrten Vorzeichen. Nicht die Studenten gehen auf die Straße, sondern Menschen, die kurz vor der Rente stehen oder schon längst nicht mehr erwerbstätig sind. Sie formulieren keine optimistischen Zukunftsvisionen von ›Love and Peace‹, sondern schreien ihren Hass und ihren Frust in den Himmel.«[60]

Gerne wird jungen Menschen eine Anfälligkeit für rechtsextreme oder rechtspopuläre Ideologien unterstellt. Aber sieht man einmal von der speziellen Gruppe der jungen Männer mit geringer Bildung und niedrigem Einkommen ab, ist die junge Generation liberaler, toleranter und weltoffener als die alte. »Jugendliche in Deutschland legen mit Bezug auf Muslime einen offeneren und demokratischeren Umgang mit Vielfalt und Diversität an den Tag als Erwachsene«, wie das Institut für empirische Integrations- und Migrationsforschung an der Humboldt-Universität zu Berlin nachweist. Beispielsweise sprechen sich mehr als 70 Prozent der 16- bis 25-Jährigen gegen Einschränkungen beim Bau von Moscheen oder beim Tragen des Kopftuchs an Schulen aus – im Gegensatz zu den Alten, die mehrheitlich nach Verboten rufen. Außerdem spielt nationale Symbolik unter jungen Menschen eine weniger große Rolle als bei älteren: Den Jugendlichen ist es vergleichsweise weniger wichtig, als Deutsche wahrgenommen zu werden, bei der Nationalhymne kommen bei ihnen weniger positive Gefühle auf, und für sie ist weniger wichtig, ob ein Mensch deutsche Vorfahren hat oder nicht, um als Deutscher gelten zu können.[61]

Ähnliche Ergebnisse liefert die Umfrage »Willkommenskultur in Deutschland« im Auftrag der Bertelsmann-Stiftung. Während die Alten Probleme in den Schulen, eine Belastung des Sozialstaats und soziale Spannungen als Folge der Zuwanderung fürchten, bleiben die Jungen eher gelassen.[62] Gleichermaßen unzweideutig fällt der »Religionsmonitor 2015« aus: Demzufolge fühlen sich Jüngere vom Islam im Allgemeinen weder bedroht noch überfremdet, wohingegen zwei Drittel der Älteren glauben, der Islam sei eine Bedrohung und passe nicht in die westliche Welt.[63] Die große Mehrheit der Jüngeren denkt, der Islam gehöre zu Deutschland, während eine gleich große Mehrheit der Älteren genau das Gegenteil glaubt.[64] Es sind also vor allem die Alten, die für rechte Ideologie empfänglich sind – und keineswegs die Jungen.[65]

Kaum hatte die Kanzlerin einen Aufbruch angekündigt – »Wir schaffen das!« – musste sie den Aufbruch wieder abbrechen. Denn die Mehrheit des Volkes wollte gar nicht aufbrechen. Die überraschende Sympathiewelle für die Heimatvertriebenen, die am Münchener Bahnhof eintrafen, währte nur so lange, bis wir merkten, dass diese Menschen ja hierbleiben wollen. Im Oktober 2015 sagte mehr als die Hälfte der Deutschen, dass sie Angst vor der steigenden Zahl der Flüchtlinge hat.[66] Da waren die Bilder des dreijährigen Aylan Kurdi, dessen Leiche an der türkischen Küste angeschwemmt wurde, nur ein paar Tage her. Und als Pegida wieder auf die Straße ging, kamen wieder 20 000 Menschen, die Angst hatten vor dem Neuen, vor dem Fremden, vor dem Wandel, damit ein höherer Gartenzaun den nationalen Schrebergarten bewahrt.

Politik der ruhigen Raute

Angela Merkel thront als Garantin des Status quo über einem eingeschlafenen Land. Ihr Wahlversprechen lautet: solide Trägheit und bloß nicht zu viel Reformeifer. Immer wieder wird gerätselt: Wofür steht Angela Merkel? Ihr erstes und einziges großes Projekt hätte sie in der Lösung der Flüchtlingskrise finden können, doch ihre Vision zerbröselt in ein Managementchaos und zerbricht an parteiinternen Widerständen. Große Projekte hat Merkel nicht, geschweige denn eine Vision. Nicht für Deutschland, und erst recht nicht für Europa. Merkel macht Politik für die Generation der Babyboomer, und die wollen keine Wunder und keine Experimente, sondern ihre Ruhe.

Doch auch die SPD ist längst nicht mehr die progressive Fortschrittspartei, die sie einmal war. Sie ist von der Fortschrittspartei zur Vorstadtpartei verödet, die bisweilen konservativer daherkommt als die Konservativen. Nirgendwo wird das deutlicher als im Strategiepapier »Starke Ideen für Deutschland 2025«, mit dem Sigmar Gabriel seine Partei auf den nächsten Wahlkampf einstimmen will. Allerdings ist dort wenig von starken Ideen die Rede, sondern von einem »patriotischen Selbstverständnis«, von Steuern, die »nicht hoch, sondern fair« sein sollten, und von dem Schlüsselbegriff der »Sicherheit«, den man vor die Gerechtigkeit setzen müsse. Mit diesem Papier hat Gabriel den Willen zum Fortschritt der Sozialdemokratie endgültig kastriert und auf den Harmoniekurs der Union umgeschaltet. Er navigiert nach keinem inneren Kompass mehr, sondern beugt sich einem zweifelhaften Machtkalkül, das Mehrheiten in der sogenannten Mitte vermutet. Die SPD geriert sich als eine Union ohne Merkel, als »CDU light«: Alles soll bleiben, wie es ist. In den Zeitungen ist bereits zu lesen, dass die nächste Kanzlerin wieder Angela Merkel heißen wird, und die SPD überlegt sich, ob sie überhaupt noch einen Kanzlerkandidaten aufstellen soll.

Aus Angst vor der Reaktion des Volkes haben die Parteien ihre Strategie der politischen Kommunikation verändert. Seit den Reformwehen der Agenda 2010 lautet das Erfolgsrezept, die Wähler nicht mehr mit Reformen zu stressen. Die Politik ist auf Harmonie angelegt, die dem Wähler nichts mehr zumuten will. Weckrufe wollen wir keine, eher ein Weckglas, in dem die Gegenwart für immer luftdicht verschlossen und eingelagert werden kann.

Es herrscht das Prinzip der Stille. Der Kollaps des internationalen Bankensystems hat die Weltwirtschaft an den Rand des völligen Zusammenbruchs gebracht, Millionen Menschen in die Arbeitslosigkeit und in Existenznöte gestürzt und die europäische Währungsunion mitsamt des europäischen Einigungsprozesses in die größte Krise seit Menschengedenken gebracht? Die Kanzlerin schweigt. Die NSA spioniert über Jahre hinweg systematisch deutsche Bürger, Politiker und Unternehmen aus, vermutlich gar mit Schützenhilfe des BND, und es besteht der Verdacht der Industriespionage? Die Kanzlerin schweigt. Eine rechtsextreme Terrorwelle rollt durch Deutschland, jede Woche brennt ein Flüchtlingsheim,[6] Journalisten werden mit Morddrohungen zum Schweigen gebracht, und das Bundeskriminalamt warnt vor der »Ausbreitung völkischer Ideologie«? Die Kanzlerin schweigt, weil sie immer schweigt. Erst wenn Zeitungen leere Seiten drucken, erst wenn selbst die *Tagesschau* leere Bildschirme zeigt, weil die Kanzlerin sich nicht äußert, bricht sie die eiserne Stille.

Abb. 1: Merkel schweigt. Weil eine Stellungnahme der Bundeskanzlerin schlichtweg nicht zu bekommen war, ließ die Tagesschau schließlich ihren Kasten leer.

Es sind verrückte Zeiten, in denen man wochenlang von der Annahme ausgehen musste, dass Til Schweiger mehr Verantwortung für Heimatvertriebene übernimmt als die Bundeskanzlerin. Und wir, die Bürger und Wähler, fühlen uns wohl in der schweigenden Mehrheit, die eben am liebsten schweigt. Wir haben Angst vor islamistischem Terror und fordern harte Sicherheitsgesetze; wenn aber Nazi-Banden unbehelligt Serienmorde begehen und Flüchtlingsheime in Brand setzen, passiert das halt: schlimm, aber wir sind ja nicht betroffen. Alles, was da draußen passiert, ist uns allenfalls ein Kopfschütteln wert. Als »merkeln« ist diese kollektive Geisteshaltung als Jugendwort des Jahres 2015 in den deutschen Sprachschatz eingegangen, laut Langenscheidt-Wörterbuch definiert als: »Nichtstun, keine Ent-

30

scheidungen treffen, keine Äußerungen von sich geben. Bezug auf Angela Merkel.«

Den meisten von uns geht es gut. Doch der Wohlstand ist trügerisch. Zinsen nahe null, ein schwacher Euro und billiges Öl bieten wirtschaftliche Rahmenbedingungen, die besser kaum sein könnten. Wenn Euro-Kurs, Zinsen und Ölpreis sich wieder auf Normalniveau einpendeln, werden die Risse in unserem Wohlstand aufbrechen, die heute erst fein sichtbar sind. Ab etwa 2020 schlägt auch die Demografie voll zu, wenn die Babyboomer in den Ruhestand abtreten. Und wegen der extremen Geburtenschwäche in Deutschland wird uns die Demografie härter treffen als fast alle anderen Volkswirtschaften. Lösungsangebote, wie wir mit diesem Schock umgehen können, gibt es kaum.

Dazu kommt eine untrügliche Reformmüdigkeit. Kein einziges Reformprojekt hat Angela Merkel zu Ende geführt. Bildungsrepublik, Regulierung der Finanzmärkte, Energiewende, Rentenreform, Elektromobilität oder digitaler Wandel: Überall regiert die Kanzlerin so vor sich hin und sonnt sich in alternativloser Beliebtheit. Wenn die Troika nach Berlin käme, das Zeugnis des Reformstaus wäre hart. Kaum ein anderes Land ruht sich dermaßen auf seinen Lorbeeren aus wie Deutschland. Abgesehen von Belgien und den USA hat kein anderes Land im letzten Jahrzehnt weniger Politikempfehlungen der OECD, dem wichtigsten Thinktank der Industrieländer, umgesetzt.[68]

Es geht nicht darum, allen Erfolg schlechtzureden, um German Angst oder Miesmacherei. Ebensowenig droht uns der demografische oder sonstwie herbeigeredete Untergang. Wenn wir uns aber satt und selbstgefällig zurücklehnen und sagen: »Es geht uns doch gut!«, dann verpassen wir es, rechtzeitig die Weichen dafür zu stellen, dass dieses Land wieder zu einer Nation am Puls der Zeit wird. Und dann wird das Erwachen aus der Schönfärberei umso bitterer sein. Die größten Fehler macht man meist dann, wenn es einem gut geht.

Dazu bedarf es eines Rucks, zumindest vieler kleiner Schritte in die richtige Richtung. Zurzeit allerdings machen wir zu viele Schritte in die falsche Richtung – oder gar keine. Wir surfen auf der Wohlfühlwelle und sonnen uns in der Politik der ruhigen Raute. Wir sehen dabei zu, wie die Jugend zu einer politisch ohnmächtigen Minderheit geformt wird.

Willy Brandt hat einmal gesagt: »Der beste Weg, die Zukunft vorauszusagen, ist, sie selbst zu gestalten.« Da bleibt die Frage, wer die Zukunft überhaupt noch gestalten will. Und wer überhaupt noch ein Interesse an der Zukunft hat.

2. Die Jugend von heute ...
... und warum sie besser ist als ihr Ruf

> »Ich habe überhaupt keine Hoffnung mehr in die Zukunft unseres Landes, wenn einmal unsere Jugend die Männer von morgen stellt. Unsere Jugend ist unerträglich, unverantwortlich und entsetzlich anzusehen.«
> *Aristoteles (384–322 v.Chr.)*[69]

Die Jugend von heute steht in Misskredit. Wenn diese verkommene Generation einmal die Geschicke des Landes steuern soll, sieht es düster aus. Je nach Lust und Laune der jeweiligen Kommentatoren gelten »die« Jugendlichen (wahlweise auch »die« Studierenden) als faul, dumm, egoistisch, konsumgeil, süchtig (nach Handy, Internet, Freizeit usw.), als unpolitisch, als besonders rechtsradikal oder was auch immer. Wie auch immer die Vorurteile konkret formuliert werden, eines ist sicher: Die Jugend von heute ist unnützer als ihre Vorgängergeneration und frönt auf jeden Fall einem unmöglichen Lebensstil, der das Land seinem Niedergang weiht. Bei der Jugend von heute, der Generation Y, Generation Maybe, Generation Ich, Generation Internet, Generation Facebook oder wie auch immer, ist Hopfen und Malz verloren.

Indes: Diese Klage ist nicht neu. Dass sich die Alten aus dem Fenster lehnen und sich über die Jugend mokieren, war anscheinend schon immer so. »Die Jugend liebt heute den Luxus. Sie hat schlechte Manieren, verachtet die Autorität, hat keinen Respekt mehr vor älteren Leuten und diskutiert, wo sie arbeiten sollte. Die Jugend steht nicht mehr auf, wenn Ältere das Zimmer betreten. Sie widerspricht den Eltern und tyrannisiert die Lehrer«, soll einst Sokrates gesagt haben – vor über 2 400 Jahren.[70]

Bis heute hat sich das nicht geändert. »Die Exzesse der Selbst-verwirklichung führen zur Selbstzerstörung«, beklagt beispiels-weise Hildegard Hamm-Brücher, einstmals führende FDP-Politikerin. Man habe es mit einer »unsichtbaren Generation« zu tun, sagen Jugendforscher, weil von ihr nicht viel zu sehen sei. Der *Spiegel* sorgt sich, dass den Volksparteien die jungen Mitglieder wegbrechen, dass sich der Nachwuchs kaum noch in Bürgerinitiativen engagiert, dass die Wahlbeteiligung unter Jungwählern am Boden liegt und dass junge Paare viel zu weni-ge Kinder bekommen. Die Jugend strebe nur noch nach Freizeit und Sozialprestige, sie sei vergnügungssüchtig, faul und zynisch. Die *Welt* schreibt von einer Generation von »Milzkranken«, von wehleidigen Narzissten, denen jeder Gemeinsinn abhandenge-kommen sei.

Allerdings: All diese Klagen datieren indes auf das Jahr 1994.[71] Auch damals war die Jugend schon scheiße.

»Die ganze Welt ist eine Party«, beschwerte sich nur wenig später der *Spiegel* kopfschüttelnd über die heranwachsende Ge-neration: »Die Welt wird nicht mehr kritisiert, um sie zu ver-ändern, sondern zum vielfältigen Spielmaterial genommen, um von ihm profitieren zu können, so gut es eben geht.«[72] Diese Analyse stammt aus dem Jahr 1999. Egal in welches Jahr man zurückblickt, stets war die Jugend bereits hoffnungslos wohl-standsverwahrlost.

Man sollte meinen, mit etwas Geschichtsbewusstsein und Selbstreflexion sei das mantraartig vorgetragene Lamento vom Verfall der Jugend schnell aus der Welt zu schaffen, doch weit gefehlt. Heute sind zwei Drittel der Alten jenseits der 60 der Meinung, die Jungen seien schlechter ausgebildet, weniger reif und weniger sozial verantwortlich als die Vorgängergeneration.[73] Für ihr Urteil bemühen sie anekdotische Evidenz, denn jeder hat ja so ein Geschichtchen zu erzählen, und fügen noch eine Spur postmoderner Technikkritik über Facebook, Twitter und dieses Internet überhaupt hinzu. Dann folgt ein nostalgisch verklärter

Rückblick auf die Heldentaten der eigenen Jugend. Pausenlos ziehen insbesondere Hochschuldozenten über ihre unfähigen Studierenden her, die ersatzweise für die gesamte verdorbene Jugend herhalten müssen. Keine andere gesellschaftliche Gruppe kann man so dreist und ungestraft beschimpfen.

Bei den Alten und ihren tonangebenden Meinungsführern herrscht Unverständnis über die nachwachsende Generation, meist als »Generation Y« betitelt – ausgesprochen wie das englische »Why?«, also »Warum?«. Wirklich jeder scheint bestens über die Jugend von heute Bescheid zu wissen. Meine Generation der nach 1980 Geborenen, so das gebräuchliche Label, sei selbstverliebt, arbeitsscheu und luxusverwöhnt. Wir seien digital dement, spielten den ganzen Tag mit Computern und Handys herum und wüssten gar nicht zu schätzen, was wir alles haben. Wir wollten gar kein Geld mehr verdienen, sondern immerzu freihaben. Schon im Bewerbungsgespräch würden wir den Dienstwagen ausschlagen und stattdessen so viel Freizeit und Work-Life-Balance fordern, dass es nur so kracht. Zeit, mit einigen Vorurteilen aufzuräumen.

Vorurteil 1: ultrahippe Freigeister

Vieles von dem, was über die Generation Y in der Zeitung steht, würde die Welt ein Stück besser machen:
- selbstbestimmte Souveränität statt starrer Hierarchien und störrischer Vorgesetzter
- Familie, Freunde und Freude statt Stromlinienkarriere
- Dienstfahrrad statt Firmenwagen
- Teilen statt Besitzen
- Nachhaltigkeit statt Wachstumswahn
- Verbindung von Arbeit, Spaß und Idealismus
- Life, nicht nur Work
- Glück, nicht nur Geld

Wenn die Jungen nicht mehr unbedingt viel haben, sondern vor allem gut leben wollen, dann würden sie unsere Gesellschaft zum Besseren verändern.

Nur leider: Die »Generation Y« ist ein gehypter Mythos, welcher der Filterblase der Großstadtjournalisten entspringt und im Faktencheck zerplatzt. Das Etikett pauschalisiert das Lebensmodell einer privilegierten, akademischen Minderheit aus wohlhabendem Elternhaus – und suggeriert, dass alle Jungen einfach den Arbeitgeber austauschen würden, wenn der ihnen kein Dienstfahrrad und keine Sabbatjahre verspricht.

Marcel Rasche, Mitgründer der in München ansässigen Unternehmensberatung Consulting cum laude, hat genauer nachgefragt. »Wenn man mit den Augen eines Forschers von außen auf diese Generation blickt, kann man sie gar nicht verstehen«, sagt der 25-Jährige.[74] Anstatt einfach Fragebögen zu verteilen, hat sich Rasche daher erst einmal bei Studierenden an Wohnheimen erkundigt, ob seine Fragen überhaupt sinnvoll gestellt sind. Und siehe da: Nach deren Meinung ergab die Formulierung vieler Fragen gar keinen Sinn, oder es fehlten zentrale Antwortoptionen. Erst nach mehreren solchen Überarbeitungsschleifen führten Rasche und seine Kollegen ihre eigentliche Befragung mit rund tausend Studierenden und Absolventen durch. Und sie stellten fest: Die Attribute der Generation Y treffen in Wahrheit nur auf ein Fünftel der Nachwuchsakademiker zu.[75]

Der beliebteste Arbeitgeber der Studierenden ist ausgerechnet der Staat. Jeder Dritte möchte in den öffentlichen Dienst, wie eine Befragung von rund 4 300 Studierenden durch die Unternehmensberatung EY, vormals Ernst & Young, im Sommer 2014 ermittelte. Als wichtigstes Kriterium nannten die Studierenden die Sicherheit des Arbeitsplatzes (61 Prozent), ein gutes Gehalt (59 Prozent) und die Vereinbarkeit von Beruf und Familie (57 Prozent). Ausgerechnet der angeblich ultraflexiblen und freiheitsliebenden Generation Y sind Dinge wie selbstständiges Arbeiten oder Innovationskraft dagegen weniger bedeutent.[76] Staat statt Start-up: Statt nach Selbstverwirklichung sehnen sie sich nach Verbeamtung, statt Risiko und Experimenten nach der maximal regulierten Karriereleiter. Geprägt von einem Umfeld stagnierender Reallöhne und brüchiger Sozialleistungen, erscheint ihnen der Staat mit unbefristeten Verträgen, klaren Aufstiegspfaden und sicheren Pensionen als beste Wette.

Wer hierzulande Visionen hat, geht entweder zum Arzt oder besser ins Ausland. Die Startbedingungen auf dem Arbeitsmarkt machen es Berufseinsteigern dermaßen schwer, dass wir selbst die besten Nachwuchstalente systematisch vergraulen. So wie bei Sabine Donauer, Jahrgang 1981. Nachdem die junge Historikerin an Elite-Universitäten in Paris, Oxford und Harvard studiert hatte und für ihre Doktorarbeit mit dem Deutschen Studienpreis – der wohl bundesweit renommiertesten Auszeichnung – geehrt wurde, hätte es kaum einen besseren Start in eine vielversprechende Wissenschaftskarriere geben können. Hätte. Denn als sie beim Festakt im Deutschen Bundestag ihre hochdotierte Auszeichnung verliehen bekam, hatte sie bereits einen Arbeitsplatz außerhalb der Forschung gefunden, in dem sie Perspektiven hat und nicht alle zwei Jahre wieder Anträge schreiben und um Geld betteln muss. Denn wer in Deutschland in die Wissenschaft gehen will, dem wird das Leben schwergemacht. »Die Gefahr, nach jahrelangem Durchschlagen auf befristeten Stellen und einem gewissen Berufsnomadentum doch keine permanente Stelle zu finden«, ist hoch, und der Weg dahin ist kaum planbar – wie die Studie »Wissenschaftliche Karrieren« des HIS-Instituts für Hochschulforschung im Auftrag des Bundesbildungsministeriums attestiert. »Wer sich heute in Deutschland für eine wissenschaftliche Karriere entscheidet, wählt häufig einen riskanten und entbehrungsreichen beruflichen Weg«, gekennzeichnet von langen Phasen von einem befristeten Vertrag zum nächsten, kläglich bezahlt und mit jederzeit dämmerndem Ende.[77] Nicht einmal acht Prozent der wissenschaftlichen Angestellten an Hochschulen haben überhaupt noch einen normalen und unbefristeten Vollzeitjob.[78] Unter solchen Bedingungen bleiben deutsche Nachwuchsforscher lieber gleich in Harvard – oder gehen, wie Sabine Donauer, in den öffentlichen Dienst: als Referentin im Bundesbildungsministerium. Dort kann sie zwar keine Spitzenforschung betreiben, braucht aber wenigstens nicht im kreativen Prekariat zu versauern.

Der Jobnomade, der in glücklicher Eigenregie von Job zu Job zieht, ist weder Wunschbild noch Realität der jungen Generation. Die Wahrheit sieht anders aus: Über die Hälfte aller jungen Beschäftigten schuftet zu Niedriglöhnen, die Leiharbeit hat sich nahezu verdoppelt, und jeder zweite Berufseinsteiger bekommt nur einen Job mit Ablaufdatum.[79] In der jungen Unterschicht hat sich ein »ausgeprägter Statusfatalismus« festgesetzt, so das Ergebnis einer Allensbach-Studie: Über die Hälfte der jungen Menschen aus armen Familien hält sozialen Aufstieg für unmöglich, und zwar egal, wie sehr man sich anstrengt[80] – sie sind sozial abgehängt und erwarten nichts mehr von Gesellschaft und Politik.[81]

Dem ins Haus stehenden Fachkräftemangel zum Trotz muss sich die nachwachsende Generation ihren Einstieg in den Arbeitsmarkt mit harten Bandagen erkämpfen. Mehr als Sinnsuche und Selbstverwirklichung interessiert sie, überhaupt einen anständig bezahlten und sicheren Job zu ergattern, der zum Leben reicht – und dafür nehmen sie auch widrige Bedingungen wie Niedriglöhne, Befristungen, Praktika, Stress und Überstunden bereitwillig in Kauf. Für die allermeisten fängt die Selbstverwirklichung erst nach Feierabend an.

Der Mythos von der ultrahippen, ultrasouveränen, ultraflexiblen Generation Y: Er trifft nur auf eine kleine Elite zu. Alle anderen haben ganz andere Sorgen und würden froh sein, einfach ein normales Leben leben zu können.

Vorurteil 2: langweilige Biedermeier-Generation

Seit die Meinungsmacher entdeckt haben, dass der Hype um die ultrahippe Generation Y auf Treibsand gebaut ist, musste ein neues Label her: die ultraspießige »Generation Biedermeier«, die die hippen Ideale von Sex, Drugs and Rock 'n' Roll hinter sich gelassen hat und nur noch sichere Jobs will, statt von der Weltrevolution zu träumen. Die Jugend von heute kann nicht einmal mehr richtig feiern: Im Vergleich zu früheren Zeiten trinken die Jugendlichen heute weniger Alkohol, rauchen weniger und haben weniger Sex (was Zeitungsberichte übrigens auf das Internet zurückführen, weil die Jungs nur noch virtuell liken würden, statt die Mädels im realen Leben anzusprechen).[82] Die Feuilletons sind sich einig: Diese Jugend ist langweilig, bleich und blass, ganz furchtbar. Sollen die doch mal locker werden!

Dass wir gar nicht die kreativen und unabhängigen Freigeister sind, als die wir mit unseren coolen Instagram-Bildern und Facebook-Posts daherkommen, erregt nun auch wieder Missfallen. Weil die jungen Menschen von heute unverschämterweise Geld verdienen und einen sicheren Arbeitsplatz wollen, bevor die nächste Krise über das Land hereinbricht, gelten sie im Urteil der Alten als angepasste Streber.

Doch was soll eigentlich so schrecklich sein an einem sicheren Einkommen, einem Häuschen, vielleicht einer Familie und einem Hund? Die Alternative heißt nämlich: kein sicheres Einkommen, WG-Zimmer auf ewig, immer auf sich allein gestellt, allenfalls ein Hund als Ersatz. Wenn wir zu kleinen Spießern werden, so what?

Vor dem Überlegenheitsgefühl der Alten kann man sich nicht retten, egal was man macht. Selbst wer dem Ruf der Unternehmensgründung folgt, zieht herabschauende Blicke auf sich. »Was suchen die Kinder in der Szene?«, mault Thomas Keup, geboren 1967, Chefredakteur der *Gründermetropole Berlin*, und bescheinigt den jungen Start-Uppern »eine große Klappe – und nichts dahinter«. Der »Kindergarten« der »Pampers-Fraktion« beherrsche die Berliner Gründerszene, ganz furchtbar. Einen Silberstreif am Horizont erkennt Keup dann doch noch: »Zum Gück scheinen nicht nur ›Internetküken‹ mit ›Eierschalen hinter den Ohren‹ unterwegs zu sein. (...) Die Zukunft gehört Gründern der Kategorie Ü50.«[83] Die Grünschnäbel mögen also den Graubärten das Unternehmertum überlassen. Gut, dass Keup auch bald 50 wird. Dann gehört Opa Keup die Zukunft. Die Internetküken können ja auch Beamte werden.

Vorurteil 3: faule, dumme Nichtsnutze

»Wenn wir früher nach der ersten Gehaltserhöhung gefragt haben, fragen die nach der Babypause«, spottete ein gestandener Manager in der *Frankfurter Allgemeinen Zeitung*.[84] Was sei das denn für eine verhätschelte Weicheier-Generation, die immer nur Elternzeit will! Wie können diese jungen Menschen nur auf solche Gedanken kommen!

Auf dem St. Gallen Symposium, wo sich alljährlich junge und alte Führungskräfte aus der ganzen Welt versammeln, ließ der damals 65-jährige Bosch-Chef Franz Fehrenbach das Publikum wissen: »Die jungen Leute wollen gar nicht mehr arbeiten! Bei einer solchen Einstellung können wir kein Wachstum schaffen!« Bei einem solch verkommenen Nachwuchs muss man sich schon Sorgen um die Rettung des Abendlandes machen oder wenigstens um den Standort Deutschland, konnte man zwischen den Zeilen herauslesen. Ein jüngerer Delegierter der sorgfältig von einer Jury erlesenen »Leaders of Tomorrow«, der nach St. Gallen eingeflogenen Crème der nachwachsenden Führungselite, entgegnete locker: »Wir wollen keine Jobs, die nur Geld machen. Wir wollen Jobs, die Sinn machen.« Für Fehrenbach war völlig unverständlich, dass auf einmal junge Leute kommen, die nicht mehr nur der Kapitalakkumulation hinterherlaufen, sondern nach dem Sinn des Lebens fragen. Und das tun sie schließlich nicht ohne Grund: Zu den Dingen, die Sterbende am meisten bereuen, gehören Wünsche wie: »Ich wünschte, ich hätte nicht so viel gearbeitet« oder »Ich wünschte, ich hätte mir erlaubt, glücklicher zu sein«.[85] Nur: Auf dem Sterbebett ist es dafür zu spät. Hätten wir nicht eine bessere Welt, wenn wir die Jungen das machen ließen, was sie wirklich wollen?

Irgendeinen Stein des Anstoßes findet man immer, wenn man nur lange genug sucht. Christiane Florin, Lehrbeauftragte am Institut für Politische Wissenschaft und Soziologie an der Universität Bonn, hat sogar ein ganzes Buch gefüllt: *Warum unsere Studenten so angepasst sind.* Vor allem stört die 53-jährige Dozentin, dass ihre Studierenden in der Vorlesung so viel Wasser trinken: bestimmt drei Liter Wasser am Tag, ganz grauenhaft, fast wie ein »Wasser-Diktatürchen« (sie meint das tatsächlich ernst). Nicht einmal die Namen der Bundeskanzler könnten die Erstsemester in der richtigen Reihenfolge aufzählen! Wie dumm kann man nur sein?[86] (Ehrlich gesagt, ich bin promovierter Politikwissenschaftler und habe auch meine Schwierigkeiten. Ich vergesse immer Kurt Georg Kiesinger, der 1966 bis 1969 regiert haben soll.) Die Studierenden seien »so unheimlich nett«, das findet Florin ganz gruselig. Statt immer so nett zu sein, sollten die Studis endlich Widerstand leisten und das System bekriegen! Denen ist das kritische Denken abhandengekommen![87] Fragt sich nur, wie sie das kritische Denken lernen sollen, wenn die Dozenten auf die richtige Reihenfolge der Bundeskanzler einschließlich Kurt Georg Kiesinger am meisten Wert legen.

Ein weiterer moralinsaurer Kenner seiner Zöglinge ist Axel Meyer, Jahrgang 1960 und Professor für Zoologie und Evolutionsbiologie an der Universität Konstanz. Er durfte seine Hasstiraden in der *Frankfurter Allgemeinen Zeitung* ausbreiten: »Unsere Studenten sind verwöhnt, denn sie zahlen nicht nur keine Studiengebühren, sondern bekommen auch leicht Bafög, Stipendien sowie andere Zuwendungen und Ermäßigungen. In jeder Hinsicht wird ihnen der Hintern gepudert und mit viel Fürsorge und Verständnis jede Faulheit und Inkompetenz vergeben. Geld ist nicht wirklich ein Problem für die meisten Kinder von Helikoptereltern. Trotzdem kauft kaum einer von ihnen das Buch, anhand dessen ich meine Vorlesung plane.« Für mich klingt das wie: »Jetzt bin ich schon wichtiger Professor und trotzdem kauft keiner mein Buch ... mimimimi.« Damit aber nicht genug! Denn Meyer beschuldigt seine Studenten auch noch, in sein Büro eingebrochen zu sein, um die Prüfungsfragen zu klauen! Dafür bleibt er zwar jeden Beweis schuldig, aber die Unschuldsvermutung ist ja sowas von spätrömischer Dekadenz, das hat er in seiner Jugend nicht gebraucht. Früher war nämlich alles besser: »Wir hatten einen Ehrenkodex.«[88] Genau, sehr ehrenhaft, mit wilden Unterstellungen die faulen und dummen Studenten auch noch als Kriminelle zu denunzieren! Fällt das nicht unter den Straftatbestand der Verleumdung?

Die Realität sieht anders aus. Wenn die faulen Studenten alle Texte lesen würden, die man ihnen zur Lektüre aufgibt, dann könnten sie nicht mehr schlafen. Aber auch so haben sie gut zu tun. Auf der Homepage des Instituts für Biologie, an dem Professor Meyer lehrt, steht geschrieben: »Im Grundstudium werden beginnend ab dem 1. Semester viele Klausuren geschrieben, wobei gleichzeitig zeitintensive Praktika abzuleisten sind.«[89] Auch für andere naturwissenschaftliche Disziplinen, für Medizin oder Jura ist ein hohes Arbeitspensum üblich. Ein Durchschnittsstudent verwendet 35 Stunden pro Woche für die Uni, bei Studenten der Biologie sind es 42 Stunden. Dazu kommen bei zwei Dritteln noch durchschnittlich 13 Stunden für den Nebenjob,[90] weil die Finanzspritze der Eltern für die Miete in München, Stuttgart oder Konstanz (wo Professor Meyer residiert) nicht ausreicht, seit ein WG-Zimmer zwischen 400 und 500 Euro kostet.[91] In einer typischen Woche hat jeder vierte Studierende damit eine Arbeitsbelastung von zum Teil deutlich mehr als 50 Stunden.[92] Jede Gewerkschaft würde sofort den Streik ausrufen. Doch die Studierenden sind ganz zufrieden.

Mit dem Eintritt ins Berufsleben verschärft sich der Zeitdruck eher noch. Von einer »überforderten Generation« spricht der renommierte Familienforscher Hans Bertram, emeritierter Professor für Mikrosoziologie an der Humboldt-Universität zu Berlin, mit Blick auf die heute 30- bis 45-Jährigen. »Die Berufstätigen von heute haben viel weniger Zeit für sich, als ihre Eltern früher hatten. Sie schlafen weniger, essen schneller, sie nehmen sich sogar weniger Zeit für die Körperpflege. Die überforderte Generation fühlt sich ständig unter Zeitdruck. Vor allem für Familien ist es viel schwerer geworden, den Alltag zu managen.« Um es genauer zu sagen: »Die Männer der Nachkriegsgeneration haben im Schnitt noch 48 Stunden pro Woche gearbeitet. Das war allerdings auch die gesamte Zeit, die eine Familie der Arbeitswelt zur Verfügung stellte. Heute beträgt die durchschnittliche Arbeitszeit einer verheirateten Mutter mit ein bis zwei Kindern etwa 30 Stunden. Der Ehemann arbeitet im Schnitt 42 Stunden.« Ein Ehepaar ist also zusammen 72 Stunden berufstätig – mehr als früher, als die Frau keiner Erwerbsarbeit nachging. Zwar gab es dank Technisierung eine Entlastung bei der Hausarbeit. Aber das reicht nicht aus, um den Zeitverlust zu kompensieren: »Die Arbeitszeit für eine Hausfrau ist von 32 Stunden pro Woche in den sechziger Jahren auf heute 17 Stunden gesunken, weil zum Beispiel die Wäsche nach dem Waschen nicht mehr aufgehängt, sondern in den Trockner geworfen wird. Allerdings arbeiten auch die Männer mehr im Haushalt mit, früher waren es vier Stunden pro Woche, heute sind es neun. Der tatsächliche Freizeitgewinn fällt also insgesamt etwas kleiner aus.«[93] Wir arbeiten mehr als frühere Generationen – und die Alten nennen es faul.

Und trotzdem mögen wir uns bitte politisch engagieren (am besten in Parteien! Alles andere ist bäh!), Kinder in die Welt setzen und privat für die Rente vorsorgen. Heutzutage hat so ein Tag ja auch satte 24 Stunden, da muss so etwas doch leicht von der Hand gehen. Die Studenten von heute sollen alles auf einmal können. Eine Generation wie ein Schweizer Taschenmesser. Ist das nicht etwas zu viel verlangt?

Vorurteil 4: konsumgeile Narzissten

Die gesamte Jugend von heute ist hoffnungslos dem Konsum verfallen. Wer das nicht glaubt, konsultiere einfach die kürzlich erstellten Umfragen im Auftrag der Bundesregierung. Darin ist dokumentiert, dass 73 Prozent der Studierenden es für wichtig halten, »sich schöne Dinge leisten zu können«, während das im Jahr 1995 nur 31 Prozent sagten.[94] Die Kommentatoren wollten daraus glasklar herauslesen, dass die Jugend von heute mehr als doppelt so konsumgeil ist wie die Generation vor ihr. Die Jugend glänze vor allem im »Hauptfach Egoismus«, befand der *Spiegel* postwendend.[95]

Das ist erstaunlich. Hatten nicht schon 1995 sämtliche Meinungsmacher die damalige Loveparade-Generation als konsumgeil gegeißelt? Ausgerechnet also die damals als unpolitisch und konsumfixiert verschmähte »Generation Golf« (Florian Illies) soll nun also als glänzendes Vorbild für die kapitalismusvergiftete Jugend von heute herhalten? Laut Wikipedia-Eintrag war es genau diese Generation der 1990er, die »den Wohlstand, den ihre Elterngeneration erarbeitet hat, lediglich genießen« wolle. »Sie verkörpere eine mehrheitlich unkritische, nur nach Konsum strebende ›Ego-Gesellschaft‹, agiere unpolitisch und sei die erste Generation, die Mode-Orientierung, Hedonismus und Markenbewusstsein zu einem Wert erhebe.« Exakt diese Generation, der man seinerzeit bescheinigte, sie fände die Marke ihrer Jacke wichtiger als die Farbe ihrer Partei, soll weniger konsumorientiert gewesen sein? Da passt etwas nicht zusammen.

Die alternative Interpretation, dass die Kosten für Miete und Lebensunterhalt gestiegen sein könnten, ohne dass Reallöhne und Studienzuschüsse entsprechend mitgezogen wären, und das

Sich-leisten-schöner-Dinge dadurch einfach schwerer geworden sein könnte, haben die Forscher wohl nicht in Erwägung gezogen. Und vielleicht wollen wir ja einfach kein Geld zum Fenster hinauswerfen, das wir nicht haben? Und wie passt dieses Bild von der hedonistischen Wohlfühl-Generation zu den steigenden Zahlen an Depressionspatienten?

Dabei zeigt übrigens dieselbe Umfrage, dass deutlich mehr Studenten als vor 20 Jahren es für wichtig halten, »für andere da zu sein« und »aktiv an der Lösung wichtiger Probleme der Gesellschaft mitzuarbeiten«. So egoistisch kann diese Generation also gar nicht sein.

Doch von all dem unbeeindruckt zeichnen die Wissenschaftler mit absoluter Gewissheit »das Bild einer stark ich-bezogenen Studentengeneration«, denn: »Berufliches Vorankommen sowie materielle Werte sind für sie sehr wichtig. Fast alle wollen in ihrem Beruf einmal sehr gut sein.«[96] Da wollen junge Menschen arbeiten gehen und ihre Arbeit gut machen und werden dafür zur Strafe als »ich-bezogen« an den Pranger gestellt! In welcher Welt leben wir eigentlich? Wäre den Studenten berufliches Vorankommen (das ist so ich-bezogen!) nicht so wichtig, würde postwendend der Vorwurf der Faulheit laut (das ist nämlich auch ich-bezogen, die wollen gar nicht mehr arbeiten!). Recht machen kann man es den Sozialforschern nie, zumindest solange man unter 30 ist.

Vorurteil 5: unpolitische Ichlinge

Am nervigsten ist das Lamento von der angeblichen Politikverdrossenheit. »Grottenolme ohne Weltanschauung und Widerstand«, befand etwa die *Frankfurter Allgemeine Zeitung* über den Studierendennachwuchs und meinte feststellen zu können, dass ein »Übermaß an Schleim« sich »in jungen Hirnen festgesetzt« habe.[97] Früher, da hätten die jungen Leute wenigstens noch ordentlich protestiert, so wie es sich gehört! Kein Anlass scheint banal genug, um die alte Leier von der »Ich-Generation« wieder aufzuwärmen, die nur noch ans eigene Fortkommen denke, aber nicht mehr an die Gesellschaft. Als »Kinder der Stille« bezeichnete der *Spiegel* kürzlich die blassbleiche Nachwuchsgeneration, denn wie betäubt ließen wir die Kanzlerin so vor sich hinregieren. Die Qualitätsmedien sind sich einig: Die heutigen Studenten (die pars pro toto für die ganze Jugend herhalten müssen) sind so unpolitisch wie niemals zuvor.

Mit Belegen tun sich die alternden Journalisten allerdings schwer. Hätten sie die wissenschaftliche Literatur konsultiert, hätten sie schnell erfahren: Das Gerede von der immer unpolitischeren Jugend ist falsch. Die Shell-Jugendstudie, das Standardwerk der deutschen Jugendsoziologie, belegt: Das politische Interesse unter Jugendlichen steigt und ist heute so hoch wie seit 20 Jahren nicht mehr – ein neuer Höhepunkt (siehe Abbildung 2). Die Hälfte aller Jugendlichen sagt heute, dass sie sich für Politik interessiert, ein Viertel hat bereits an einer Demonstration teilgenommen, und jeder Zehnte engagiert sich in einer Bürgerinitiative. Viele unterzeichnen Online-Petitionen oder boykottieren bestimmte Waren aus ethisch-moralischen Gründen.[98]

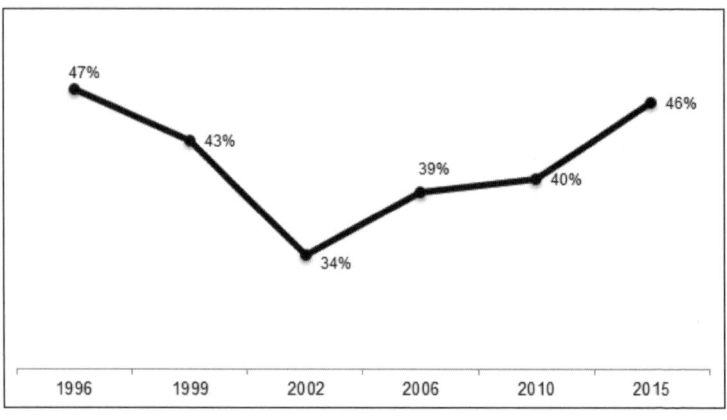

Abb. 2: Politisches Interesse Jugendlicher steigt. Anteil Jugendlicher (15–24 Jahre), die sich als politisch »stark interessiert« oder »interessiert« bezeichnen.

Aber das Jugendbashing nimmt kein Ende. Denn wenn wir uns für eine andere Welt einsetzen, passt das den Alten auch wieder nicht, weil wir uns nicht *korrekt* engagieren. »In der nächsten Generation von Akademikern gilt es als politisches Engagement, sich vegan zu ernähren oder eine Petition gegen Markus Lanz zu unterschreiben. Warum sind Deutschlands Studierende heute so angepasst und desinteressiert?«, beschwert sich die Universitätsdozentin und Publizistin Christiane Florin. [99] Moment mal: Was soll daran »angepasst« sein, vollständig auf tierische Produkte zu verzichten und damit nach wissenschaftlichem Sachstand etwas gegen die Abholzung der Regenwälder, die globale Erwärmung und den Welthunger zu tun? Hatten wir nicht von den 1968ern gelernt, dass das Private politisch ist? Und was ist daran »desinteressiert«, sich an einer Unterschriftenaktion im Internet zu beteiligen, die die Einstellung einer gebührenfinanzierten, vielfach als niveaulos kritisierten Talksendung fordert, nachdem der Moderator einer Politikerin mal wieder nach jedem Halbsatz ins Wort gefallen war? Aber Florin lehnt sich noch weiter aus dem Fenster: »Mit Transparenten über die Straße laufen, eine neue Partei zu gründen, (...) das kommt dieser Altersgruppe nicht in den Sinn«, schreibt sie und hat doch glatt die Piratenpartei vergessen.

Man könnte auch einmal andere Fragen stellen. Die Wahlbeteiligung der Abiturienten liegt so hoch wie eh und je bei über 90 Prozent, nicht anders als bei den Alten. Was allerdings seit den 1980ern besorgniserregend geschrumpft ist, ist die Wahlbeteiligung der jungen Erwachsenen aus armen Familien und ohne Abitur. Sie gehen fast gar nicht mehr zur Wahl – weil auch keiner um sie herum mehr wählen geht (siehe Abbildung 3). [100] Wir haben also gar kein Problem mit »der« Jugend, sondern mit den Bildungsverlierern.

»Die Leute, die nicht wählen gehen, tun dies in erster Linie, weil sie meinen, dass sich für ihre Probleme niemand interessiert«, erklärt Michael Hartmann, Professor für Soziologie an der Universität Darmstadt. »Das führt zum Gefühl: Die da oben interessieren sich nicht für uns, also interessieren wir uns auch nicht für deren Demokratie. (…) Der Zusammenhang zwischen Nichtwahl und sozialer Lage ist eindeutig.«[101]

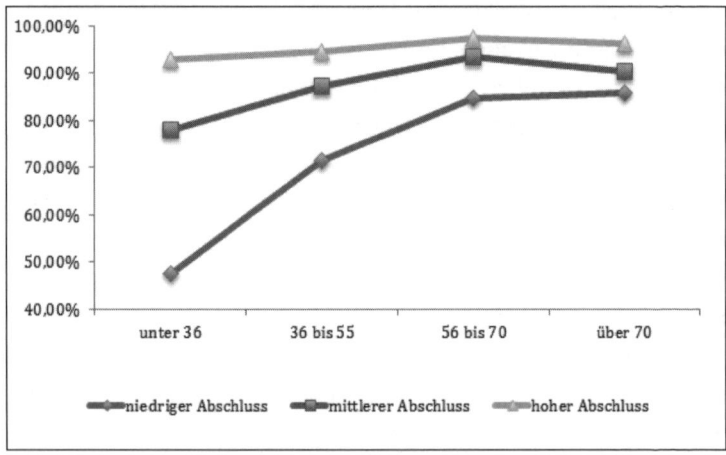

Abb. 3: Junge Bildungsverlierer kehren der Demokratie den Rücken. Zusammenhang zwischen Wahlbeteiligung, Bildung und Altersgruppe bei der Bundestagswahl 2013

Anstatt die Nase über die ach so unpolitische Jugend zu rümpfen, sollten wir endlich zum Thema machen, wie wir die soziale Spaltung und die tiefgreifende Weitervererbung von Lebenschancen zu überwinden gedenken. Wenn wir dies weiterhin versäumen, produzieren wir eine abgehängte Unterschicht, bestehend aus Menschen, die von Kindesbeinen an verinnerlicht haben, dass sich ohnehin keiner um sie schert. Das wäre nicht nur eine menschliche Katastrophe, sondern setzt insgesamt den sozialen Kitt aufs Spiel, der unsere Gesellschaft bisher noch zusammengehalten hat.

Selbst zu den strahlenden 1968er-Zeiten war übrigens nicht die gesamte Studierendenschaft auf den Barrikaden, geschweige denn eine ganze Generation. Es waren einige wenige, die dafür aber umso radikaler auftraten. Es ist auch völlig normal, dass sich – damals wie heute – nur wenige mit Leib und Seele dem politischen Engagement verschreiben. Denn normale Menschen haben Freunde, Familie, Arbeit und Hobbys und daher anderes zu tun, als Kassenwart beim SPD-Ortsverein zu werden und ihre Samstage an Infoständen zu verbringen.

Ich glaube, was sich tatsächlich verändert hat, ist vielmehr die Bedeutung des Begriffs »Politik«, weniger das politische Interesse an sich. Viele Jüngere (miss-)verstehen »Politik« als »Parteipolitik«, und weil sie den Parteien und Politikern nur wenig Vertrauen schenken, möchten sie auch mit »Politik« lieber nichts zu tun haben. 69 Prozent der Jugendlichen finden, Politiker kümmerten sich nicht darum, was sie denken.[102] In ihrer Wahrnehmung findet Politik weit entfernt von ihrem Alltag statt, ein korruptes Geschäft, das vornehmlich daraus besteht, dass sich alte Männer in Anzügen gegenseitig rituell beschimpfen, einschläfernde Reden halten und sich mit Steuergeldern bereichern, gesteuert von anonymen Lobbyisten, unterjocht vom Kadavergehorsam der Parteidisziplin und unbeeindruckt vom Gemeinwohl.

Dieses Vertrauensdefizit mag von Vorurteilen und Stereotypen getrübt sein, aber wer will den Jugendlichen ihr negatives Bauchgefühl verübeln, wenn die Politik(er)verachtung in unserer Gesellschaft fast alljährlich neue traurige Höhepunkte erreicht und wenn die profiliertesten Intellektuellen des Landes in den angesehensten Zeitungen des Landes beinahe rituell erläutern, warum sie *nicht* wählen gehen (also: nichts tun!) und sich damit des Beifalls des Publikums sicher sein können. An der Schule wird Politik faktisch nicht unterrichtet; selbst wo eine Wochenstunde Sozialkunde im Lehrplan vorgesehen ist, erschöpft sich diese meist in Schautafeln, die Demokratie als abstrakte Struktur darstellen, aber nicht mit Leben füllen.

Die Studenten von heute überlegen sich sehr genau, wo und wie sie ihre Zeit investieren. Dank verkürzter Schul- und Studienzeiten bei zugleich gesteigertem Zeit- und Leistungsdruck und einem von der Ökonomisierung durchtränkten Zeitgeist bleibt für Engagement, Sichausprobieren und kritisches Denken einfach keine Zeit – umso mehr, da Alternativen nicht vorhanden zu sein scheinen und der eigene Einfluss fatal unterschätzt wird. Gremiensitzungen in der Eckkneipe mit dem Staub von hundert Jahren gehören sicherlich nicht mehr zum Lebensgefühl der jungen Generation. Und wozu noch Protestmärsche und Kundgebungen, wenn sich sowieso nichts ändert? Die Demos gegen Überwachungsstaat, Finanzkapitalismus oder Bildungsklau haben unserem Eindruck nach nichts bewirkt. Schilder in die Luft zu halten, das ist so 68er, gut für altersrenitente Bahnhofsgegner, aber nicht für uns, zumindest nicht für die meisten von uns.

Wir haben Respekt vor den Protestierern von damals, die gegen Notstandgesetze, Aufrüstung und Vietnamkrieg auf die Straße gingen und das Land zum Besseren verändert haben, auch wenn die rosarote sozialistische Weltrevolution ausgeblieben ist. Aber für euch war die Welt ganz einfach und klar zweigeteilt, Gut gegen Böse, im Kampf für die kommunistische Utopie gegen Kapitalismus, Staatsfaschismus und US-Imperialismus. Heute ist die Welt eine andere, und daher ist auch unsere Weltsicht eine andere. Wir verändern die Welt anders als ihr und brauchen keine altklugen Ratschläge von Leuten, die glauben, sie hätten die einzig richtige Form des Protests erfunden.

Zu den ruhmreichen 68er-Zeiten war es einfach, »dagegen« zu sein, gegen die eigenen Eltern allzumal, die schlimmstenfals verkappte Nazis und bestenfalls altmodische Spießer waren. Es genügte, einen Joint zu rauchen, Punkrock zu hören oder sich ein Tattoo zu stechen, und schon hatte man sich zum Staatsfeind gemausert. Heute fordern CDU-Rechte die Legalisierung von Cannabis,[103] die Toten Hosen spielen am Brandenburger Tor, die Ärzte werden von Heino gecovered, und die Gattin des Bundespräsidenten a. D. trägt ein Tribal-Tattoo am Oberarm. Die Gesellschaft ist liberaler geworden. Gegen wen soll man da noch rebellieren?

Ja, manchmal verzweifle ich selbst an meiner Generation, wenn wir einfach den Arsch nicht hochkriegen und die Welt so hinnehmen, als wäre sie gottgegeben. Statt NSA, Asylrecht und Ukrainekonflikt brennt unser Interesse für selbstgemachtes Sushi und die Party im Berghain. Wenn wir zum Flashmob gegen unfaire Rentenpakete aufrufen oder zur Montagsdemo für Generationengerechtigkeit, müssen zwei Polizisten drei Demonstranten bewachen. Und mir kommt der Verdacht, dass der Vorwurf einen harten Kern haben könnte, die heutige junge Generation sei die unpolitischste aller Zeiten. Aber selbst wenn dem so sein sollte, gilt dies gleichermaßen für die ganze Gesellschaft, die nicht minder vom Trend der einschläfernden Entpolitisierung ergriffen ist. In der Ära des Nicht-Wahlkampfes und der strategischen Demobilisierung bleibt auch die junge Generation von der Merkelisierung der Republik nicht unbeschadet.

Die junge Generation muss allerlei altkluge Belehrungen über sich ergehen lassen. Seltsamerweise sind die Vorwürfe seit jeher die gleichen, als ob sich Geschichte ständig wiederhole, und täglich grüßt das Murmeltier. Warum nur holen die jeweiligen Alten immer wieder dieselben verstaubten Etiketten aus der Mottenkiste, um sie auf die jeweiligen Jungen zu kleben?

Das einzig Tröstende: Die Generation nach uns ist noch viel schlimmer als wir. Auch dafür haben Wissenschaftler inzwischen den Nachweis angetreten oder versuchen das zumindest.[104]

Nach der Generation Y der Jahrgänge ab 1980 folgt nämlich die sogenannte Generation Z der ab den späten 1990er Jahren Geborenen, der Kinder und Teenager also, die gerade die Schulbänke drücken. Anders als meine Generation, die ein Leben ohne Handy und Internet wenigstens noch kannte, ist die Generation Z bereits von der Wiege an in einer digitalen Welt aufgewachsen und selbstredend entsprechend lebenslang verdorben. Auch sonst ist die Generation nach uns noch schlimmer als wir. Zwar sind auch wir bereits schlimme Individualisten, aber wenigstens haben wir noch eine Spur Idealismus und wollen die

Welt irgendwie besser machen. Unsere Kinder aber wollen gar nichts mehr bewegen, sie sind sinnbefreite Einzelkämpfer und Selbstoptimierer, die das Unternehmen nötigenfalls schneller wechseln als ihre Turnschuhe und die nur noch Karriere machen wollen, statt ihre Gedanken an die Weltrettung zu verschwenden.

Wenn ich mir diese Jugend von heute so anschaue, erschleicht mich der Verdacht: Damals, in meiner Jugend, war alles besser!

3. Deutscher digitaler Rückstand
Wie wir Innovationen verschlafen und die Internet-Revolution verschleppen

>»1. Alles, was es schon gab, wenn man geboren wird, ist normal.
>
>2. Alles, was erfunden wird, bevor man dreißig wird, ist unglaublich spannend und kreativ, und mit etwas Glück kann man seine Karriere darauf aufbauen.
>
>3. Alles, was erfunden wird, nachdem man die dreißig überschritten hat, empfindet man als gegen die natürliche Ordnung und als den Anfang vom Ende der Zivilisation, wie man sie kennt – bis es sich nach etwa zehn Jahren nach und nach in Ordnung anzufühlen beginnt.«
>*Douglas Adams (1952–2001)*[105]

Die neuen Medien, so glaubt der Professor kristallklar bewiesen zu haben, machten »das Absterben der Kultur zur realen Bedrohung«. Denn vor der immer schneller einprasselnden Flut an Informationen, von denen nur wenige wichtig, aber viele trivial sind, könne der Mensch nur hilflos kapitulieren. Weil die Informationen in reich bebilderten, verdaulichen Häppchen serviert werden, werde wahre Bildung gegenstandslos. Während selbst private und intime Bereiche des Lebens der totalen Enthüllung zum Opfer fielen und die Kindheit im Verschwinden begriffen sei, verelende »der öffentliche Diskurs zum unterschiedslosen Geplapper«. Wer nach fundiertem Wissen sucht, der sei in einer Bibliothek besser aufgehoben als vor dem Bildschirm.[106]

Die Bücher des Professors avancierten zu internationalen Bestsellern, und für seine Arbeit wurde er mit Preisen überhäuft.

Mit dem Computer arbeitete er kaum, er schrieb lieber mit dem Füller. Als Technikfeind wolle er aber nicht angesehen werden, so betonte er. Nur dürfe es eben nicht zu viel der Technik sein. Die Idee, alle Schüler mit Computern auszustatten, sei trotzdem nicht mehr als eine abstruse staatliche Subvention für Microsoft.

Der Professor hieß Neil Postman (1931–2003) und lehrte Medienwissenschaft an der New York University. Seine Sorge galt nicht dem Internet, dessen Siegeszug er nur noch in seinen Anfängen erlebte. Das elektronische Medium, welches das Denken zerstöre und die Gesellschaft zersetzte, das war für ihn das Fernsehen. Kaum ein Schüler in Deutschland, der seine kulturpessimistischen Abhandlungen nicht im Schulunterricht lesen musste.

Der geistige Erbe von Neil Postman heißt Manfred Spitzer, ist 1958 geboren und ärztlicher Direktor der Psychiatrischen Universitätsklinik in Ulm. Ganz im Geiste Postmans warnte der Neurologe in seiner 2005 veröffentlichten Streitschrift *Vorsicht Bildschirm!*, das Fernsehen mache »dick, dumm und gewalttätig« und sei eine Katastrophe für »Gehirnentwicklung, Gesundheit und Gesellschaft«.[107]

Einige Jahre und diverse Buchpublikationen später aber landete Spitzer einen richtigen Coup: In seiner berühmt-berüchtigten Kampfschrift *Digitale Demenz*, nach ihrem Erscheinen im Jahr 2012 in die Bestsellerlisten katapultiert, beschreibt er ausführlich und mit reichhaltiger Bebilderung, wie wir uns das Hirn wegklicken. Internet ist eigentlich wie Fernsehen, nur schlimmer. Wer das anzweifle, sei entweder unwissend oder verlogen.[108] Sein ärztlicher Rat: »Meiden Sie digitale Medien. Sie machen dick, dumm, aggressiv, einsam, krank und unglücklich.«[109] Uns allen drohen Internetsucht und ADHS, mit der Folge totaler Verblödung und kulturell-sozial-geistigen Verfalls. Einziger Ausweg: zurück zu Büchern und Bleistiften! Als Medienhasser oder Technikfeind aber, so versichert Spitzer, möchte er nicht missverstanden werden. Den Kindern ihre Laptops und Smartphones wegnehmen müsse man aber trotzdem, um sie vor dem

Schlimmsten zu behüten. Endlich spricht da mal einer aus, was alle schon instinktiv wussten: Wir haben noch richtige Bücher gelesen, doch unsere Kinder verblöden wegen diesem neumodischen Technikkrams. Das wird man doch noch sagen dürfen!

Damit nicht genug: Im Jahr 2015 legte Spitzer nach und erläuterte in seinem neuesten Werk *Cyberkrank!* wort- und empörungsreich, »wie das digitale Leben unsere Gesundheit ruiniert«. Im *Handelsblatt* behauptete Spitzer sogar allen Ernstes, das Internet erhöhe »zwangsläufig die Wahrscheinlichkeit einer Krebserkrankung« und sei damit tödlicher als Rauchen: »Nach der Auswertung von Hunderten neuer Studien sage ich Ihnen: Die Folgen der Digitalära sind weit schlimmer für die Menschheit, als es Nikotin je war. Schon jetzt sind global 4,5 Milliarden Smartphones verkauft. Wir reden von der Weltbevölkerung! Natürlich stirbt niemand unmittelbar wegen seines Handys, aber es fällt ja auch niemand mit der Zigarette in der Hand und Krebs in der Lunge um!«[110]

Mit seinem Gepolter klingt der Professor wie ein alter Mann, der die Welt um sich herum nicht mehr versteht. Manfred Spitzer ist der Thilo Sarrazin der Hirnforschung: tausend Statistiken, wirre Thesen. Hat schon das Fernsehen nicht zum Untergang des Abendlandes geführt, muss nun das Internet und Killerspiele die Büßerrolle übernehmen.

Kundige Fachleute können darüber nur den Kopf schütteln. In einer Auswertung des wissenschaftlichen Forschungsstands ziehen Marcus Appel, Professor am Institut für Kommunikationspsychologie und Medienpädagogik an der Universität Koblenz-Landau, und seine Kollegin Constanze Schreiner den Schluss, »dass die in populärwissenschaftlichen Publikationen zu findenden Mythen zur mutmaßlich verheerenden Wirkung des Internets einer wissenschaftlichen Prüfung nicht oder nur bedingt standhalten«. Im Gegenteil zeigt der wissenschaftliche Forschungsstand, dass höhere Computer- oder Internetnutzung weder einsam macht oder sozialem Austausch schadet noch politisches Engagement verringert noch das Wohlbefinden beeinträchtigt noch zu Übergewicht führt oder schlechtere Lernergebnisse in der Schule mit sich bringt.[111] »Was immer die Nutzung digitaler Medien im Gehirn machen mag – es gibt keinerlei Evidenz dafür, dass sie zu fassbaren krankhaften Veränderungen im Gehirn führt«, bekräftigt Prof. Hans-Peter Their, Direktor der Abteilung für Kognitive Neurologie am Hertie-Institut für Klinische Hirnforschung an der Universität Tübingen.[112] Die seriöse Wissenschaft bietet wenig Stoff für digitalen Kulturpessimismus.

Wenn Spitzer rundherum behauptet, die Digitalisierung verderbe unsere Gesundheit, dann hat er wohl noch nicht Manouchehr Shamsrizi getroffen, einen jungen Gründer aus Hamburg, dessen Start-up *RetroBrain* Computerspiele für Alzheimer-Patienten entwickelt, die vor dem Bildschirm spielerisch ihr Gehirn stimulieren und damit gegen die Demenz ankämpfen. Er hat wohl auch noch nicht von *Mimi* erfahren, einer App, die das Hörvermögen testet und trainiert. Oder von *Tinnitracks*, einer App, die das Leiden von Tinnitus-Patienten mildert. Es gibt Apps, die daran erinnern, genügend Wasser zu trinken; Apps, die messen, ob man sich tagsüber genug bewegt; und Apps, die helfen, sich das Rauchen abzugewöhnen. Die Möglichkeiten für digitale Gesundheitsservices sind praktisch grenzenlos. Nur nicht in der Welt von Manfred Spitzer, für den alles, was einen Bildschirm hat, krank macht.

Spitzer bastelt sich seine Thesen zusammen, indem er selektiv Studienergebnisse herauspickt und andere stillschweigend ignoriert, oder indem er Trends zusammenmontiert, die nicht zusammengehören. Mit der gleichen Logik könnte man auch behaupten, dass Eisessen zu Sonnenbrand führt, weil in Zeiten höheren Speiseeiskonsums auch Sonnenbrände zunehmen – eine Scheinkorrelation. Man könnte auch beliebige andere Trends in kausale Verbindung setzen und beispielsweise argumentieren, dass Internetnutzung die Menschen friedlicher macht, weil schließlich die

Jugendkriminalität in den letzten Jahren zurückgegangen ist – aber dieses Beispiel lässt Spitzer lieber außen vor, weil es nicht mit seinem Narrativ konform geht.

Bemüht man keine fadenscheinigen Statistikmontagen, sondern erkundigt sich nach dem Stand von Wissenschaft und Forschung, so lösen sich viele Ängste in Luft auf: So führt Internetnutzung nachweislich zu *positiven* Effekten für politische Teilhabe – und nicht zu negativen, wie Spitzer behauptet. An anderer Stelle verweist Spitzer auf eine Studie, derzufolge Schüler mit Laptops tendenziell weniger aufmerksam sind – was wunderbar in seine digitale Verblödungsthese passt –, verschweigt aber, dass genau dieselbe Studie ebenfalls den Befund liefert, dass Schüler in Notebook-Klassen eine positivere Einstellung zu Schule und Unterricht haben und bessere Lese- und Sprachleistungen erbringen als in traditionellem Schulunterricht.[113]

Aber, so argumentiert Manfred Spitzer allen Ernstes, an seiner Theorie der »digitalen Demenz« müsse ja trotz aller fachlichen Kritik etwas dran sein. Der Beweis: Google liefert für das Stichwort viele Tausend Ergebnisse! In der Tat findet Google unter dem Suchbegriff »Digitale Demenz« rund 218 000 Treffer. Der Suchbegriff »Dementer Spitzer« kommt indes auf satte 461 000 Einträge, also mehr als doppelt so viele. Wenn man Spitzers Logik folgt, würde dieses Resultat nahelegen, dass Spitzer dement ist – warum sonst würde der Google-Algorithmus so viele Treffer zeigen? »Medienkompetenz ist Blödsinn«, behauptet Spitzer (ernsthaft!) und personifiziert diesen Glaubenssatz selbst par excellence.

Mythos Computerspielesucht

Wie Nutzerstudien ergeben, benutzen Jugendliche den Computer vor allem, um mit Freunden zu kommunizieren, Informationen für die Schule oder Ausbildung zu suchen oder Filme und

Serien zu streamen. Suchtartiges Verhalten ist eher ein Randphä-
nomen, und nur rund die Hälfte spielt überhaupt ab und zu
Online-Spiele.[114] Bei Spitzer heißt das dann so: »Der Computer
wird heute vor allem zum Spielen verwendet, für das schulische
Lernen steht deshalb weniger Zeit zur Verfügung.« Eine wage-
mütige These, die sich empirisch auf dünnem Eis bewegt.

Tage- und nächtelang würden die Jugendlichen nur noch
blutrünstige Killerspiele zocken und zu amoklaufenden Zombies mutieren, warnte 2008 der »Aufruf gegen Computerspiel-
gewalt«, den Spitzer mit ins Leben rief. Wer seine Meinung nicht
teile, mache sich zum »Komplizen« des »militärisch-industriell-
medialen Komplexes«, denn wer heute Kriegsspiele zockt, der
landet morgen in Afghanistan. Auch öffentlich-rechtliche Medien, ihrem Bildungsauftrag nachkommend, warnten sogleich
vor dem »Videogemetzel im Kinderzimmer« (*Frontal 21*) und
dem kurzen Weg »vom Ballerspiel zum Amoklauf« (*Hart aber
fair*) und fragten besorgt, was die Amokläufer von Erfurt und
Emsdetten »den Joystick mit dem Abzug vertauschen« ließ, in
blanker Unkenntnis darüber, dass Computerspiele längst nicht
mehr mit dem Joystick gesteuert werden. Da die eigene Erfahrung der Redakteure offenbar irgendwann in den 1980ern en-
dete, wird auch schon mal das harmlose Fantasy-Strategiespiel
World of Warcraft als »Killerspiel« gebrandmarkt – nicht das
einzige peinliche Versehen in einer obskuren Verbotsdebatte.[115]
Auch andere haben die Welt der Computerspiele mangels Le-
benserfahrung offenkundig nicht verstanden. Angelika Graf,
SPD-Bundestagsabgeordnete und Bundesvorsitzende der SPD-
Seniorenorganisation AG 60plus, meint etwa: »Wenn man sich
anschaut, was alles an Computerspielen verkauft wird, muss man
sagen: Es sind schlimme Dinge, die da laufen. Ich spreche beispielsweise von Musikvideos und von Ego-Shootern und von
solchen Dingen.«[116] Wenn nach Meinung der SPD-Chefseniorin
bereits Musikvideos verdammenswert sind, dann muss das Internet das wahre Tor zur Hölle sein.

Ein Faktencheck ergibt: Gewalt in Computerspielen führt per se *nicht* zu aggressivem Verhalten und ist *nicht* gefährlicher als Gewaltdarstellungen in anderen Medien. Nur bei Jugendlichen, die ohnehin schon labil oder sozial dispriviligiert sind, können violente Computerspiele zu emotionalen Schäden führen.[117] Wer die Jugend vor Killerspielen schützen will, sollte zumindest einmal bei dem einen oder anderen der zu schützenden Jugendlichen nachfragen, wovor genau er da eigentlich geschützt werden muss, anstatt selbst jeden arglosen Nerd als tickenden Massenmörder zu stigmatisieren. Statt bizarrer Verbotsdebatten brauchen wir mehr Respekt und Empathie für unsere Kinder und deren Lebenswelt.

Neuerdings springen auch andere Autoren auf das publizistische Erfolgsmodell Spitzers auf. So etwa Dr. Bert te Wildt, Oberarzt an der Klinik für Psychosomatik und Psychotherapie des Universitätsklinikums der Ruhr-Universität Bochum, wo er Internet- und Computerspielabhängige behandelt. *Internetabhängigkeit und ihre Folgen für uns und unsere Kinder,* heißt sein druckfrisches Buch, das es selbstredend auch als E-Book zu erwerben gibt und zumindest in seiner digitalen Version alle unsere Kinder süchtig macht.[118] Das Internet, so warnt te Wildt, verwandle normale Menschen in psychisch kaputte Zombies: »Sie sind cybersexsüchtig und können nicht einmal im Arbeitsalltag von der Pornografie lassen. Sie sind Gamer und spielen bis zu 72 Stunden ohne Unterbrechung. Internetsüchtige vernachlässigen Schule, Arbeitsplatz und soziale Kontakte. Sie werden gefährlich depressiv oder aggressiv, wenn ihnen der Zugang zum Netz verwehrt wird. Auf Schlaf, Mahlzeiten und Hygiene achten sie nicht mehr, bis hin zur Verwahrlosung. In den schlimmsten Fällen klicken sie sich zu Tode: Sie sterben an Schlaf- und Flüssigkeitsmangel oder durch Suizid.« Das ist die Nabelschau eines Psychotherapeuten, dessen Weltsicht berufsbedingt getrübt sein muss, weil er keine psychisch gesunden Menschen mehr kennt. Hätte te Wildt seine Fachkollegen vom Universitätsklinikum

Mainz gefragt, hätten die ihm Entwarnung geben können: Denn für 99,1 Prozent der Jugendlichen gilt seine Diagnose nicht.[119]

Die allermeisten Jugendlichen gehen mit der Online-Welt entspannt und unaufgeregt um – und nehmen übrigens auch gerne Bücher aus Papier in die Hand: In allen Altersstufen liegen gedruckte Bücher und Comics weit vor den digitalen Alternativen.[120] Kinder spielen immer noch am liebsten draußen mit ihren Freunden; die Spielkonsole als erstes interaktives Medium rangiert hinter Fernsehen, Kino, Sport und Musikhören.[121] Und in ihrer Online-Nutzung zeigen die Jugendlichen ein differenziertes und kritisches Bewusstsein und sind insbesondere nachdenklich beim Umgang mit privaten Daten und bei der Nutzung sozialer Netzwerke.[122]

Die Dosis macht das Gift – aber für Spitzer und die anderen Digitalhysteriker ist das Internet selbst das Teufelszeug aus der Hölle, vor dem man unsere Kinder um Gottes Willen bewahren möge. Das ist ein schädlicher Rat: Kinder wie in einem amischen Dorf von der Lebensrealität abzuschirmen, anstatt ihnen einen reflektierten Umgang mit dem Netz zu vermitteln. Es gilt aber: Wenn die Eltern mit den digitalen Medien selbstsicher umgehen können, dann profitieren davon auch die Kinder.[123]

Ansichten über den Fortschritt – früher und heute

1996	2016
»Fernsehen macht dick, doof und gewalttätig!«	*»Computer machen dick, doof und gewalttätig!«*
»Da ist sie doch selbst schuld, wenn sie sich einen so kurzen Rock anzieht!«	*»Da ist sie doch selbst schuld, wenn sie ihre Nacktfotos in die Cloud lädt!«*

»So ein Handy braucht doch kein Mensch!«	»So eine Smartwatch braucht doch kein Mensch!«
»Das Fernsehen ist voller Müll / Hass / ...«	»Das Internet ist voller Müll / Hass / ...«
»Kind, wenn dir Fremde ein Bonbon geben, dann geh nicht mit!«	»Mama, wenn dir Fremde einen Link schicken, dann klick nicht drauf!«
»Guck mal, Mama, das ist eine Diskette!«	»Guck mal, Mama, die haben das Speichern-Icon in 3D ausgedruckt!«

Digitale Bankrotterklärung der deutschen Intellektuellen

Der Irrtum von der digitalen Demenz wäre nicht der Rede wert, stünde Spitzer allein auf weiter Flur. Doch der Professor aus Ulm ist nicht der Einzige, der zu digitaler Abstinenz aufruft. Die traditionelle intellektuelle Elite dieses Landes begreift die Digitalisierung als Bedrohung und mörtelt eifrig an den analogen Mauern. Angstmacher führen Feuilletons und Bestsellerlisten an, füttern Sorgen und Ressentiments und vergiften die Debatte.

Erst 2014 postulierte der schon etwas ältere Schriftsteller und Intellektuelle Hans Magnus Enzensberger zehn Regeln für den Umgang mit diesem Internet,[124] von denen keiner unter 50 jemals geglaubt hätte, dass sie jemals jemand vorschlagen würde. Eine Kostprobe: »Wer ein Mobiltelefon besitzt, werfe es weg. Es hat ein Leben vor diesem Gerät gegeben, und die Spezies wird auch weiterexistieren, wenn es wieder verschwunden ist.« Oder auch: »E-Mail, zu deutsch Strompost, ist schön, schnell und kostenlos. Also Vorsicht! Wer eine vertrauliche Botschaft hat oder nicht überwacht werden möchte, nehme eine Postkarte und einen Bleistift zur Hand. Handschrift ist von Automaten schwer zu lesen.« Oder auch: »Online-Banking ist ein Segen, aber nur für Geheimdienste und für Kriminelle.«

Die Streitschrift mit dem pathetischen Titel *Wehrt euch!* ist ein Beispiel dafür, dass unsere traditionelle intellektuelle Elite mehr Angst vor der Digitalisierung als Ahnung von ihr hat.[125] Natürlich gab es auch mal eine Zeit vor dem Mobiltelefon, und die Menschheit hat damals auch irgendwie existiert. Ich erinnere mich sogar noch daran, und nein, es war für mich keine schönere Zeit. Es gab auch schon mal eine Zeit vor dem Festnetztelefon. Und vor dem Farbfernseher. Aber muss wirklich alles so bleiben wie anno 1960, zur goldenen Jugendzeit von Herrn Enzensberger?

Man hat Enzensberger anschließend einen hochdotierten Preis überreicht, für seine »herausragenden Leistungen zum Verständnis unseres Zeitgeschehens«. Ich verstehe nicht genau, warum.

Bereits 2009 hatte Enzensberger zusammen mit rund 2 500 weiteren Intellektuellen, darunter dem Nobelpreisträger Günter Grass, dem Schriftsteller Siegfried Lenz und dem einstigen Kulturstaatsminister Michael Naumann, den »Heidelberger Appell« unterzeichnet, einen Aufruf gegen Google Book Search (Google-Volltextsuche für Bücher) und Open Access (Online-Publikation wissenschaftlicher Fachjournale). Beides hat zwar nicht viel miteinander zu tun, außer dass es irgendwie mit Texten im Internet zu tun hat, aber was soll's? Da kann einem schon die Frage kommen, ob die Literaten überhaupt verstanden haben, was sie da unterschreiben.[126] Zumindest rühmte sich Günter Grass (1927–2015) bis zuletzt, seine Manuskripte noch per Schreibmaschine zu tippen, denn schließlich wolle er »Facebook und alldem Scheißdreck« nicht zu nahe kommen. Auch ein Handy besaß er nicht, so etwas brauche doch keiner.[127] Selbst Literaturnobelpreisträger können digitale Analphabeten sein.

Es geht noch peinlicher. Der 1955 geborene Matthias Horx, der laut Eigendarstellung als »einflussreichster Trend- und Zukunftsforscher im deutschsprachigen Raum« und als »Prognostiker, Publizist, Visionär« von sich reden macht, sagte 2001 in der *Welt* eloquent voraus: »Wie alle aufgepeitschten Wellen« sei die digitale Revolution im Begriff, »wieder in sich zusammenzufallen.« Bereits jetzt würden sich die Menschen, allen voran die Jugendlichen, wieder von den Bildschirmen abwenden. »Das Internet wird kein Massenmedium – weil es in seiner Seele keines ist«, war sich Horx sicher. »Zudem ist die virtuelle Welt, in der wir angeblich den Rest unseres Lebens surfend und frohlockend verbringen, nur mäßig attraktiv. Sie riecht nicht gut und fühlt sich nicht attraktiv an. Sie macht Kopfschmerzen und schwindelig.«[128] Das Internet, das ist etwas, das geht schon wieder vorbei. So die legendäre Prophezeiung des wichtigsten aller Zukunftsforscher.

Von etwas mehr Beunruhigung ließ sich Klaus Staeck, bis 2015 Präsident der Akademie der Künste und bekanntester Plakatkünstler des Landes (»Deutsche Arbeiter! Die SPD will euch eure Villen im Tessin wegnehmen!«), zu seinem neuesten Werk inspirieren. Auf einer mehr oder minder kreativen Neuinterpretation eines mittelalterlichen Holzschnitts von Albrecht Dürer versah Staeck die vier apokalyptischen Reiter des biblischen Weltuntergangs mit den Namen von Amazon, Apple, Google und Facebook. Wer vorher noch zweifelte, konnte sich jetzt sicher sein: Das Internet wird Tod und Verderben über die Menschheit bringen.

Abb. 4: Die vier apokalyptischen Reiter. Plakat von Klaus Staeck (2013)

Nun kann man an den vier genannten Unternehmen durchaus harsche Kritik üben, aber die Apokalypse ist dann doch etwas übertrieben. Staeck beklagt, dass Amazon keine Steuern zahlt und Mitarbeiter schlecht behandelt. Das ist unbestritten. Aber das ist kein spezifisches Problem des Internets, sondern ein generelles Problem von multinationalen Konzernen. Muss etwa nur mit Google oder Amazon gehadert werden? Oder eher mit der Europäischen Union, dass sie Steueroasen wie Irland zulässt, anstatt ein einheitliches Steuerrecht einzuführen?

Die urdeutschen Traditionsunternehmen sind dabei übrigens keinen Deut besser. Auch Vorzeige-Industrielle wie Heidelberg-Cement oder Porsche platzieren ihre Niederlassungen in Steueroasen rund um den Globus. Die Mitarbeiter in den Logistikzentren bei Amazon haben zweifelsohne nur lausige Löhne – aber über Tarif, ganz anders als in den Logistikzentren so mancher Konkurrenten.[129] Zwar kann sich Amazon gewiss keine weiße Weste anziehen. Aber die Rhetorik vom asozialen Schurken muss deutlich zurechtgerückt werden. Und wenn der deutsche

Buchhandel jammert, dann weil er es selbst über Jahre hinweg versäumt hat, eine halbwegs ernstzunehmende alternative Plattform ins Rennen zu schicken.

Aber man kann Klaus Staeck beruhigen, denn: »In zehn Jahren ist Google tot.« Das hatte zumindest der Verleger Christian DuMont Schütte im Jahr 2007 wacker verkündet.[130] Mit dem Ableben von Google darf dann wohl auch das Jüngste Gericht als abgewendet gelten.

Staeck ist ein liebenswerter Mensch, aber von Digitalisierung versteht er leider nicht viel. Er hat sogar ein Wort für die tödliche Internet-Krankheit erfunden: »Blogorrhoe«.[131] Damit steckt sich an, wer nicht mehr Printjournalismus (Qualitätsmedien!) liest, sondern nur noch Blogs (das ist gar kein richtiger Journalismus! Weil ohne Papier!). Da Staeck selbst keine Blogs liest und bereits bei der Bedienung eines Smartphones nur Fragezeichen in den Augen hat, ist er vor dieser Gefahr Gott sei Dank gefeit.

Man braucht sich ja nicht einer unreflektierten Technikgläubigkeit verschreiben. Neue Entwicklungen bringen häufig Schattenseiten mit sich, und deswegen kann und muss man die Digitalisierung kritisch begleiten. Das Gegenkonzept zum Technikhype darf aber nicht die Technikfeindlichkeit sein. Das Internet ist da, die Konzerne aus Nordkalifornien prägen unser Leben, und die Intellektuellen des Landes stehen sauertöpfisch daneben und wollen das Rad der Zeit zurückdrehen.

Nonline-Mentalität

Man tut sich schwer, das analoge Establishment an den Pranger zu stellen. Denn die bittere Wahrheit lautet: Spitzer, Enzensberger, Staeck und andere analoge Ureinwohner personifizieren lediglich das Lebensgefühl einer Nation, die erst noch dabei ist, sich im digitalen Neuland zurechtzufinden:

- Deutschland ist das einzige Land in Europa, in dem höher Gebildete weniger Social Media nutzen als weniger Gebildete.[132]
- 27 Prozent aller Deutschen gelten Milieustudien zufolge als »internetferne Verunsicherte«, weitere zehn Prozent als »ordnungsfordernde Internet-Laien«.[133]
- Nicht einmal die Hälfte der Generation 60plus ist überhaupt online, im Vergleich zu exakt 100 Prozent der Teenager.[134]
- Zwei Drittel der CDU-Mitglieder sind nicht per E-Mail zu erreichen.[135]
- Weit mehr als die Hälfte aller Deutschen hat allenfalls rudimentäre Internetkenntnisse – so unwissend ist sonst kein Land in ganz Europa (siehe Abbildung 5).[136] Die Wirtschaftselite ist dabei übrigens nicht besser: 71 Prozent der Manager erreichen gerade mal Digitalkenntnisse auf Anfängerniveau.[137]
- 39 Prozent der Deutschen sagen, sie sehen der Digitalisierung »mit Befürchtungen entgegen«. Nur zehn Prozent der Über-60-Jährigen können der Digitalisierung überhaupt etwas Positives abgewinnen.[138]
- Drei Viertel der Deutschen glauben nicht, dass es für sie »sehr negative Auswirkungen auf das tägliche Leben hätte«, wenn das Internet über Nacht verschwände.[139] Der totale Stillstand der Wirtschaft, der einem Internet-Blackout ziemlich sicher folgen würde, kommt ihnen dabei nicht in den Sinn.

Für die große Mehrheit der Bundesbürger ist das Internet noch immer Neuland, scheinbar eine unwirkliche Parallelwelt zu ihrem eigentlichen oder »realen« Leben; oder schlimmer noch: ein Hort für Kinderpornos, Killerspiele und kriminelle Raubkopierer. Und weil das so ist, nabeln wir uns von diesem Internet ab: Auf der digitalen Karte sind wir ein weißer Fleck. Auf Google Street View ist ganz Europa abgedeckt – außer Deutschland und Österreich (siehe Abbildung 6). Denn nur bei uns haben sich

Hunderttausende Bürger mit Hilfe einer Flut von Einsprüchen dagegen gewehrt, dass Google frei zugängliche Straßen fotografiert. Und so hat Google vor dem Shitstorm kapituliert und seinen Dienst eingefroren.

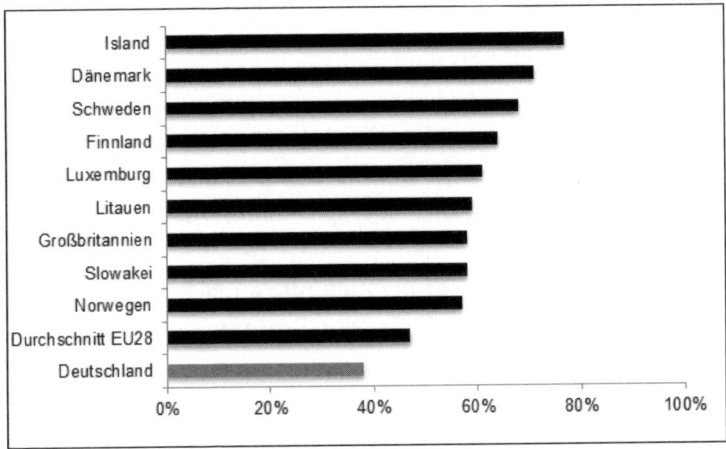

Abb. 5: Neuland: Über die Hälfte der Deutschen versteht nichts vom Internet. Anteil der Bevölkerung, der über mittlere bis gute Internetkenntnisse verfügt (16–74 Jahre, 2013)

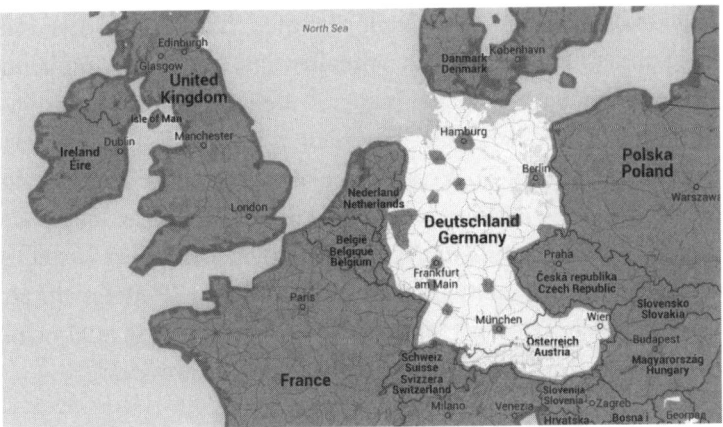

Abb. 6: Deutschland – der weiße Fleck. Google-Streetview-Abdeckung in Europa (2015).

Diese nationale Nonline-Mentalität bleibt nicht folgenlos. Bei der Glasfaser-Verkabelung ist Deutschland nicht etwa nur Klassenletzter der ganzen EU, sondern sogar dermaßen schlecht aufgestellt, dass es in den internationalen Statistiken erst seit kurzem überhaupt auftaucht und noch heute unter »ferner liefen« rangiert (siehe Abbildung 7).[140] Besonders frappierend: »In Litauen verfügen mehr als doppelt so viele Haushalte über Glasfaser wie in Deutschland. Und zwar in absoluten Zahlen.«[141] Wenn sich allerdings 39 Prozent der Deutschen vor der Digitalisierung fürchten, dann können wir uns beinahe glücklich schätzen, dass diese unheilvollen Internetkabel bei uns gar nicht erst gebaut werden.

Um Deutschland fit für die Zukunft zu machen, müsste jede Stadt, ja jedes Dorf alsbald mit schnellem Internet versorgt werden – in einer nationalen Kraftanstrengung wie einst bei der Telefonverkabelung. Momentan trottet der Durchschnittsbürger mit lahmen 8,7 Megabit pro Sekunde durchs Netz, und 730 000 Haushalte verfügen nicht einmal über schmale 1 MBit.[142] Die durchschnittliche Surfgeschwindigkeit liegt in Deutschland abgeschlagen im hinteren Mittelfeld der Industrienationen (siehe Abbildung 8). Zwar kommen wir beim Ausbau mit Müh und Not voran, aber die USA, Großbritannien, Israel, Schweden und viele andere bauen deutlich schneller aus, obwohl sie ohnehin bereits schnelleres Internet haben.[143] Beim Anteil schneller Internetanschlüsse ist Deutschland auf einen peinlichen Platz 31 abgerutscht (2015; im Vergleich: Platz 19 im Jahr 2013).[144] Zu allem Überfluss ist Internet hier auch noch sehr viel teurer als fast sonst überall: Ein Gigabyte mobiles Datenvolumen kostet in Deutschland 50-mal mehr als in Finnland und 20-mal mehr als in Frankreich, Großbritannien oder Dänemark. Nur in Ungarn bekommen die Kunden noch weniger Netz für ihr Geld.[145]

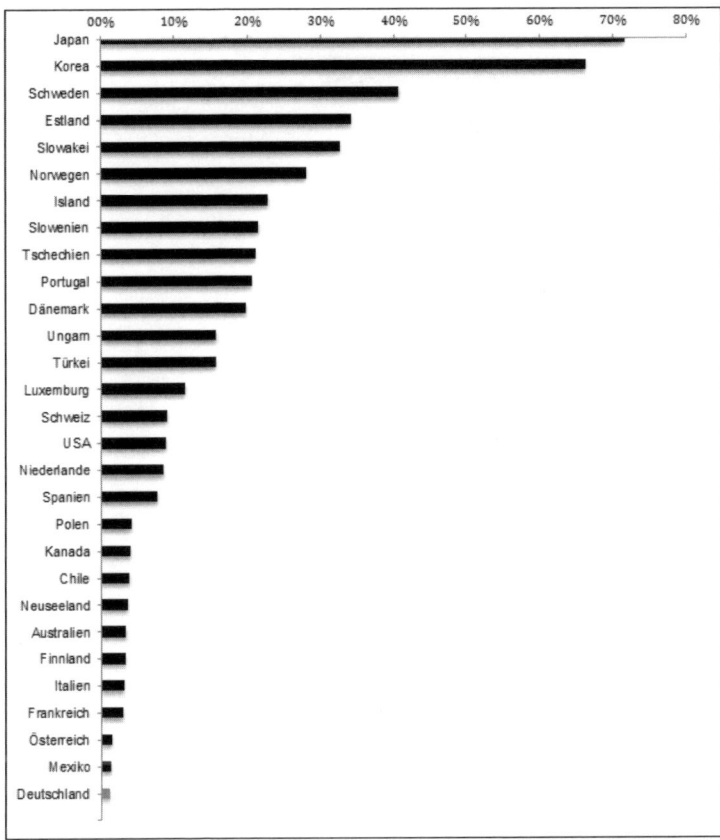

Abb. 7: Die Schmalband-Republik. Anteil an Glasfaser-Anschlüssen in verschiedenen OECD-Ländern, 2014.

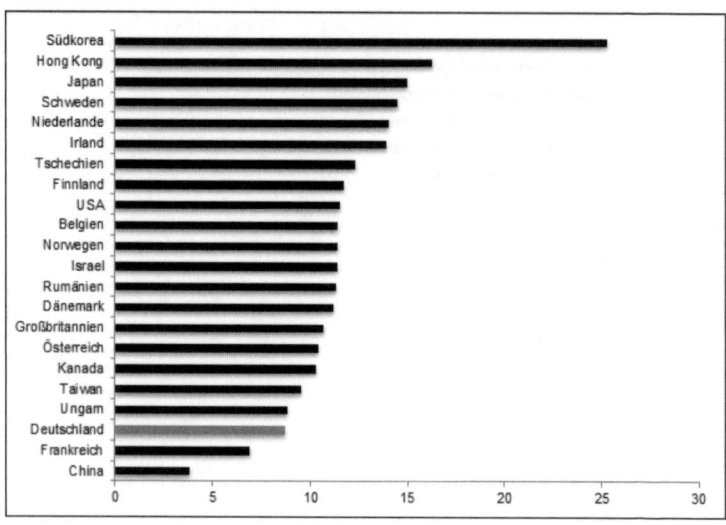

Abb. 8: Tröpfelndes Internet. Durchschnittstempo der Internetzugänge (Festanschluss, in MBit/s, 2014)

Die Regierung Merkel verspricht seit 2008 den Ausbau schnellen Internets, doch das hehre Versprechen soll wohl auch hehr bleiben. In einer schmerzlich wahren Aufreihung hat Sascha Lobo dokumentiert, wie sich das politische Dauerversagen seit Jahren hinzieht:[146] 2008 wollte Merkel »binnen zwölf Monaten« alle Haushalte mit mindestens 1 MBit versorgen. 2009 bekräftigte sie dieses »sehr ambitionierte« Ziel und versprach zudem einen 50-MBit-Zugang für drei Viertel aller Haushalte bis 2014. Im Jahr 2010 wiederholte sie beide Versprechungen. Im Jahr 2011 sprach sie abermals von einem »ehrgeizigen Ziel«, legte allerdings zugleich Pläne für die gesetzliche Pflicht zur Internet-Grundversorgung ad acta. Im Koalitionsvertrag 2013 nahm sie erneut das Ziel von 50 MBit auf, diesmal für alle und bis 2018, strich aber die anfangs verabredete Fördersumme von einer Milliarde Euro im Jahr. Später sah man doch ein, dass es nicht sonderlich klug war, den Ausbau zu versprechen, dann aber kein Geld dafür ausgeben zu wollen. Also hat man zumindest die ursprünglich angedachte Milliarde im Bundeshaushalt eingeplant. Zum Vergleich: Für außerplanmäßige Rentenerhöhungen hatten die Haushälter im selben Zeitraum fast zehnmal so viel übrig.[147] Und so geht es weiter ... Das Warten auf das Breitband scheint vergeblich wie bei Beckett das Warten auf Godot.

Rentner von heute kassieren ab – Technik von morgen muss warten!

Ein flächendeckender Ersatz der alten Kupfer- durch moderne Glasfaserkabel würde Investitionen von ingesamt etwa 80 Milliarden Euro in Anspruch nehmen, einschließlich der privaten Investitionen der Netzanbieter.[148] Das entspricht nicht einmal der Hälfte der Kosten der von der Merkel-Regierung beschlossenen außerplanmäßigen Rentenerhöhungen. Für die Rentner von heute macht der Staat über Nacht ungeahnte Geldtöpfe auf, aber bei den Technologien von morgen redet er sich mit leeren Kassen heraus. Es ist, als stünde das Automobilzeitalter bevor, und ganz Deutschland debattiert darüber, ob der Staat wirklich so viel für Straßen ausgeben müsse und ob nicht auch Schotterwege erst einmal genügen würden. Während Google Ballons in die Stratosphäre schickt, um ein konzerneigenes weltumspannendes WLAN-Netz zu errichten, baut Deutschland lieber Umgehungsstraßen.

Andere Länder denken über Gigabit nach, doch in der Industrienation Deutschland tröpfelt das Internet so dahin. Ein Programmierer kann seinen Job in Berlin machen, aber nicht im Sauerland. »Gerade der ländliche Raum, häufig Sitz von international erfolgreichen mittelständischen Industrieunternehmen (›Hidden Champions‹), ist unzureichend mit breitbandigen Internet-Anschlüssen versorgt«, kritisiert die Deutsche Industrie- und Handelskammer (DIHK). Die Zufriedenheit der Industrie unternehmen mit der IT-Infrastruktur ist drastisch abgerutscht:

von der Schulnote 2,3 im Jahr 2008 auf nur noch 3,1 im Jahr 2014. Kein anderer Standortfaktor hat sich dermaßen gravierend verschlechtert. Jedes vierte Unternehmen kann nicht mehr investieren, weil die IT-Infrastruktur fehlt.[149]

In Expertenbefragungen des IT-Planungsrats – dem zentralen Gremium für die Zusammenarbeit in der Informationstechnik zwischen Bund und Ländern – gaben drei Viertel der Experten an, dass in den nächsten Jahren mindestens 100 MBit erforderlich sind, die Hälfte der Experten geht sogar von mindestens 300 MBit aus und mehr als ein Viertel der Experten von mindestens 500 MBit. Über Maschine-zu-Maschine-Kommunikation mit künstlicher Intelligenz braucht man gar nicht erst reden, wenn momentan in fast der Hälfte der Republik bereits 50 MBit zur Hürde werden.[150] Für einfache Bedarfe wie das Empfangen von E-Mails oder das Streamen eines Films genügt dies zwar völlig. Für die weit größeren Datenvolumen, etwa von intelligenten Stromnetzen oder industriellen Anwendungen, sind die Leitungen aber hoffnungslos zu schmal.

Behäbigkeit ist das eine, aber aktiver Widerstand ist das andere. Ein deutscher Sonderweg ist beispielsweise die sogenannte Störerhaftung. Dieses Gesetz macht die Anbieter von offenem WLAN schadensersatzpflichtig, wenn irgendein Nutzer darüber Urheberrechtsverstöße begeht – eine Wohltat für die lukrative Abmahnindustrie. Wenn Nachbarn oder WGs ihr WLAN gemeinsam nutzen oder Cafés ihr WLAN öffentlich machen, müssen sie immer in Angst vor sündhaft teuren Mahnbescheiden leben. Ein deutsches Unikum, das es sonst nirgendwo auf der Welt gibt, trocknet die Nation zur Wüste aus. Deutschland kommt nicht einmal auf zwei frei zugängliche Internetzugangspunkte pro 10 000 Einwohner; in Schweden sind es dagegen zehn, in Großbritannien fast 29 und in Südkorea über 37.[151] Und was macht die Bundesregierung im Jahr 2015? Sie legt einen Gesetzentwurf vor, in dem die Störerhaftung fortgeschrieben wird, nur komplizierter als bisher. So kann man den Aufbau offenen

WLANs gleich im Keim ersticken. Sicherlich könnte man der Meinung sein, von fehlendem WLAN in Bussen und Parks würde die Zukunft der Republik nicht abhängen. Aber es zeigt, wie träge der Technologiestandort auf neue Technologie reagiert.

Damit die Welt am deutschen Wesen genesen möge, haben wir unseren besten Mann nach Brüssel geschickt: Günther Oettinger, besser bekannt als »der Sonntagsfahrer auf der Datenautobahn« (Johnny Haeusler). Als EU-Kommissar für Digitale Wirtschaft und Gesellschaft ist der Christdemokrat unser Beitrag zur Architektur der europäischen Zukunft. Wenn Oettinger spricht, schweigt die Netzgemeinde – weil ihr vor Erstaunen die Kinnlade runterfällt ...

... wenn er Netzaktivisten mit den Taliban vergleicht (Gut, dass es wenigstens keine Nazis sind!);

... als Hacker in Cloud-Server eindringen und Nacktfotos von Prominenten entwenden und Oettinger kommentiert: »Wenn jemand so blöd ist und als Promi ein Nacktfoto ins Netz stellt, hat er doch nicht von uns zu erwarten, dass wir ihn schützen.«[152] (Gut, dass wir uns auf den Rechtsstaat verlassen können, wenn es um Kriminalität geht!);

... wenn er warnt: »Man will den Sozialismus durch die Hintertür der Netzneutralität einführen!«[153] (Gut, dass wir endlich wissen, dass es in der DDR eine Gleichbehandlung der Daten aller Anbieter gegeben hätte!);

... wenn er aufklärt, dass die Netzneutralität den Tod auf vier Rädern bringen wird, sobald selbstlenkende Autos auf den Straßen sind: »Ist es wichtiger, dass im Auto hinten rechts die sechsjährige Tochter hockt und lädt sich Musik runter, YouTube, hinten links hockt der neunjährige Bengel und macht irgendwelche Games. Ist es wichtiger, dass die beiden in Echtzeit oder der Alte vorne links in Echtzeit hört, von rechts kommt jemand?«[154] (Gut, dass wir endlich wissen, dass das selbstlenkende Auto per Internet gesteuert wird und nicht per Laser oder Radar, wie das Google und Daimler machen, diese Flachpfeifen!);

... wenn er das Vorhaben ablehnt, die nationalen Grenzbäume für digitale Medien wie Filme, Musik oder Sportübertragungen (das sogenannte Geoblocking) endlich niederzureißen, um die jämmerliche österreichische Filmindustrie vor ihrem Untergang durch den Binnenmarkt zu schützen (Gut, dass wir unseren gemeinsamen Wirtschaftsraum endlich wieder der Kleinstaaterei opfern! Die europäische Filmindustrie braucht auch gar keinen Binnenmarkt! Welcher Luxemburger will schon österreichische Filme sehen?);

... wenn ihm egal ist, dass der EU-Kommissar für den digitalen Binnenmarkt, Andrus Ansip, vom Geoblocking genervt ist, denn es gebe ja auch noch andere Ärgernisse, zum Beispiel: »Ich hasse meinen Wecker morgens«[155] (Gut, dass wir ihn jederzeit von seinem Posten abberufen und von dieser Qual erlösen können!).

Derlei Schelmenstücke bringen die einen zum Lachen, die anderen zum Kopfschütteln und die Dritten zur puren Verzweiflung.

Andernorts kämpfen Politiker mit noch viel basaleren Problemen. Als der 2014 neu gewählte thüringische Ministerpräsident Bodo Ramelow (Linke) sein Büro in der Staatskanzlei bezog, gab es dort zu seinem Erstaunen nicht einmal drahtloses Internet. Demnächst wolle man erst einmal den Medienraum mit Internet ausstatten, erklärten die Haustechniker dem hinreichend verwunderten Regierungschef, der mit seinem einfachen Wunsch nach WLAN im Büro für Fragezeichen in den Augen seiner Mitarbeiter sorgte.

Derweil ließ die sehr verständige Malu Dreyer, Ministerpräsidentin von Rheinland-Pfalz (SPD), eine Machbarkeitsstudie für 300 MBit in Auftrag geben, nicht aber ohne sich Sorgen um ihren seriösen Ruf zu machen: »Ich hätte gerne 500 MBit plus gemacht, aber dann hätten mir alle entgegengeworfen: Jetzt ist die Frau völlig durchgedreht.«[156] So bremst der Zeitgeist selbst progressive Politikerinnen aus.

Mit jeder internationalen Vergleichsstudie wird deutlicher: Deutschland ist zwar gut aufgestellt, verliert aber an Fahrt, hinkt teilweise hinterher und rutscht in die zweite Liga ab:

- Im Monitoring-Report zur digitalen Wirtschaft 2015 im Auftrag der Bundesregierung rutschte Deutschland im Zehn-Länder-Vergleich von Platz 4 auf Platz 6 ab. »Eine besondere Stärke der deutschen Digitalen Wirtschaft ist nicht zu erkennen«, so das verheerende Zeugnis der Experten.[157]
- Beim Index für die digitale Wirtschaft und Gesellschaft 2015 der EU-Kommission: nur Platz 10 in der EU.
- Beim Digital Density Index 2015 der Unternehmensberatung Accenture: nur Platz 11 von 17.
- Beim Global Innovation Index 2014: immerhin ein erfreulicher Platz 13 von 143, aber auf dem absteigenden Ast: Noch 2009 waren wir auf Platz 2.
- Bei der Nutzung von E-Government, also der Erledigung von Behördengängen über das Internet: ein allenfalls durchschnittlicher Platz 11 in der EU.[158] Bei Open Government, also der digitalen Veröffentlichung staatlicher Datenschätze, sind wir sogar trauriges Schlusslicht unter den G7-Staaten.[159]
- Bei rechtlichen und steuerlichen Rahmenbedingungen für Wagniskapital: abgeschlagener letzter Platz in der EU, laut Fraunhofer Institut für System- und Innovationsforschung in einem Gutachten für den Deutschen Bundestag.[160] Es überrascht daher nicht, wenn die Wagniskapitalinvestitionen hierzulande hinter den meisten anderen Industrienationen zurückbleiben und lediglich auf 0,02 Prozent des Bruttoinlandsprodukts kommen – im Vergleich zu 0,04 Prozent in Großbritannien, 0,05 Prozent in Schweden, 0,17 Prozent in den USA oder 0,39 Prozent in Israel.[161]
- Laut Weltbank-Ranking »Ease of Doing Business« ist es in 113 Nationen einfacher, ein Unternehmen zu gründen. Kein Wunder, dass 72 Prozent der jungen Menschen in Deutschland laut Eurobarometer-Umfragen definitiv kein Unterneh-

men gründen möchten – weit mehr als im Rest der EU (52 Prozent).[162]

- Beim World Competitiveness Index 2014/15 des World Economic Forum: ein imponierender Platz 5, aber mit dem Wehrmutstropfen deutlicher Schwächen in Sachen Dynamik: Rang 16 bei der Hochschulbildung, Rang 21 bei der technologischen Anpassungsrate, Rang 43 beim Internetzugang in Schulen, Rang 45 bei Breitband, Rang 106 bei Bedingungen für Firmengründungen. Selbst die Verkehrsinfrastruktur, der ganze Stolz der Deutschen, wird heute schlechter bewertet als noch wenige Jahre zuvor, angesichts mangelnder Investitionen.[163]
- Im World Competitiveness Ranking 2015 der IMD Business School: gefallen von Platz 6 auf Platz 10. Immer noch Weltklasse, aber die Risse zeigen sich.

Deutschland – ein digitales Entwicklungsland, das bei der Adaption neuer Technologien einfach nicht mithalten kann. »Ist Deutschland noch ein Leading Innovator?«, fragte jüngst der charismatische SAP-Gründer und Software-Milliardär Hasso Plattner die versammelte CDU-Parteiführung und gab zu bedenken: »Meine Antwort ist: Nein. Wir haben ein Problem mit Technologie.«[164]

Wie die Wirtschaft »ge-ubert« wird

Es ist erstaunlich, wie es geschehen kann, dass eine erfolgreiche Industrienation eine solch erfolglose Internetnation sein kann. Ein derlei lähmender Zeitgeist ist aber nicht einfach nur ärgerlich für die urbane Bohème oder für die Bilanzen der Silicon-Valley-Konzerne. Nein, viel mehr: Er setzt den Wohlstand unseres Landes aufs Spiel. Die Digitalisierung ist dabei, die globale Wirtschaft umzuwälzen. Das größte Taxiunternehmen der

Welt heißt Uber, besitzt aber keine Fahrzeuge. Das größte Medienunternehmen der Welt heißt Google, produziert aber weder Zeitungen noch Filme. Der weltweit größte Anbieter von Übernachtungen heißt Airbnb, besitzt aber keine Immobilien. Das Internet macht es möglich, dass Newcomer rasend schnell ganze Konzerne in den Schatten und ganze Branchen auf den Kopf stellen.

Internetunternehmen brauchen im Wesentlichen nur eine App, um ganze Branchen vor die Frage des ökonomischen Überlebens zu stellen. Er habe die Sorge, »aufzuwachen und ›geubert‹ worden zu sein«, drückte dies kürzlich der französische Geschäftsmann Maurice Lévy aus: »Völlig branchenfremde Unternehmen können dir über Nacht das angestammte Geschäftsmodell wegnehmen.«[165] Wer auf die Digitalisierung schlecht vorbereitet ist, kann sich schlagartig vor der puren Existenzfrage wiederfinden.

Die Debatte um die digitale Transformation erscheint vielen als Hype, doch in Wahrheit ist sie über eine kleine Avantgarde nicht hinausgedrungen. Weite Teile von Wirtschaft und Gesellschaft haben sich noch nie damit befasst, und selbst dort, wo Diskussionen geführt werden, bleiben sie über Schlagworte hinaus inhaltsleer und folgenlos.

- Laut Bundesverband der Deutschen Industrie (BDI) sehen 92 Prozent der Unternehmen in der Digitalisierung die größte Herausforderung für die Zukunft – aber nur zwölf Prozent fühlen sich darauf vorbereitet.[166]
- Weniger als ein Fünftel der Unternehmen hat sich überhaupt ernsthaft mit dem Thema Industrie 4.0 beschäftigt, so der Strukturbericht 2015 des Instituts der deutschen Wirtschaft (IW).[167] Die Hälfte der deutschen Industrieunternehmen wartet lieber erst einmal ab, klagt der Verband Deutscher Maschinen- und Anlagenbau (VDMA).[168] 80 Prozent der deutschen Unternehmen sind zwar der Ansicht, die Digitalisierung habe einen großen Einfluss auf ihr Geschäftsmodell

– aber zugleich meinen 52 Prozent, dass sie ihr Geschäftsmodell nicht verändern müssen, um erfolgreich zu bleiben.[169]

- Bei einer Befragung von 300 deutschen Topmanagern durch
die Unternehmensberatung Roland Berger im Auftrag des
BDI antworteten nur 55 Prozent, sie hätten sich intensiv mit
der digitalen Transformation beschäftigt. Außerdem dachten
die meisten Vorstände dabei lediglich an Potentiale zur Kos-
tenreduktion, kaum aber an neue Produkte und Angebote.
Nur ein Drittel der Unternehmen schätzt die eigene digitale Reife als hoch ein. Und: Verschwindende drei Prozent der
deutschen Wirtschaftselite haben den Eindruck, dass die Politik über ausreichende Kompetenzen beim Thema Digitalisierung verfügt – eine vernichtende Bilanz.[170]

Die Debatte mag in den Fachzirkeln als allgegenwärtig erscheinen, aber das dürfe nicht über den wahren Entwicklungs-
rückstand hinwegtäuschen, warnt Roland Berger: »Dennoch
bleiben strategische Schlussfolgerungen und konkrete Handlun-
gen hinter der ›gefühlten‹ Bedeutung des Themas in der (Fach-)-
Öffentlichkeit zurück. Deutschland und Europa haben auf diesem Feld ein Erkenntnis- und ein Durchdringungsproblem.«
Dieses Stillhalten ist fatal, denn das Tempo des Wandels ist
rasant, und die Konsequenzen sind folgenschwer. Nach Analysen des US-Ökonomen John Hagel, Gründer des Deloitte Center
for the Edge Innovation, hatte ein Unternehmen im Jahr 1940
eine durchschnittliche Lebenszeit von 75 Jahren. Heute überlebt
ein Unternehmen gerade einmal 15 Jahre.[171] Vier von zehn der
größten Firmen werden vermutlich noch in diesem Jahrzehnt
von neuen Internetkonkurrenten aus der Top Ten ihrer jeweiligen Branche hinauskatapultiert werden.[172]
Alle global bedeutenden Unternehmen aus Deutschland
stammen aus der Zeit zwischen 1880 und 1925 – unter Ausnahme der 1972 gegründeten Softwarefirma SAP, dem einzigen Dax-
Unternehmen, dessen Gründer noch leben. Seither kam nicht

mehr viel Neues. Nur noch acht der hundert größten Hightech-Konzerne haben ihren Sitz in Europa, darunter kein einziger Hersteller von Mobiltelefonen, Computern oder Hardware.[173] An den 20 gößten Internetfirmen der Welt haben die USA einen Anteil von 83 Prozent, China von 17 Prozent, die ganze EU von sage und schreibe null Prozent![174]

Die Zahl der Unternehmensgründungen ist in den letzten zehn Jahren um 40 Prozent eingebrochen.[175] Damit einhergehend sackte die Gründerquote, das heißt die Zahl der Gründer an der Erwerbsbevölkerung, von 2,84 Prozent im Jahr 2003 auf 1,8 Prozent im Jahr 2014 ein.[176] Während in den USA jährlich 200 000 neue Online-Start-ups auf den Markt drängen, sind es in Deutschland bescheidene 5 000, also gerade mal ein Vierzigstel davon.[177]

Siemens hat 2005 seine Handy-Sparte eingestellt, weil man sich davon keinen großen Markt versprach, und dies, obwohl der Prototyp für ein Touchscreen-Handy bereits in der Schublade lag – ein legendärer Managementfehler. Als Steve Jobs 2007 das erste iPhone vorstellte, lächelte der Nokia-Sprecher die Bedrohung weg: »Ich bin mir sicher, dass wir der Marktführer bleiben. Wir sind unangefochten Nummer eins.«[178] Ein Jahr später musste das Nokia-Werk in Bochum schließen.

Als Google YouTube kaufte, lächelte RTL spottend. Als Facebook WhatsApp kaufte, zuckte die Telekom mit den Schultern. Als Google bei Uber einstieg, nahmen die Taxifahrer das erst einmal gar nicht zur Kenntnis. BMW und Daimler kündigten für ihre Autoelektronik eine Allianz mit Apple an – europäische Betriebssysteme gibt es nicht. Die »Deutsche Glasfaser«, eine Unternehmensgruppe, die moderne Internetkabel unter deutschen Böden verlegt, wurde von einem niederländischen Baukonzern gegründet und wird von niederländischen und US-amerikanischen Investoren finanziert; deutsche Spitzenmanager hatten auf die Zukunftstechnologie Glasfaser anscheinend keine Lust. Das Berliner Gründerzentrum Factory muss von Google gesponsert werden, weil deutsche Dax-Konzerne sich vornehm zurückhalten. In Kalifornien wurde 2014 zehnmal mehr Wagniskapital in neue Unternehmen investiert als in ganz Deutschland. Warum nimmt die deutsche Wirtschaft nicht auch einmal Geld in die Hand? Man braucht ja keinem IT-Nationalismus zu frönen. Aber überhaupt eine eigene IT-Industrie zu haben wäre schon ganz nett, wenn man an diesem Zukunftsmarkt teilhaben will.

Die Konzerne, die heute das Leben nicht nur meiner Generation bestimmen, existierten bis vor kurzem noch gar nicht – als Außenseiter haben sie die Weltmärkte überrannt und neu strukturiert. Google gibt es seit 1998. Apple wurde erst 2001 mit dem ersten iPod und 2007 mit dem iPhone zum Weltkonzern. Facebook, die Startseite der Generation Y, wurde 2004 gegründet. Twitter kam 2006. Allein diese vier US-Konzerne sind innerhalb von zehn Jahren so schnell gewachsen, dass sie alle 30 Dax-Unternehmen zusammen in die Tasche stecken.[179]

Die Bundesregierung beschließt eine Digitale Agenda, die Wirtschaft versammelt sich zum Nationalen IT-Gipfel, ganz Deutschland rüstet sich für die digitale Revolution ... Ganz Deutschland? Nein! Der deutsche Mittelstand leistet tapfer Widerstand. Die Hälfte der kleinen und mittleren Unternehmen hält die Digitalisierung für nicht relevant, und nicht einmal jedes sechste Unternehmen treibt das Thema aktiv voran – alle anderen reagieren nur auf Kundenwünsche oder den Wettbewerb.[180] Drei Viertel der Vorstandschefs gehen die digitale Transformation nicht aktiv an, weil sie die Wucht und das Tempo der Digitalisierung unterschätzen und weil sie zögern, ihre Unternehmensstrategie gegen interne Widerstände neu aufzustellen.[181] »Ich glaube, dass wir ruhig schlafen können. Wir können uns jeden Abend ins Bett legen mit dem Wissen, dass morgen wieder unsere Güter und Dienstleistungen gekauft werden. Das ist seit 150 Jahren so«, sagt Markus Kerber, Hauptgeschäftsführer des Bundesverbands der Deutschen Industrie (BDI). Und die nächsten 150 Jahre wird es ganz bestimmt auch so bleiben.[182] Gehen Sie weiter, kein Grund zur Beunruhigung!

Da rollt also eine massive Umwälzung auf uns zu, eine Robotisierung, Vernetzung und Automatisierung, die in ihrer Kraft vergleichbar ist mit der Industriellen Revolution, und was macht die deutsche Wirtschaft? Die Hände in den Schoß legen und das Ding mal auf sich zukommen lassen, wird bestimmt schon alles gutgehen. »Klar, die Europäer könnten schon mit Asien – und mit Amerika – konkurrieren, wenn sie es wollten. Wollen sie aber nicht«, schreibt der in Berlin lebende US-amerikanische Autor Eric T. Hansen. »Lieber nehmen sie in Kauf, dass andere Länder an ihnen vorbeiziehen. Und trösten sich mit dem Glauben, dass sie, solange sie den Fischer-Dübel haben, genug Geld besitzen, um den neuesten *personal robot* aus Tokio zu bestellen.«[183]

Die Nonline-Generation, die sich von ihren Assistenten ihre E-Mails ausdrucken lässt, ist längst nicht ausgestorben, sondern haftet an ihren Sesseln. Selbst ein Bundesminister für Wirtschaft und Technologie (!) konnte vor nicht allzu langer Zeit öffentlich bekennen, kaum ein Handy bedienen zu können (»Äh, ich hab Gott sei Dank Leute, die für mich das Internet bedienen. Und ich hab sehr talentierte Kinder auf dem Gebiet, die werden mich da schon noch ein Stück einweisen«, wie Michael Glos auf der IT-Messe CeBIT 2007 sagte), ohne dass seine Eignung für das Amt angezweifelt wurde.

Während die deutsche Wirtschaft nicht hören und nicht sehen will, wirbelt die digitale Revolution längst eine Branche nach der anderen durcheinander: Medien (Zeitungssterben), Einzelhandel (Ladensterben), Tourismus (Reisebürosterben), und so geht es weiter. »Welche Branchen morgen angegriffen werden, lässt sich kaum vorhersehen«, warnt Roland Berger. »Das Erfolgsgeheimnis besteht darin, die Spielregeln des digitalen Marktes zu verstehen und schneller als andere strategische Kontrollpunkte zu besetzen. Reine Online-Spieler sind traditionellen Unternehmen hier häufig überlegen. (...) Dem können insbesondere deutsche Unternehmen – im Moment – noch ihr tiefes Verständnis von Fertigungsprozessen sowie ihre Nähe zur Kundenschnittstelle entgegenhalten. Aber dieser Vorteil schmilzt aktuell dahin.«[184]

»Das braucht doch keiner«, »das will doch keiner«, »das geht wieder vorbei«, »das ist doch nur was für Technikfreaks«, »das hat auch seine Schwächen«, »das ist bestimmt schädlich für die Gesundheit«, ... – Die Abwandlungen der immer gleichen Technikkritik gehen irgendwann ins Leere.

Tim Renner erlebte im Musikkonzern Universal, den er als Praktikant betrat und erst als Chef wieder verließ, hautnah mit, wie die Bosse von einst die Augen vor der digitalen Umwälzung verschlossen – bis sie überrollt wurden: »Schon in meiner Zeit in der Musikindustrie habe ich meine Chefs sehr geschätzt; doof waren die alle nicht. Aber ich wunderte mich, dass sie sich ihre Mails ausdrucken ließen und sogar stolz darauf waren, keinen Computer zu besitzen. Eine hochgefährliche Sache, denn so haben sie den tatsächlichen Kick verschlafen.«[185]

Als hätten sie aus dieser Episode nichts gelernt, wähnen manch deutsche Manager noch immer, dieses Internet werde schon wieder vorbeigehen. So zum Beispiel im TV-Geschäft. Der US-Streamingdienst Netflix hat angekündigt, den europäischen Markt zu erobern, nachdem er schon in den USA die traditionellen großen Fernsehsender in die Defensive gedrängt hat – jeder zweite Haushalt in den USA hat mittlerweile ein Netflix-Abo, bei dem er Serien und Filme werbefrei schauen kann, wann und wo er will. »ARD und ZDF braucht kein Mensch«, sagt Netflix-Gründer Reed Hastings. »Das Auto hat ja auch das Pferd abgelöst, oder nicht? Die junge Generation kennt das gar nicht anders. Da schaut jeder, wann er Lust und Zeit hat.«[186] Und wie reagiert das ZDF? »Das ganze Thema der neuen Konkurrenz wird nach meiner Überzeugung überschätzt«, gab ZDF-Spitzenmanager Hans-Joachim Strauch zu Protokoll. Netflix habe keine Chance.[187] Ja, ich glaube auch an das Pferd. Das Auto ist nur eine vorübergehende Erscheinung.

Aber vielleicht hat das ZDF auch gar keine Ahnung, weil das Durchschnittsalter des ZDF-Zuschauers auf 61 Jahre gestiegen ist und alle unter 50 in den internen Programmstrategien als »jüngere« Zuschauer definiert werden.[188] Bei einer solchen Zielgruppe braucht man sich mit diesem Internet Gott sei Dank nicht sonderlich beeilen. Oder man hat ohnehin schon aufgegeben: »Die Jugend ist inzwischen längst von amerikanischen Angeboten ›erzogen‹ worden – und das öffentlich-rechtliche Fernsehen hat sie verloren«, sagt Bettina Reitz, Präsidentin der Filmhochschule München und bis zuletzt Fernsehdirektorin des Bayerischen Rundfunks. »Wird der Abgrund nicht überbrückt, dann wird das System auseinanderbrechen. Dann wird es ein Seniorenfernsehen geben, namens Das Erste und ZDF – und ein digitales Angebot.«[189]

Die schöpferische Zerstörung und digitale Neuerfindung, die der Musikindustrie bereits heftige Transformationsschmerzen bereitet hat, steht nun auch anderen Branchen bevor, die eher schlecht als recht dafür gerüstet sind. Während die einen noch etwas Schonfrist haben mögen, wird es andere umso schneller treffen.

»Der Mensch wird niemals auf das Erlebnis verzichten, in einem Katalog zu blättern«, glaubten die Versandhäuser noch vor zehn Jahren, und man diskutierte, ob der Online-Handel in Zukunft vielleicht auf drei oder fünf Prozent wachsen werde. Heute sind selbst einstige Dax-Riesen wie Quelle (Insolvenz 2009) oder Kaufhof (Verkauf an eine kanadische Holding 2015) in die Existenzkrise geschlittert, und 50 000 Läden stehen vor der Pleite, weil das Geschäft ins Internet abwandert. Zwei Drittel aller deutschen Online-Umsätze gehen auf das Konto von allein drei Firmen: Amazon, Apple (iTunes) und eBay – allesamt US-amerikanischer Provenienz. Unter den 50 größten Onlinehändlern stammt kein einziger aus Deutschland.[190] Hierzulande haben sich die Händler zu lange eingebildet, Amazon sei keine ernsthafte Konkurrenz, weil die Leute ja so gerne shoppen gehen. Digitale Marktstrategien hat man sich gespart und bis heute wenig aufgeholt. Erst jetzt, als Amazon den Markteintritt als

Lebensmittellieferant angekündigt hat, fangen einzelne Vorreiter wie Rewe an, mehr in ihr Online-Geschäft zu investieren.

In der vierten industriellen Revolution (nach Dampfmaschine, Fließband und Computertechnik) werden klassische Industrie und moderne Informationstechnologie zu intelligenten, sich selbst steuernden Produktionsprozessen verschmelzen, in denen Maschinen mit Maschinen kommunizieren. Mit RFID-Chips, QR-Codes und Sensoren ausgestattet steuert die »Smart Factory« sich selbst. Ein Internet der Dinge, in dem alles mit allem vernetzt ist, vom Kühlschrank bis zur Fabrik. Künstliche Intelligenz, 3D-Druck, intelligente Roboter, mit Sensoren versehene Kleidung, selbstlenkende Züge und Autos und die Prozesssteuerung mit Big Data (also die computergesteuerte Sammlung und Auswertung riesiger Datenströme) werden die gesamte Wirtschaft transformieren und keine Branche unberührt lassen. In diesem »Zweiten Maschinenzeitalter«, von dem die Ökonomen Erik Bryniolfsson und Andrew McAfee vom Massachussets Institute of Technology (MIT) sprechen, dringen Roboter in nahezu alle Bereiche vor. Algorithmen und andere intelligente Computerprogramme ersetzen Buchhalter, Dolmetscher, Journalisten, Versicherungsberater und Logistikarbeiter. In den Lagerhallen werden Staplerfahrer durch Logistikroboter ersetzt, und die Lkws und Züge der Zukunft werden fahrerlos über Straßen und Schienen rollen.

Der 3D-Druck, mit Hilfe dessen schon in greifbarer Zukunft alle möglichen Gegenstände ausgedruckt werden können, von Spielzeug über Werkzeuge bis hin zu ganzen Häusern, wird jede industrielle Branche tiefgreifend überformen. Das erste ausgedruckte Auto rollte bereits im September 2014 durch die Straßen von Detroit in Michigan. In Amsterdam entsteht gerade das erste ausgedruckte Haus, drei Stockwerke hoch und bestehend aus 130 Bauteilen. Kein Lärm, kein Staub, schnell, günstig und voll recyclebar. Es ist eine Zukunftstechnologie, die noch in den Kinderschuhen steckt, doch von der wir schon heute wissen, dass sie die Welt verändern wird. Die deutsche Industrie hätte das Potential zum Weltmarktführer, doch momentan entscheiden andere das Rennen für sich: Während der chinesische Konzern WinSun 3D-Druckfabriken in über 20 Ländern bauen will und den Weg für die Massenproduktion bahnt, halten deutsche Technologieschmieden den 3D-Druck allenfalls für ein nettes Gimmick für ihre Forschungsabteilungen.[191]

Die Deutschen sind stolz darauf, das Schlagwort »Industrie 4.0« erfunden zu haben, um die nächste industrielle Revolution zu beschreiben. Doch Politiker und Manager tun sich schwer, das hochtuerische Wortgeklingel mit konkreten Maßnahmen zu hinterlegen. »Der IT-Standort Deutschland ist leider nicht oder nur bedingt auf der Höhe der Zeit«, klagt Ulrich Dietz, Vizepräsident des IT-Branchenverbandes Bitkom und Vorstandschef des IT-Konzerns GFT Technologies. »Wir haben einen IT-Gipfel, wo über alles Mögliche diskutiert wird, aber uns fehlt eine gemeinsame Idee, für die wir Milliarden investieren und nicht bloß 3,50 Euro. Wir neigen dazu, im Mittelmaß des Konsenses zu verharren. Doch in der Welt des digitalen Wandels werden wir weder mit Mittelmaß noch mit Konsens einen weltweiten Erfolg haben.« Managern und Politikern seien die Visionen ausgegangen: »Während die ganze Welt über die Digitalisierung spricht, streiten wir hier über 500 Millionen Euro Infrastrukturausgaben. Das hätten wir schon vor zehn Jahren erledigen müssen, das bedarf keiner Debatte. Unsere Politiker reisen ins Silicon Valley und kommen wie aus dem Phantasialand verzaubert zurück. Da kann ich nur sagen: Lasst euch dann zur Abwechslung was Eigenes einfallen.«[192] Nicht einmal auf gemeinsame Industrienormen hat sich die Wirtschaft bisher verständigen können. Im Wesentlichen habe man »nichts hinbekommen«, klagte T-Systems-Chef Reinhard Clemens im Mai 2015. »Die erste Halbzeit der Digitalisierung haben wir verloren.«[193]

Die kalifornischen Internetkonzerne arbeiten derweil mit Hochdruck an Produkten im Finanz-, Automobil-, Medizin-

und Energiesektor. Google ist längst nicht mehr nur eine Suchmaschine, sondern fest im Begriff, zum multiplen Medien- und Industriekonzern zu avancieren. Als sich Google im Jahr 2015 in einer neuen Holding namens Alphabet neu strukturierte, hatte der Konzern bereits acht Robotikfirmen gekauft, automatisierte Produktionsstraßen getestet, in Biotechnologie-Unternehmen und Genom-Forschungsprojekte investiert, eine Linse für Diabetiker zur Messung des Blutzuckerspiegels entwickelt, sich an der Herstellung von Satelliten, Ballons und Drohnen beteiligt und einen Hersteller intelligenter Thermostate übernommen.[194] Facebook ist nicht mehr nur ein soziales Netzwerk, sondern entwickelt unter anderem Finanzdienste, die zur Herausforderung für Banken und Versicherungen werden können. Und als wäre das alles nicht schon genug Reibungsfläche, bekommt Deutschland auch noch unerwartete Konkurrenz für das Herzstück und den Stolz seiner Industrie: das Auto.

Die analoge Auto-Nation: Festklammern an fossiler Technik

Der Skandal um die gefälschten Emissionswerte bei VW und drohende Strafzahlungen in zigfacher Milliardenhöhe erschüttern die deutsche Autoindustrie, die offenbar vor keinem Mittel zurückschreckt, um ihr altes Geschäftsmodell am Leben zu erhalten. Dieses hartnäckige, ja nunmehr im Wortsinne kriminelle Festhalten an einem alten Geschäftsmodell und einer alten Technologie, dem fossil befeuerten Verbrennungsmotor nämlich, kann mit nur ein wenig Pech den Selbstmord der deutschen Autoindustrie herbeiführen.

Doch der Justizprozess um das Geschäftsgebaren von VW ist nur Symptom für die gefährliche Status-quo-Orientierung mancher deutscher Manager. Der VW-Skandal muss zum Fukushima für die Autoindustrie werden: zum Meilenstein einer Zeitenwende.

Während an der US-amerikanischen Westküste bereits jetzt autonome Google-Autos fahrerlos durch die Städte rollen, während Apple fast 2 000 Spitzeningenieure aus aller Welt – auch von deutschen Autobauern wie MercedesBenz – für die Entwicklung seines hypermodernen, hochgradig automatisierten Elektroautos *Titan* abgeworben hat, und während der Tech-Milliardär Elon Musk mit dem Elektro-Luxuswagen *Tesla* die Oberklasse neu definiert, diskutieren wir in Deutschland noch darüber, ob das selbstfahrende Auto doch nur ein Hype ist, der auch wieder vorübergeht, oder ob der Elektromotor sich wirklich durchsetzen wird. Auch in deutschen Spitzenkonzernen wird Forschung betrieben, werden Prototypen entwickelt, werden neue Modelle auf den Markt gebracht. Aber am Ende tun sie sich schwer, sich von ihrem angestammten und bis heute erfolgreichen Geschäftsmodell des analogen Autos mit Verbrennungsmotor zu lösen. Sie stecken in einem Dilemma: Denn mit einem neuen Geschäftsmodell würden sie sich ins eigene Fleisch schneiden, und solange sich mit dem alten Geschäftsmodell noch gut Geld verdienen lässt, werden sie sich kaum selbst zerstören. Doch selbst noch so erfolgreiche Industriegiganten können ins Wanken geraten, wenn sie zu träge auf neue Zeiten reagieren. Das Leid der fossil-atomaren Energiekonzerne, die noch vor zehn Jahren unangreifbar schienen, sollte warnendes Beispiel genug sein.

Daimler-Chef Dieter Zetsche lächelt die Bedrohung weg: Das Google-Auto sehe aus wie eine Mondlandefähre, so etwas wolle doch keiner haben, und gegen deutsche Ingenieurskunst hätten die Amis ohnehin keine Chance.[195] Google und Apple können kein Auto bauen? Das mag sein. Aber Apple hatte bis vor kurzem auch keine Handys gebaut und dann Siemens und Nokia aus dem Markt katapultiert. Nach einem Besuch im Silicon Valley merkte Zetsche dann aber doch, »dass diese Unternehmen noch mehr können und mehr wissen, als wir zuvor angenommen hatten«.[196]

Doch Google geht es nicht unbedingt darum, ein schickes Auto zu bauen, sondern das Konzept des Autos völlig neu zu erfinden – nämlich als fahrenden Computer. Schon heute macht die Elektronik ein Drittel der Wertschöpfung eines Neuwagens aus, im Jahr 2030 wird es die Hälfte sein.[197] Die Karosserie, die Reifen, die Hardware des Autos, wird anteilsmäßig immer weniger wert. Das Auto der Zukunft ist ein rollender Computer mit Batterien. Die traditionellen Autobauer müssen daher aufpassen, dass sie nicht nolens volens zum Hardware-Zulieferer der Software-Industrie degradiert werden und nur noch die Schale für das eigentliche Produkt liefern.

Schon einmal ist es einem Branchenneuling gelungen, den Traditionskonzernen das Wasser abzugraben: Der gerade erwähnte US-Milliardär Elon Musk, der ursprünglich durch seinen Online-Finanzservice PayPal zu Ruhm und Geld gelang, gründete 2003 seine Firma Tesla und brachte nur drei Jahre später den Sportwagen Tesla Roadster auf den Markt – und ließ den konventionellen Verbrennungsmotor auf einmal blass und bleich aussehen. Darauf folgte das Modell Tesla S, ein Oberklasse-Wagen mit 334 PS und 440 Kilometer Reichweite. Bis 2020 soll die Reichweite auf bis zu 1200 Kilometer steigen und der Kaufpreis um ein Drittel sinken. Und genug Platz ist im Auto auch noch, mit Kofferraum vorn und hinten, weil eine Batterie weniger Platz frisst als ein Verbrenner. Dabei ist der BMW i8, mit dem die Münchener nachzogen, zweifellos ein technisch anspruchsvolles Designwunder, und man kann stolz sein auf ein solches Auto. Aber vom fossilen Verbrenner konnte sich BMW nicht lösen: Denn der i8 ist nur ein konventioneller Benziner mit einem kleinen Elektromotor als symbolischer Zugabe.

In der Schweiz, Dänemark oder den USA lässt Tesla Konkurrenten wie BMW und Porsche bereits hinter sich, in Deutschland ist die Firma auf Platz 3 im Oberklasse-Segment (unter Abzug von taktischen Zulassungen und Leasing), wie Ferdinand Dudenhöffer, Professor für allgemeine Betriebswirtschaftslehre und

Automobilwirtschaft an der Uni Duisburg-Essen, vorrechnet.[198] Inzwischen hat Elon Musk angekündigt, einen billigen und kleineren Wagen auf den Markt zu bringen und damit in den Massenmarkt für die Mittelklasse einzusteigen – in direkter Konkurrenz zu VW Golf, BMW3 und Audi A4. Wir dürfen gespannt sein, wie das die deutschen Autobauer durcheinanderwirbelt.

Im April 2015 landete Musk den nächsten historischen Coup und präsentierte eine Batterie, die Sonnenstrom spottgünstig speichern kann, egal ob im Eigenheim oder in der Industriefabrik, und dazu auch noch ein elegantes Design vorzeigen kann. Thomas Birr, Chefstratege beim Energieriesen RWE, staunte verblüfft: »Wenn uns vor drei Jahren jemand gesagt hätte, die Batteriespeicherung wird bei 250 Dollar pro Kilowatt ankommen, hätten wir den für verrückt erklärt.«[199] In den USA baut Musk mit der sechs Milliarden Dollar teuren »Gigafactory« eine riesige Batteriefabrik, in Norwegen kommt eine weitere hinzu, in Deutschland kooperiert Musk mit dem Ökostromanbieter »Lichtblick«. Damit dringt Tesla auf den Weltmarkt für Batterien vor, der momentan noch von koreanischen und chinesischen Unternehmen beherrscht wird. Und heimlich, still und leise hat Tesla auch noch ein Netz aus Schnelllade-Stromtankstellen aufgebaut, sogenannten Superchargern, mit denen der Tesla-Fahrer kosten- und stressfrei von Berlin nach Barcelona kommt. Der Bordcomputer berechnet schon bei Fahrtbeginn, wo man am besten tanken sollte.

Und was macht Deutschland? Die einzige Fabrik für Batteriezellen, die es bei uns noch gab, hat Daimler im Jahr 2015 geschlossen. BMW und Audi holen sich für ihre Batteriezellen Unterstützung von Samsung, VW lässt sich von Panasonic beliefern, und Mercedes lässt gleich die gesamte Batterie plus Antriebsstrang von Tesla bauen.[200] Heute setzen andere die Normen und Standards.

Aus dem Rennen um die Zukunftstechnologie Elektromobilität haben wir uns verabschiedet. Laut dem Electric Vehicle Index 2015 der Unternehmsberatung McKinsey haben japanische und chinesische Hersteller inzwischen Deutschlands E-Auto-Industrie überholt, dicht gefolgt von den USA. Während die deutsche Autoindustrie immerhin noch in der ersten Liga mitspielt, ist Deutschland als Absatzmarkt für E-Autos ziemlich belanglos, abgeschlagen irgendwo weit hinter Norwegen, den Niederlanden, Frankreich, den USA und Dänemark und nur knapp vor China.[201] Markus Fasse, Automarktspezialist beim *Handelsblatt*, warnt: »Die deutschen Autobauer sind im Elektroauto-Markt ins Hintertreffen geraten.«[202]

2008 versprach Merkel auf der Nationalen Strategiekonferenz Elektromobilität, dass bis 2020 eine Million Elektroautos auf den Straßen unterwegs sein sollen. 2010 richtete sie eine »Nationale Plattform Elektromobilität« ein. 2011 verabschiedete sie ein »Nationales Regierungsprogramm Elektromobilität«. 2012 wiederholte Merkel das »ambitionierte« Ziel, 2014 nochmals und 2015 nochmals. Unterdessen entwickeln sich die tatsächlichen Absatzzahlen schleppend: nur 18 948 Stromer fahren auf unseren Straßen – von der anvisierten Million ist das Lichtjahre entfernt.[203] An den Einlauf in die Zielgerade glaubt heute keiner mehr, auch wenn das keiner öffentlich eingestehen will.

Der schleppende Fortschritt mag auch an den Autofahrern liegen. Der deutsche Neuwagenkäufer ist durchschnittlich 52,4 Jahre alt,[204] und der hat im Zweifel keine Lust auf ein Elektroauto, erst recht nicht auf ein Auto von Google. Die Alten wollen den Mercedes-Stern und den gewohnten Verbrennungsmotor, nur etwas sparsamer. »Wenn ich die Menschen gefragt hätte, was sie wollen, hätten sie gesagt: schnellere Pferde«, sagte einst der legendäre Industriemagnat Henry Ford. In der langen Geschichte des Automobils hat sich diese Mentalität wenig geändert. Junge Menschen wären zwar interessiert an einem Google-Auto (das sagen zwei Drittel der 18- bis 34-Jährigen),[205] machen allerdings keine sieben Prozent aller Neuwagenkäufer aus. Und sie haben nicht die mehrere Tausend Euro extra auf dem Bankkonto, die ein Elektrofahrzeug momentan noch mehr kostet als ein Benziner.

Die Politik simuliert Tatkraft mit »Schaufensterprojekten«, Runden Tischen und Aktionsplänen, um am Ende doch nichts zu tun. Während sich die Merkel-Regierung die Abwrackprämie zur Rettung der kriselnden Autokonzerne unter dem Strich 2,6 Milliarden Euro kosten ließ,[206] hatte sie für die Zukunftstechnologie Elektromobilität lächerliche 500 Millionen übrig, die sie in mehr oder weniger sinnvolle Prestigeprojekte schleust.

Geld für ein halbwegs flächendeckendes Netz aus Ladestationen will niemand ausgeben, weder der Staat noch die Konzerne, ja nicht einmal ein grün-roter Staatskonzern wie EnBW. In Oslo oder Amsterdam gibt es an jeder Ecke Ladestationen, in Berlin kann man sie fast an der Hand abzählen. Im kleinen Holland gibt es 3 700 öffentliche Ladestationen, im großen Deutschland nur 2 400.[207]

Deutschland könnte Leitmarkt für Elektromobilität sein, doch diesen Rang hat uns Norwegen abgelaufen, angekurbelt von staatlichen Kaufanreizen. Beinahe die komplette erste Charge deutscher Elektroautos wie des E-Ups von Volkswagen wurde nach Oslo exportiert, weil sie hierzulande keiner haben wollte. Bald wird jedes zehnte Auto in Norwegen ein Stromer sein. In Deutschland scheitert die Marktankurbelung für Elektromobilität am Bundesfinanzminister. Die Vergangenheit ist uns lieb und teuer, die Zukunft wird zum Spottpreis abgehakt.

Die Energiewende hat an Fahrt verloren. Das liegt auch an den traditionellen Energiekonzernen. Diese wollten den Wandel nicht kommen sehen. Nun stehen sie vor ihrem finanziellen Ruin, weil sie stets zwar werbewirksam behaupteten, »vorwegzugehen«, aber sich in Wahrheit an ihre alten Geschäftsmodelle klammerten. Erst eine Atomkatastrophe brachte das Umdenken. Solange das fossil-atomare Geschäftsmodell noch funktionierte, haben sich die Konzerne nicht bewegt. Und als sie sich endlich bewegten, war es zu spät.

Digitaler Bildungsnotstand

Um die digitale Bildung ist es außerordentlich schlecht bestellt. Pisa-Musterland Finnland hat die Schreibschrift abgeschafft und nutzt die eingesparte Zeit, um den Kindern das Tippen und Programmieren beizubringen. In Großbritannien, Polen, den Niederlanden oder Estland lernen meist bereits Erstklässler, einen Code zu schreiben – nicht unbedingt, um später ein neues Facebook zu gründen, sondern um die Sprache der Computer zu verstehen.

In Deutschland steht dagegen nicht einmal Informatik an der Mehrheit der Schulen auf dem Pflichtprogramm, geschweige denn Programmieren als Fremdsprache. Hamburg hat Informatik als Pflichtfach gerade wieder abgeschafft. Und statt Zehn-Finger-Tippen lernen unsere Schüler immer noch Schreibschrift, obwohl die Mehrheit der Jüngeren unter 30 die Schreibschrift für sinnlos hält.[208] Wir behandeln Informatik wie die Droge der Kellerkinder und Killerspieler, dabei ist sie das Handwerkszeug für die Architekten der Zukunft. Wir müssen uns klar darüber werden, was in diesem Jahrhundert wichtiger wird: Latein und Altgriechisch oder der kompetente Umgang mit Computern. »Derzeit ist es immer noch so, dass die jungen Leute in Deutschland wie in zwei Welten leben«, sagt Julia Manske, Programmleiterin »Europäische Digitale Agenda« bei der Stiftung Neue Verantwortung. »Außerhalb der Schule dominieren Google, Facebook und Snapchat – im Unterricht dagegen wird das Handy eher ausgestellt und das Internet wenig genutzt.«

In Schulbüchern, die im Jahr 2016 an bayerischen Gymnasien im Einsatz sind, erfahren die Schüler, dass es Diskettenlaufwerke und Audio-CDs gibt und E-Mails mehrere Minuten brauchen, um übermittelt zu werden. Was eine E-Mail ist, wird wortgewandt erläutert: »Elektronisch übermittelte Nachrichten (E-Mails) sind Objekte der Klasse NACHRICHT. Sie können Objekte der Klasse ANHANG enthalten, die wiederum je eine

Datei enthalten.« Alles klar? Da könnte man auch gleich erklären, worum es sich bei einem Brief handelt, weil Sechstklässer zu blöd sind, das zu verstehen. Das klänge dann so: »Mit dem Briefträger übermittelte Nachrichten (Briefe) sind Objekte der Klasse NACHRICHT. Sie können Objekte der Klasse INHALT enthalten, die wiederum Objekte der Klasse PAPIER enthalten.« Eine Reise nach Absurdistan. Ganz abstrus werden dann die pädagogischen Ratschläge für das Verhalten in diesem Internet, bei denen man sich nur die Haare raufen kann. So empfiehlt das Schulbuch: »Benutze deinen wirklichen Namen, kein Pseudonym! Seine wahre Identität hinter einem Pseudonym zu verbergen ist feige.« Das gilt natürlich nicht für Chat-Rooms. Denn: »Chat-Rooms sind gefährlich.«[209] Ein solches Buch kann getrost dem Recycling zugeführt werden. Man kann die digitale Transformation nun einmal nicht aus Geschichtsbüchern lernen.

Beim digitalen Unterricht geht es nicht um einen Laptop oder ein Tablet für jeden Schüler. Fast jeder Schüler besitzt bereits einen eigenen Laptop und ein eigenes Smartphone. Bei einem solch enormen »Hosentaschenpotenzial« (Lena-Sophie Müller) ergibt es wenig Sinn, das knappe Steuergeld für schuleigene Geräte zu verpulvern. Zumal dies ohnehin eine sinnbefreite Aktion wäre, solange die Lehrer keinen Schimmer haben, wie man mit den Geräten sinnvoll umgeht.

Es ist natürlich schon einmal ein Schritt nach vorne getan, die Schiefertafeln von anno dazumal durch moderne Whiteboards zu ersetzen, auf denen die Lehrer Videos oder Präsentationen an die Wand werfen können und auch sonst dank interaktiver Tafelfunktionen weit mehr Gestaltungsmöglichkeiten haben als bei den alten Kreidetafeln. Aber wenn die Lehrer nicht wissen, wie sie all diese neuen Potentiale sinnvoll einsetzen können und sie daher eben einfach weiter als herkömmliche Schreibtafel nutzen, ist nicht viel gewonnen.

Statt der Technisierung um ihrer selbst willen geht es darum, digitale Medien dort einzusetzen, wo sie tatsächlich bereichernd sind. Die Potentiale sind quasi unendlich und nur durch unsere Phantasie begrenzt. Für viele Ohren klingt noch nach unerhörtem Neuland, was anderswo längst zum Standardrepertoire gehört: Dank der Digitalisierung haben bereits im Hier und Jetzt potentiell alle Menschen der Welt Zugang zu den besten Universitäten mit den besten Professoren, unter der einzigen Bedingung eines Internetzugangs – dank kostenfreier Online-Akademien von Eliteschmieden wie Harvard oder Yale, sogenannten »Massive Open Online Courses« (MOOC), kann jeder, ob nun in der Oberpfalz oder in New York, eine Bildung genießen, wie sie bisher begüterten Eliten vorbehalten war.

Aber auch für den Schulunterricht bringen digitale Medien völlig neue Möglichkeiten mit sich, wenn sie nur klug angewendet werden. YouTube-Videos und Vokabeltrainer im Fremdsprachenunterricht oder virtuelle Karten in Erdkunde sind dabei nur die offensichtlichsten Möglichkeiten. Tablets können helfen, Schüler mit geistigen oder körperlichen Beeinträchtigungen besser am Unterricht teilhaben zu lassen; beispielsweise können Kinder mit Knochenkrankheiten keinen Stift halten, aber mühelos Touchscreens bedienen. Kinder mit Hörleiden können dank Software, die automatisiert Untertitel erstellt, ihre Aussprache üben. Autistische Kinder können mithilfe von Apps ihre Gefühle per Bildschirm ausdrücken und dadurch zwischenmenschliche Kommunikation erlernen.[210]

Ein anderer Ansatz ist das Konzept des »Flipped Classroom«, bei dem die Schüler zu Hause per Video lernen (zum Beispiel von einem TED-Talk eines Nobelpreisträgers), dabei beliebig oft zurückscrollen und Unbekanntes nachschlagen können, bis sie den Stoff verstehen, und das so Gelernte tags darauf im Unterricht üben und vertiefen. Schwächere Schüler können auf ihren Smartphones unbekannte Begriffe nachschauen, ohne Angst haben zu müssen, sich für ihre Unkenntnis zu blamieren. Fächerübergreifender Unterricht kann erleichtert werden, indem beispielsweise Experimente im Chemieunterricht gefilmt werden und im Deutschunterricht anhand des Videos ein Bericht darüber geschrieben wird. Open Educational Resources (OER), also freie digitale Unterrichtsmaterialien, können Millionenausgaben für gedruckte und teils schnell veraltete Schulbücher ersparen – heute dagegen gleicht unsere Schullandschaft einem zerfaserten Flickenteppich, bei dem sich jedes Bundesland seine eigenen Lehrpläne und seine eigenen Schulbücher gönnt. Eine Cafeteria mit WLAN und Steckdosen, unterstützt von einer schuleigenen IT-Abteilung, kann dafür sorgen, dass Schüler das selbstständige souveräne Arbeiten mit digitalen Techniken trainieren.

Stattdessen stoßen Lehrer, die einen Schritt ins Neuland wagen, auf aktiven Widerstand. Manche Landesbehörden verhindern die Weiterbildung von Lehrern zu Open Educational Resources, und auch die mittlerweile ad acta gelegten Pläne der Kultusminister, die Schulcomputer mit einem eigens entwickelten Trojaner-Computerprogramm auf Urheberrechtsverstöße zu bespitzeln, haben nicht unbedingt zum Vertrauen der Lehrer beigetragen. Und allen Ernstes verschicken Schulen noch heute Elternbriefe, in denen der Erwerb eines Taschenrechners für den Mathematikunterricht »dringend empfohlen« wird, obwohl jeder Schüler einen Taschenrechner auf dem Handy mit sich führt.

Bei der Nutzung von Computern im Unterricht ist Deutschland nach amtlicher Statistik internationales Schlusslicht unter den Industrieländern (siehe Abbildung 9). [211] Die IT-Ausstattung an deutschen Schulen befindet sich auf dem Stand von 2006. »Es gibt kein Land auf der Welt, in dem Lehrer zurückhaltender neue Technologien im Unterrichtsalltag einsetzen als in Deutschland«, sagt Birgit Eickelmann, Professorin für Schulpädagogik an der Universität Paderborn und Co-Autorin der *International Computer and Information Literacy Study* (ICILS). [212] Da verwundert es nicht, dass die Computerkenntnisse deutscher Schüler unter dem EU-Durchschnitt liegen. Ein Drittel der Achtklässler hat sogar nur »basale« Computerkenntnisse, die über Whats-

App und E-Mail kaum hinausgehen. Diese Schüler, warnt Eickelmann, würden es »voraussichtlich schwer haben, erfolgreich am privaten, beruflichen sowie gesellschaftlichen Leben des 21. Jahrhunderts teilzuhaben«.[213]

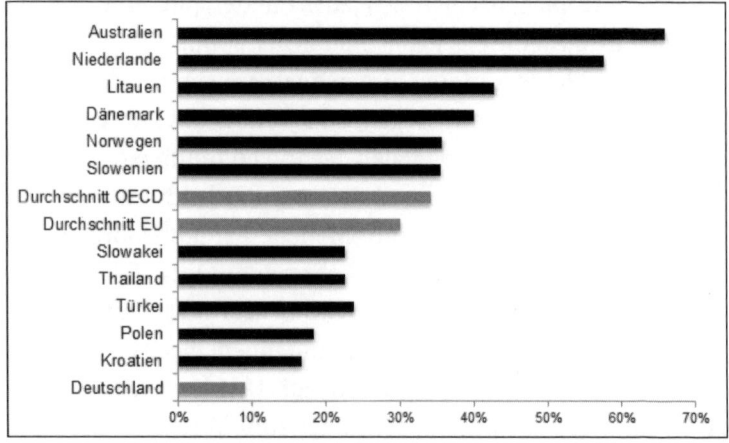

Abb. 9: Deutsche Lehrer bleiben analog. Häufigkeit der Computernutung durch Lehrpersonen im Unterricht im internationalen Vergleich (Angabe der Lehrpersonen mit täglicher Computernutzung in Prozent)

Würde man die fragen, um deren Leben es geht, die Schüler nämlich, hätte man überwältigende Mehrheiten für die Einführung von Informatik und Wirtschaft als Pflicht-Schulfächer.[214] Aber die fragt ja keiner. Stattdessen fragt man Josef Kraus, 67-jähriger Präsident des Lehrerverbandes. Natürlich, sagt er, müsse die Schule mit der Zeit gehen. Aber die »totale Zwangsdigitalisierung« befördere »eine Reihe an möglichen Kollateralschäden«. Am besten, rät Kraus, man gebe den Schülern ein Lexikon und eine Bibliothek, nur dann könnten sie sich auch im Internet zurechtfinden – wie in der guten alten Zeit.[215] Die totale Zwangsdigitalisierung führe geradewegs in die totale Zwangsverblödung, schlägt Manfred Spitzer in dieselbe Kerbe. Computernutzung würde »die Schüler dümmer machen«. Zum

Beweis verweist der Bestsellerautor auf Südkorea, das uns in Sachen digitaler Durchdringung um Längen voraus ist. Zur Verdummung der Jugend ist es dort allerdings nicht gekommen: In den Pisa-Tests lagen die südkoreanischen Schüler weit vor ihren deutschen Altersgenossen.[216]

Im Informatikunterricht, wenn es ihn überhaupt gibt, wird oftmals mit mittelalterlicher Software und Hardware gearbeitet und jahrelang derselbe Stoff wiedergekäut, weil den Lehrern nichts mehr einfällt. Fast jeder dritte Lehrer stuft seine eigenen IT-Kenntnisse als kritisch ein.[217] Selbst für das Lehramtsstudium im Jahre 2016 sind Lateinkenntnisse wichtiger als Computerkenntnisse, geschweige denn dass Mediendidaktik oder -pädagogik mehr als eine marginale Rolle zugedacht würde. Wir müssen uns wohl oder übel auf einen noch langen Weg zur Bildungsrevolution gefasst machen.

An jeder einzelnen Schule ist es ein neuer Kampf gegen Lehrer und Eltern, die ihre Schützlinge vor den Todesstrahlen des Internets behüten wollen. Bürgerinitiativen verbreiten Angst und Schrecken und fordern von den Politikern, »der Verantwortung zur Unversehrtheit der schutzbefohlenen Kinder und Jugendlichen im Hinblick auf gesundheitsgefährdende Strahlenbelastung gerecht zu werden«.[218] Ein von keinem Geringeren als Manfred Spitzer dirigierter Ärztearbeitskreis behauptet, die WLAN-Strahlung verursache Krebs und allerlei sonstige Krankheiten. Aus ebendiesem Grund musste beispielsweise die Hamburger Schulbehörde zurückrudern und ihre Pläne, sechs Schulen mit Internet und Notebooks auszurüsten, auf Eis legen.[219] Die Weltgesundheitsorganisation erklärt zwar, »angesichts der sehr niedrigen Belastungsrate und der bisherigen Forschungsergebnisse gibt es keine überzeugende wissenschaftliche Evidenz dafür, dass die schwachen Hochfrequenzsignale von drahtlosen Netzwerken sich schädlich auf die Gesundheit auswirken«,[220] und das Bundesamt für Strahlenschutz bestätigt: »Hinweise auf eine gesundheitliche Beeinträchtigung von Kindern und Jugendlichen durch WLAN gibt es nicht.«[221] Aber was stören schon Fakten, wenn es um den Schutz unserer Kinder vor dem Internet geht?

Ein Handyverbot an Schulen ist der pädagogische Dauerbrenner, aber ebenso sinnlos wie nutzlos, weil sich die Schüler sowieso nicht daran halten – und ihr Handy zum Beispiel einfach lautlos stellen, aber trotzdem dabeihaben. 84 Prozent aller Kinder zwischen neun und vierzehn Jahren besitzen ein Handy,[222] das sie nicht einfach zu Hause lassen werden – was auch gar keinen Sinn macht, denn welcher Ort außer der Schule könnte besser dazu geeignet sein, einen sinnvollen Umgang damit zu trainieren? Wenn die Schulen ernsthaft versuchen würden, die Handys zu kontrollieren, fänden die Schüler schon Mittel und Wege, das zu umgehen. Überhaupt unterschätzen die Lehrer ihre Schüler fast bis zur Grenze der Unverschämtheit und überdramatisieren die Gefahren des Internets. Um über Cybermobbing zu diskutieren, rückt schon mal die Polizei an der Schule an. Einige Bundesländer haben gar einen Facebook-Bann über ihre Schulen verhängt.

Dieses Misstrauen gegenüber den Jugendlichen ist hinterwäldlerischer Nonsens. Handyverbote an Schulen gehören verboten. Anders als die Erwachsenen glauben, ist das Bewusstsein für Datenschutz und Privatsphäre unter Kindern und Jugendlichen erstaunlich hoch ausgeprägt; sie gehen in aller Regel sparsam mit ihren Daten um und nutzen die Privatsphäreeinstellungen aktiv. Facebook ist ohnehin nicht mehr cool; viele Jugendliche nutzen Facebook nur noch, um mit Eltern oder Lehrern zu kommunizieren. Ansonsten sind eher WhatsApp und Instagram beliebt.[223] Und: Teenager, die ihren Medienkonsum selbst bestimmen dürfen und sich dabei des Vertrauens und der Unterstützung ihrer Eltern sicher sein können, können auch souveräner mit den Gefahren im Netz umgehen und dessen Chancen gezielter für ihre persönliche Entwicklung nutzen, wie Studien der Oxford University zeigen.[224]

Es ist völlig absurd, wenn ausgerechnet die Schule, an der man den Umgang mit dem Netz und den digitalen Medien am besten erlernen könnte, zur handyfreien Zone und zum letzten Hort des Analogen erklärt wird, während in anderen Ländern längst Computing auf dem Lehrplan steht. Wenn unsere Kinder lernen, mit Computern souverän (und nicht nur intuitiv) umzugehen, dann *trotz* und nicht *wegen* der Schule.

Große Worte, k(l)eine Taten

Die digitale Revolution ist dabei, unsere Art zu leben auf den Kopf zu stellen. Produktion, Konsum und Arbeit werden sich radikal verändern. Ganze Branchen und Berufe sterben aus, andere werden neu geboren. Millionen Jobs fallen weg, neue werden kreiert. Und darauf müssen wir uns gefasst machen.

Die Bundesregierung feiert sich für ihre »Digitale Agenda«. Die kam zwar mit etwas Verspätung erst 2014, aber besser spät als nie. Die sogenannte Agenda ist aber eigentlich gar keine Agenda, sondern ein Statusbericht – eine triviale Bestandsaufnahme dessen, was es heute nicht schon alles an Wunderdingen in diesem Internet gibt. Sie trippelt auf der Stelle, vergisst Themen wie Partizipation und Arbeitswelt und hat keinen Mut zu Visionen. Auch weil die Kompetenzen für die Digitalisierung über vier Ministerien verstreut sind, weiß man manchmal nicht so recht, wo die Politik eigentlich hinwill. Gesche Joost, Professorin für Designforschung an der Universität der Künste in Berlin und von der Bundesregierung zur Internet-Botschafterin nach Brüssel berufen, ist enttäuscht: »Die Digitale Agenda wagt kaum einen Entwurf für die Zukunft. Dabei sollte sie das Rad eigentlich etwas weiterdrehen. Die Ziele sind zu wenig ambitioniert. Im Grunde haben wir hier eine Beschreibung des Status quo.«[225] Nicht einmal über die kleinen Schritte vorwärts kann man sich so recht freuen, weil man sich sicher sein kann, dass ein noch größerer Schritt rückwärts folgt, etwa durch solche Nonsens-Gesetze, die einer Hommage an die Vergangenheit, einem Bollwerk gegen Wettbewerb, einer Trutzburg für das Gestern gleichen:

- Entwürfe für ein Anti-Angel-Gesetz (schlechtere Bedingungen für Wagniskapitalgeber für Start-ups)
- die Neuauflage der Störerhaftung (Haftungsbarrieren für offenes WLAN)
- Vorlagen für einen neuen Jugendmedienschutz-Staatsvertrag (Alterskennzeichnung für alle Webseiten bis hin zum Kaninchenzuchtverein)
- Nachtverkaufsverbot für jugendgefährdende E-Books (während tagsüber der Zugang nicht beschränkt wird)
- voller Mehrwertsteuersatz auf E-Books (während für das identische Buch in gedruckter Form nur der ermäßigte Mehrwertsteuersatz gilt)
- die Ausnahme von Zeitungsausträgern vom Mindestlohn (ein bizarres Privileg für die Printzeitungs-Branche)
- die geplante Reform der Werkverträge (die der Ausbeutung von Schlachtern und Supermarkt-Mitarbeitern ein Ende setzen soll, aber zugleich Programmierern das Leben schwermacht)

Wir sind damit beschäftigt, überall Risiken zu suchen, und vergessen darüber die Chancen. Es ist ein einziger Angstdiskurs: Im Juni 2015 widmete sich die SPD-Parteizeitung *vorwärts* fast 20 Seiten lang der Bedrohung durch die Digitalisierung: Die sei »verräterisch«, überall lauerten »Fallen«, es drohe der »Spion im Wohnzimmer« und die »Datenkrake am Frühstückstisch«. Millionen würden jeden Tag »Opfer von Cyber-Kriminalität«, ja selbst Musik-Streaming »birgt Risiken«, und das Fazit lautet: »Das kann für den Bürger sehr gefährlich werden.« Ein differenzierter Diskurs über Chancen und Risiken sieht anders aus. Vom Fortschrittsoptimismus, dem sich der *vorwärts* einmal schon mit seinem Titel programmatisch verschrieben hatte, ist da nichts mehr zu spüren.

Diese »zukunftsverneinende Angstmentalität« (Dorothee Bär) hat selbst die ansonsten überzeugt kapitalismusfreundliche Wirtschaftspresse ergriffen. In schwarzer Trauerfarbe druckte zuletzt das *Handelsblatt* seine Titelseite, um in dicken Lettern vor der »dunklen Seite des Silicon Valley« zu warnen, vor »Monopolen, Datenhandel, Pornografie«, als ob es Monopole, Datenhandel und Pornografie vor dem Internet nicht gegeben hätte.[226] Und muss es nicht dort, wo es Schattenseiten gibt, auch Sonnenseiten geben? Über die könnte man gelegentlich auch einmal berichten.

Sobald tatsächlich fundamentale Risiken für unsere freiheitliche Grundordnung auftauchen, verfällt die Politik in Dilettantismus. Das Handy der Bundeskanzlerin wird abgehört? Kein Wunder, sie verwendete schließlich ein handelsübliches Mobiltelefon. Das IT-Netz des Bundestages wird mit einem Virus infiziert, und Datenströme fließen an unbekannte Quellen ab? Dann beschließt der Bundestag ein IT-Sicherheitsgesetz, das allerdings nur für die Wirtschaft gilt und nicht für den Bundestag, der noch mit dem veralteten und virusanfälligen Windows XP arbeitet. Ganz Deutschland wird ausspioniert? Dann wird einfach der Etat für den Geheimdienst erhöht, damit dieser noch unerfolgreicher Spionageabwehr betreiben kann. Auf die Idee, das aus der Prä-Internet-Ära stammende BND-Gesetz grundlegend zu revidieren, kommt man dagegen nicht. Zugleich bezieht der Bundestag seine Webdienste von US-Firmen und leitet damit seinen E-Mail-Verkehr durch Server in den USA, wo Internetfirmen bekanntermaßen gesetzlich dazu gehalten sind, Informationen an die Geheimdienste preiszugeben. Auf die Frage, wie das in Anbetracht der Snowden-Enthüllungen zu bewerten sei, antwortet der Bundestagssprecher ironiefrei: »Ich verstehe die Frage in dem Kontext nicht.«[227] Und der Generalbundesanwalt hat nichts Besseres zu tun, als gegen Blogger wegen Landesverrats zu ermitteln, will aber für die Spionage durch ausländische Geheimdienste »keine Anhaltspunkte« erkennen.

Angesichts des fehlenden Mutes und bisweilen der Planlosigkeit der Netzpolitik drängt sich der Eindruck auf, dass die machthabende Generation die digitale Transformation vorsätzlich torpediert, um dem Volk ein Schneckenhaus zu bauen, in dem wir dann alle glücklich und zufrieden leben können, zumindest solange wir den Kopf nicht herausstrecken.

Diese Ignoranz wirkt fatal. Denn mit jedem Schutzschirm, der über dem Status quo aufgespannt wird, werden alle diejenigen, die zumindest im Kopf in der technologischen Realität des Jahres 2016 angekommen sind, gegen die Wand gedrängt. Wenn dann noch mit großer Zuverlässigkeit täglich wieder die nächste verbale Keule gegen das Internet geschwungen wird, werden die Schützengräben tiefer ausgehoben, mit der Folge einer defensiven Kessellage, aus der heraus konstruktive Verständigung und differenzierte Technologiekritik unmöglich sind, weil man zu sehr damit beschäftigt ist, immer wieder aufs Neue die Frontlinie zu begradigen.

Dabei geht es gar nicht darum, einem unreflektierten Digitalisierungsrausch das Wort zu reden – im Gegenteil: Es wäre angebracht, sowohl die Vorteile als auch die Risiken des digitalen Wandels besser zu verstehen sowie strategisch und differenziert zu diskutieren. Wenn aber kulturromantische Fundamentaloppositionelle ein ums andere Mal aus ihren ideologischen Kanonen schießen, erstickt das jeden konstruktiven Diskurs im Keim. Digital Progressive und analoge Konservative begeben sich damit in die selbstverschuldete Gefangenschaft des gegenseitigen Nichtverstehens, anstatt darüber zu reden, wie der Wandel organisiert werden muss, damit nicht nur ein kleiner Teil der Gesellschaft profitiert, sondern möglichst viele.

Agenda 21: Digitale Zukunftsfähigkeit und Innovationskraft

- Beschleunigter und flächendeckender Aufbau einer modernen Glasfaser-Infrastruktur, auch mit staatlichen Investitionsanreizen

- Smart Factories brauchen Smart Workers: Staatliche Weiterbildungsprogramme und Zuschüsse für Schulungen von Arbeitnehmern in digitalen Produktions- und Kommunikationstechnologien sowie Modernisierung von Ausbildungsgängen

- Bessere steuerliche Anreize für Forschung und Entwicklung in Unternehmen

- Förderung von Forschung und Entwicklung im Bereich des technischen Datenschutzes (wie Anonymisierung, Pseudonymisierung, Verschlüsselung); Aufbau von Serverkapazitäten in Deutschland

- Ausweitung des Verbraucherschutzes durch Transparenz bei Nutzerrechten und hohe Standards für Privatsphäreeinstellungen (Opt-out-Regelung als Default)

- Rahmenbedingungen für Risikokapitalgeber (Venture Capital) verbessern; bestehende staatliche Finanzierungs- und Unterstützungsangebote (zum Beispiel High-Tech-Gründerfonds, INVEST-Zuschuss für Wagniskapitalgeber, Gründungszuschuss der Bundesagentur für Arbeit, Mikrokreditfonds des Europäischen Sozialfonds) attraktiver gestalten und besser kommunizieren; High-Tech-Wachstumsfonds auflegen

- Mehr universitäre Forschung und Lehre zu Industrierobotik, digitaler Produktionstechnik und künstlicher Intelligenz, beispielsweise durch Gründung von Lehrstühlen und Masterstudiengängen, sowie engere Verzahnung von Wissenschaft und Wirtschaft

- Digitaler Bildungspakt: verpflichtender Informatikunterricht an allen Schulen; Einführung von Programmieren als Fremdsprache; Entwicklung und Einsatz freier digitaler Unterrichtsmaterialien (Open Educational Resources); entsprechende technische Ausstattung der Schulen; verpflichtende Weiterbildung für alle Lehrer in Medienpädagogik und -didaktik und

Reform der Lehramtsstudiengänge; Studienberatung und -unterstützung, vor allem bei technisch-naturwissenschaftlichen Fächern mit hohen Abbrecherquoten, verbessern

- Gründergeist fördern: Begriff von Unternehmertum positiv besetzen und eine Kultur des Mutes zum etwaigen Scheitern und der Fehlerfreundlichkeit fördern; Wirtschaftsunterricht an Schulen einführen; Abbau bürokratischer Hemmnisse für Unternehmensgründungen und Liberalisierung rechtlicher Vorschriften für die ersten beiden Jahre (zum Beispiel Umsatzsteuervoranmeldung, Arbeitsstättenverordnung); unternehmerische Erfahrung an Schulen und Hochschulen bringen; Unternehmensgründungen als Studienverzögerung anerkennen

- Technologieoffensive für Elektromobilität: Sonderabschreibung für gewerbliche Nutzer; 10 000-Ladesäulen-Programm; Elektroautos als Standard in öffentlichen Fuhrparks

- Abschaffung der WLAN-Störerhaftung

- Überarbeitung des Kartellrechts und vorbeugende Initiativen gegen den Missbrauch der marktbeherrschenden Stellung durch Google und andere Unternehmen, beispielsweise in Form einer Treuhandstelle für Algorithmen

- Verwirklichung eines digitalen EU-Binnenmarkts, unter anderem durch Harmonisierung der nationalen Urheberrechtsregimes und Abschaffung des Geoblockings

- Willkommenskultur für ausländische Fachkräfte, zum Beispiel durch Entbürokratisierung der »Blue Card« und vereinfachtes Bleiberecht für ausländische Studenten nach einem Studium in Deutschland

4. Wir sind jung und brauchen das Geld
Über das Märchen der Erbengeneration und den Mythos gleicher Lebenschancen

»Deutschlands Anspruch einer sozialen
Marktwirtschaft ist nicht mehr als ein Mythos.«
Marcel Fratzscher[228]

»Das Kapital hat zu Beginn des 21. Jahrhunderts
kaum etwas von der Bedeutung verloren, die es im
18. Jahrhundert hatte. (...) Ungleichheit ist nicht per se
negativ. Aber wenn sich die Schere zu weit öffnet, dann
schadet das einer Gesellschaft. Am Ende bedroht das
die Grundfesten unserer Demokratie.«
Thomas Piketty[229]

Als ich 16 war, wollte ich am Schüleraustausch zwischen meiner Heimatgemeinde Tirschenreuth und der Partnerstadt Santa Fe Springs in Kalifornien teilnehmen. Drei Wochen würde ich bei einer Familie in den USA verbringen, und drei Wochen würden wir einen amerikanischen Schüler bei uns aufnehmen. Um die 2 000 D-Mark sollte das Programm kosten (rund tausend Euro), plus Verpflegung und Taschengeld.

»Wir haben doch keinen Geldscheißer daheim.« Ein Satz reichte, um meinen Tagtraum zu zerstäuben. Mehr Worte verlor meine Mutter nicht, außer den kopfschüttelnden Nachsatz: »Wo soll der bitteschön schlafen, wir haben doch gar keinen Platz.« Zu dem Zeitpunkt verstand ich, dass ich mir solche Hirngespinste erst gar nicht angewöhnen bräuchte. Wer wolle denn auch schon nach Amerika? Da muss doch gar keiner hin. Englisch lernen, das schien mir ähnlich nützlich wie Quantenphysik: Ich würde es nie im Leben gebrauchen können, weil das Ausland weit weg war.

An der Schulbank saß damals Bastian neben mir, Sohn eines CSU-Bürgermeisters. Eines Morgens stürmte Bastian wutschnaubend ins Klassenzimmer und tobte: »Diese scheiß SPD hat Steuerschlupflöcher geschlossen, jetzt muss mein Vater noch ein Haus kaufen, um weniger Steuern zu zahlen.« Tags darauf trat ich der SPD bei.

Meine Mutter hatte es nie leicht im Leben gehabt. Auf sich allein gestellt zog sie meinen Bruder und mich groß, schuftete sich am Vormittag als Näherin und Packerin in der Schulterpolsterfabrik buchstäblich die Finger wund und kümmerte sich am Nachmittag darum, dass ihre beiden Kinder etwas Warmes zu essen auf den Tisch bekamen. Doch egal, wie sehr sie sich aufopferte, egal wie bescheiden sie lebte, fehlte es an den Mitteln – und dem Bewusstsein, dass es eine andere Welt da draußen gibt als die engen vier Wände der Oberpfälzer Landidylle.

Als ich später meinen Zivildienst im kommunalen Jugendamt absolvierte, betreute ich auch den Schüleraustausch mit Kalifornien (wenngleich nur das Programm in Deutschland). Eine Familie schickte alle ihre drei Sprösslinge gleichzeitig zum Jugendaustausch und nahm im Gegenzug drei amerikanische Schüler bei sich auf. Einmal wurde ich beauftragt, die Jugendlichen mit dem Auto von zu Hause abzuholen; in dem für meinen Horizont riesigen Anwesen erlebte ich auf diese Weise zufällig das Frühstück mit. Natürlich hatte man Erdnussbutter am Tisch – etwas, das ich bis dahin nur aus amerikanischen Zeichentrickserien kannte. Man unterhielt sich angeregt, wie toll das Shopping gestern gewesen sei. Bei uns wurde im Quelle-Katalog eingekauft und per Sammelbestellung bei der Quelle-Frau geordert, um Portokosten zu sparen. Als der Sohn sich großkotzig zur Einlassung verstieg, warum ich dasselbe T-Shirt trug wie einige Tage zuvor, fühlte ich mich endgültig fehl am Platze. Er war vielleicht drei Jahre jünger als ich, war aber schon stinkreich, ohne jemals etwas dafür getan zu haben – allein durch die Gnade seiner Geburt –, und behandelte mich wie einen Untergebenen. Er war das wohl so gewohnt.

Aber in Deutschland, so hatte mein Banknachbar Bastian stets wiederholt, habe ja jeder die gleichen Chancen. Ach ja?

In den Großstädten schwellen die Mieten an, Jahr für Jahr um etwa acht Prozent. Die Löhne dagegen stagnieren. Bezahlbarer Wohnraum wird immer knapper. Bereits zweimal musste ich der Gentrifizierung – also der Aufwertung und Teuerung von Stadtvierteln – weichen. Das erste Mal wurde das Haus luxussaniert, mit Balkon und Lift, mit der Folge einer Mieterhöhung um 200 Euro. Das zweite Mal warf mich meine Mitbewohnerin aus der WG, um mein Zimmer lukrativ über die Online-Plattform »Airbnb« an zahlungskräftige Touristen zu verschachern. Sie gab mir eine Frist von drei Monaten, dann müsste ich ausziehen. Kaum hatte ich eine Bleibe bei Freunden gefunden, verging kein Tag, da hatte sie schon einen Airbnb-Touristen im neuen Gästezimmer einquartiert, für einen fürstlichen Obolus. Wer ein stetiges und ausreichend hohes Einkommen hat, der kann auf diese Weise schnell gutes Geld machen. Das Nachsehen haben Niedriglöhner, Studierende und prekäre Freiberufler.

Eine enge Freundin von mir hatte mehr Glück als ich. Ihre Eltern erwarben eine Wohnung in bester Lage, in der sie seither sorgenfrei wohnen kann, solange sie möchte. Zwar erbitten sich die Eltern eine gewisse Miete, aber verbilligt und stundbar, wenn der Geldhahn mal klemmt. Kinder weniger betuchter Eltern müssen oft über Monate suchen und bezahlen trotzdem nicht selten 400 Euro für ein WG-Zimmer. Für sie kauft niemand eine Wohnung. Sie haben auch kein weiches Polster, das sie hält und im Notfall auffängt, wenn sie internationale Praktika absolvieren, jahrelang in Einstiegsjobs zu Hungerlöhnen schuften oder mit ihrer Unternehmensidee scheitern. Jeder kann doch alles erreichen, wenn er sich nur genug anstrengt? Ein Mythos. Wenn die Kinder armer Eltern frierend am Fuße des Mount Everests stehen, sind die Kinder reicher Eltern bereits mit dem Helikopter zum Gipfelcamp geflogen.

Wie das Bildungssystem soziale Ungleichheit reproduziert

Das Bildungssystem könnte soziale Ungleichheit einebnen. Das ist aber nicht der Fall. Im Gegenteil: Unser Bildungssystem nivelliert soziale Ungleichheit nicht, sondern reproduziert sie! Kinder armer Eltern haben ganz eindeutig weniger Chancen. Rein formal gesehen können sie zwar ebenfalls aufsteigen – nur haben sie es viel schwerer und müssen viel mehr leisten. Nichts entscheidet hierzulande so stark über die Chancen eines jungen Menschen wie die soziale Herkunft:

- Arbeiterkinder haben bei identischen Leistungen dreimal geringere Chancen, von ihren Lehrern eine Empfehlung fürs Gymnasium zu erhalten, als Kinder aus Akademikerfamilien.[230]
- Akademikerkinder besuchen doppelt so häufig wie Arbeiterkinder das Gymasium. 77 Prozent der Akademikerkinder studieren, aber nur 23 Prozent der Arbeiterkinder.[231]
- Die Nachhilfe-Industrie boomt. Bereits für Grundschüler gehören bezahlte Nachhilfestunden zum Alltag. 1,5 Milliarden Euro pro Jahr lassen sich Eltern die außerschulische Förderung kosten, die längst von der Ausnahme zur Regel geworden ist. Allerdings nützt sie vor allem Kindern aus begüterten Familien – was die Chancen für alle anderen noch verschlechtert.[232]
- Privatschulen erleben eine Hochkonjunktur: Seit der Jahrtausendwende ist ihre Zahl um mehr als 40 Prozent gewachsen, finanziert vor allem durch Steuergelder (je nach Bundesland reichen die Zuschüsse von einem Drittel bis zu drei Vierteln der Kosten). Jeder, der es sich leisten kann, wird seine Kinder bald an Privatschulen unterbringen. Dann wird es an öffent-

lichen Schulen nur noch Kinder aus armen Elternhäusern geben.[233]

- Studenten aus armen Elternhäusern machen wesentlich seltener ein Auslandssemester – sie können sich Miete, Flüge und Lebensunterhalt einfach nicht leisten.[234]
- Unser Schulsystem entlässt etwa acht Prozent jedes Jahrgangs ganz ohne Abschluss und einen viel größeren Anteil nur mit unzureichender Grundbildung – mehr als in anderen Industrieländern.[235] Für diese Jugendlichen bleiben nur Restjobs am Rande der Gesellschaft – oder Hartz IV als Ausgleichszahlung für geraubte Lebenschancen.

In Deutschland werden die Schüler bereits nach der vierten Klasse in Begabungsklassen aussortiert – die einen ans Gymnasium, die anderen an Haupt- oder Realschulen. Wie kann man so früh prognostizieren wollen, was aus einem Kind einmal werden wird? Abgesehen von Österreich sind wir das einzige Land der EU, das seine Kinder bereits im Alter von zehn Jahren selektiert. Alle anderen Länder machen das frühestens im Alter von zwölf, die meisten erst mit 16 Jahren. Pisa-Spitzenreiter wie beispielsweise Schweden setzen auf langes gemeinsames Lernen.

Diese Selektion nach scheinbaren Leistungsklassen bedeutet meist eine Selektion nach sozialer Schicht: Die Eltern aus bildungsfernen Milieus bohren nicht nach und drohen mit keinem Anwalt, wenn der Lehrer eine schlechte Note vergibt oder keine Gymnasialempfehlung ausstellt. Sie können sich keine Nachhilfe leisten und keinen Sprachurlaub in England, sie können auch keine lukrativen Praktika vermitteln. Und wenn in der Familie noch niemand studiert hat, scheint allein die Option gar nicht greifbar.

Die grundgesetzlich verbriefte Chancengleichheit steht auf geduldigem Papier. In fast keinem anderen Industrieland ist der Zugang zu Bildung dermaßen stark von der sozialen Situation der Eltern abhängig.[236] Nicht was ein Kind im Kopf hat, sondern was die Eltern auf dem Bankkonto haben, entscheidet über die schulische Laufbahn. Das ist nicht nur ungerecht und stiehlt vielen Kindern ihre Lebenschancen, sondern es vergeudet das volkswirtschaftliche Potential, das in der jungen Generation steckt.

Arme Kinder – reiches Land

Soziale Schieflagen gab es schon immer, doch sie sind heute schiefer als je zuvor seit Gründung der Bundesrepublik. Einer Analyse der Industrieländerorganisation OECD zufolge hat sich die Schere zwischen Arm und Reich in Deutschland weiter geöffnet: Haben die oberen zehn Prozent der Bevölkerung in den 1980ern fünfmal so hohe Einkommen bekommen (nicht: verdient) wie die unteren zehn Prozent, bekommen sie heute bereits siebenmal so viel.[237] Die reichsten zehn Prozent besitzen heute 60 Prozent des gesamten Vermögens – eine nie dagewesene Vermögenskonzentration.[238] »Die Vermögensungleichheit ist in Deutschland extrem groß«, sagt Marcel Fratzscher, Präsident des Deutschen Instituts für Wirtschaftsforschung (DIW). Der durchschnittliche Deutsche verfügt über ein Nettovermögen von knapp 17 000 Euro – davon kann niemand eine Vorsorge gegen Risiken treffen, geschweige denn Altersvorsorge betreiben.[239]

Kinder sind die neuen Armen in einem reichen Land. Laut UNICEF-Report zur Lage der Kinder in Deutschland wächst jedes zehnte Kind in einer Atmosphäre von Armut und Hoffnungslosigkeit auf.[240] Ein Fünftel aller Kinder und Jugendlichen lebt in einer Familie, die von Armut bedroht ist. 76 Prozent der Kinder aus armen Familien können nicht in Urlaub fahren, 31 Prozent können keine Freunde zum Essen einladen, 14 Prozent haben kein Internet zu Hause, bei zehn Prozent reicht das Geld nicht einmal für ausreichende Winterkleidung.[241] Inzwischen kann man wieder an den Zähnen erkennen, aus welcher sozialen Schicht ein Kind stammt.[242] Eine halbe Million Kinder und Jugendliche sind auf die Essensspenden der Tafeln angewiesen, das ist ein Drittel aller Bedürftigen.[243] Obwohl sich die meisten Eltern aus beengten sozialen Lagen redlich um ihre Kinder bemühen, scheitern sie an bürokratischen Hürden und unzulänglichen staatlichen Hilfsangeboten, die verworren konstruiert sind und oft wirkungslos verpuffen, wie eine Studie des Instituts für Arbeitsmarkt- und Berufsforschung (IAB) im Auftrag der Bertelsmann-Stiftung zutage brachte.[244] Die soziale Mobilität, also die Durchlässigkeit zwischen sozialen Schichten, nimmt seit 1990 kontinuierlich ab, wie das Deutsche Institut für Wirtschaftsforschung nachweist.[245] Die junge Generation spaltet sich in Gewinner und Verlierer.

Was die Alten uns schulden: fair-erben!

Häufig sprechen wir darüber, was die Jungen den Alten schulden. In einer älter werdenden Gesellschaft müssen wir aber darüber reden, welche Verantwortung eigentlich die ältere Generation hat. Denn die Wenigsten haben das Glück vermögender Eltern, die spendabel in die Nachfolge ihrer Familiendynastie investieren. Die wenigsten Kinder bekommen ein dickes Sparbuch in die Wiege gelegt.

Die Diskussion um die Alten wird oft als Elendsdiskussion geführt, so als ob es nur die bedürftige Omi gäbe, die von ihrer kargen Rente ein bescheidenes Dasein fristen muss. Jedes Schicksal von Altersarmut ist eines zu viel, aber Altersarmut ist nicht der Normalfall. »Die materielle Lebenssituation der Älteren ist besser als die des Durchschnitts der Gesamtbevölkerung«, erklärt der Verteilungsökonom Markus Grabka vom Deutschen Institut für Wirtschaftsforschung. »Durchschnittlich haben die Senioren mehr verfügbares Einkommen und vor allem mehr Vermögen als die Jüngeren, die heute ihre Beiträge in die gesetzliche Rentenversicherung zahlen und später deutlich weniger Rente rausbekommen werden.« Zwar handelt es sich dabei um Durchschnittswerte, hinter denen sich eine große Streuung verbirgt, Bettelarme genauso wie Superreiche. Trotzdem beweisen die Zahlen, dass die alte Generation insgesamt einen enormen Wohlstand angehäuft hat. Nur eine schwindende Minderheit der Alten ist auf staatliche Stütze angewiesen. »Wir haben kein Altersarmutsproblem in Deutschland, sondern ein Problem mit Kindern, die arm aufwachsen«, betont Axel Börsch-Supan, Direktor des Max-Planck-Instituts für Sozialrecht und Sozialpolitik.[246]

Es gibt unter den Rentnern zwar immer noch zu viele Arme. Aber es gibt noch mehr Vermögende und Reiche. Richtig Reiche. Und die sollen einen Obolus abgeben: als Generationen-Soli. Denn wir sind jung und brauchen das Geld: für Luxus-Kitas und Elite-Schulen für alle, und nicht nur für die oberen Etagen der Bevölkerung.

Klar: Der Reichtum der Älteren soll irgendwann einmal zu uns wandern. Es wird so viel vererbt wie noch nie in Deutschland. Laut Deutschem Institut für Altersvorsorge werden im laufenden Jahrzehnt voraussichtlich 2,6 Billionen Euro hinterlassen – mehr als ein Viertel des gesamten privaten Vermögens.[247] Aber von diesem Kuchen bekommt die angeblich so bevorzugte »Erbengeneration« nur ein paar Krümel ab.

Denn erstens leben die Menschen heute länger als früher, und das ist auch gut so. Weil uns aber die Älteren erst mit 80 oder 90 Jahren verlassen, tritt die nachfolgende Generation ihr Erbe später an als in früheren Zeiten. Der typische Erbe ist heute zwischen 40 und 65 Jahre alt, wie das Deutsche Institut für Altervorsorge feststellt – vom Erbe profitiert also nicht die »junge« Generation, sondern die der Babyboomer, die selbst gerade vor dem weichen Ruhestandskissen steht. Obendrein wird nur etwa ein Drittel des Erbes überhaupt an die nächste Generation weitergegeben. Zwei Drittel bleiben in der gleichen Generation und werden beispielsweise auf Geschwister oder Lebenspartner übertragen. Die Jungen sehen davon keinen Cent.

Zweitens ist das Erbe extrem ungleich verteilt. Die meisten erben wenig bis gar nichts, nur wenige bekommen viel. Bei den »intergenerationellen« Erbschaften (also dem Anteil, der auf die nächste Generation übertragen wird) machen allein die obersten zwei Prozent bereits rund ein Drittel des gesamten Erbschaftsvolumens aus. Und auch der restliche Teil vom Kuchen ist hochgradig ungleich verteilt. Ein Drittel erbt wenig oder geht ganz leer aus. »Die ungleiche Verteilung auf die Erbengeneration wird sich künftig noch verschärfen«, warnt das Deutsche Institut für Altersvorsorge: »Geringverdiener erben seltener und weniger«, und »von großen Erbschaften profitiert vor allem, wer auch hohe Vermögen aus dem eigenen Einkommen angespart hat.«[248] Die Ärmsten bleiben arm, die Reichen werden noch reicher. Die Erbschaftswelle zementiert die soziale Kluft nicht nur, sondern vertieft den Wohlstandsgraben noch.

»Das Erbrecht oder die Vermögensvererbung ist eine Form der Privilegierung von einigen, die qua Geburt stattfindet«, sagt Jens Beckert, Professor für Soziologie an der Universität Köln und Direktor des Max-Planck-Instituts für Gesellschaftsforschung. Steffen Mau, Professor für Politische Soziologie an der Universität Bremen, spricht von einer »Refeudalisierung sozialer Ungleichheit«, die »eine stärkere Verhärtung oder Verholzung der Sozialstruktur vor allem am oberen und unteren Ende« zur Folge hat.[249]

Ausgerechnet die Jugendlichen, deren Eltern und Großeltern schon jetzt finanziell wenig bieten können, werden noch stärker übervorteilt: Während sie nicht über Los gehen und auch keine 200 Euro einziehen dürfen, haben die anderen schon ein Hotel auf der Schlossstraße. Das ist unfair und passt nicht zu einer offenen Gesellschaft, die von sich behauptet, es käme darauf an, was ein Mensch mit seinem Kopf und seinen Händen schafft – und nicht, was seine Eltern im Geldbeutel haben.

Für einen gewissen Ausgleich der Startvorteile könnte die Erbschaftssteuer sorgen. Doch die ist zu einem Rinnsal vertrocknet. Wer klug trickst, kann sogar ein Millionenvermögen ganz legal am Staat vorbeischleusen. Derzeit generiert die Erbschaftssteuer ein mageres Aufkommen von kärglichen vier Milliarden Euro – bei rund 250 Milliarden jährlichem Erbschaftsvolumen. In Anbetracht der immensen Freibeträge von bis zu 500 000 Euro für den Ehegatten, 400 000 Euro für jedes Kind und 200 000 für jeden Enkel brauchen Normalverdiener ohnehin nicht um ihren Sparstrumpf bangen, zumal das selbstgenutzte Eigenheim *zusätzlich* von der Steuer befreit ist, egal ob es sich dabei um ein kleines Reihenhäuschen handelt oder um eine Villa am Starnberger See. Der effektive Steuersatz beläuft sich auf verschwindende zwei Prozent. Vom Arbeitslohn schöpft der Fiskus dagegen bis zu 42 Prozent ab. So wird die soziale Ungerechtigkeit von Generation zu Generation vertieft. Der Staat bestraft Arbeit und verschont Erben. Die klare Botschaft: Strengt euch bloß nicht an, sondern sucht euch die richtigen Eltern aus. Und wenn das nicht geklappt hat, dann heiratet reich.

Im Vergleich mit anderen Industrieländern ist Deutschland ein Steuerparadies für Vermögende, »ein El Dorado für betuchte Bürger« (Peer Steinbrück). Das Aufkommen aus allen vermögensbezogenen Steuern zusammengerechnet, wozu neben der Erbschaftssteuer vor allem Grundsteuer, Grunderwerbssteuer und Kapitalverkehrssteuer gehören, kommt hierzulande nicht einmal auf ein Prozent der Wirtschaftsleistung. »Das ist weniger als die Hälfte der Durchschnittsbelastung der OECD- oder der EU-15-Staaten«, stellt das Deutsche Institut für Wirtschaftsforschung fest. Einzig Tschechien und Österreich fassen die Reichen mit noch weicheren Samthandschuhen an. Würde man die Vermögensbesteuerung in Deutschland auf das Durchschnittsniveau der EU angleichen, würde das über 25 Milliarden Euro mehr in die Kasse spülen. [250] Die Ökonomen der OECD empfehlen Deutschland längst eine solche höhere Besteuerung von Erbschaften und Vermögen.[251]

Wenn wir diesen Schritt gehen wollen, müssen wir es jetzt tun. Denn das Erbschaftsvolumen wird in Zukunft absehbar bedeutend langsamer wachsen als bisher. Das hat drei Gründe: Erstens werden die Einkommenssteigerungen weniger stark ausfallen, zweitens stagnieren die Immobilienpreise in vielen Regionen, und drittens bleibt durch den Aufbau einer privaten Altersvorsorge weniger zum Weitergeben übrig. Die regionale Spreizung der Immobilienpreise, langsam anschwellende Altersarmut und höhere Eigenleistungen im Pflegefall werden die soziale Schere noch weiter öffnen.

Ein Generationen-Soli in Form einer höheren Steuer auf große Erbschaften hätte mehrere Vorteile: Richtig gestaltet würde sie nur diejenigen betreffen, die es sich auch leisten können. Mittels großzügiger Freibeträge ließen sich die Belastungen auf die besonders vermögenden Schichten konzentrieren. Diese sind durch die Steuerpolitik der letzten zwei bis drei Jahrzehnte ohnehin überproportional entlastet worden und haben von den staatlichen Interventionen im Zuge der Finanzkrise am meisten profitiert. Die Erben großer Vermögen würden wieder zu ihrer grundgesetzlichen Verantwortung für das Gemeinwohl herangezogen. Mühsam zusammengehaltene Ersparnisse können dabei – wie bereits heute schon der Fall – genauso steuerfrei weitergegeben werden wie »Oma ihr klein Häuschen«. Vor allem aber würde der Generationen-Soli für mehr Chancengerechtigkeit sorgen. Denn schließlich haben die Erben dafür nicht gearbeitet und verdanken den Reichtum nur der Gnade ihrer Geburt.

Wenn man schon einmal dabei ist, kann man auch gleich noch andere Ungerechtigkeiten im Steuersystem ausmisten. Denn dem Staat ist heute nicht jedes Kind gleich viel wert: Er gibt den reichen Kindern (noch) mehr und den armen Kindern weniger. Eltern mit hohem Einkommen profitieren von den Steuernachlässen in Form hoher Kinderfreibeträge mehr als

Eltern mit niedrigem Einkommen. Dazu kommt das am vorgestrigen Leitbild der Alleinernährer-Hausfrauenehe orientierte Ehegattensplitting: ein Steuerprivileg, das so konstruiert ist, dass Ehepaare dann ordentlich Steuern sparen, wenn der eine Partner ein hohes Einkommen hat und der andere gar keines. Ob Kinder da sind oder nicht, spielt keine Rolle. Junge Eltern profitieren von dieser Klausel oft gar nicht, weil sie erstens Hausarbeit und Erwerbsarbeit eher partnerschaftlich teilen und zweitens ohnehin geringere Einkommen haben, sodass sich gar nicht so viele Steuern sparen lassen. Die Profiteure sind ältere Ehepaare, deren Kinder längst aus dem Haus sind oder die nicht einmal Kinder haben.[252]

Ein Generationen-Soli in Form einer höheren Erbschaftssteuer und die Beseitigung sozialer Ungerechtigkeiten im Steuersystem können milliardenschwere Einnahmen erbringen. Die Gesellschaft kann das Geld gut gebrauchen: für Luxus-Kitas und Elite-Schulen für jedes Kind anstatt nur für die obersten zehn Prozent. Diese Investition in die junge Generation lohnt sich – für alle.

Agenda 21: Chancengerechtigkeit

- Generationen-Soli: Reform der Erbschaftssteuer (Abschmelzen und Vereinfachen der Ausnahmeregelungen und Freibeträge, gleichmäßiger Steuersatz von 10 bis 15 Prozent) und Verwenden der Mehreinnahmen für eine quantitativ ausreichende, qualitativ hochwertige und kostenfreie Kinderbetreuung
- Angleichung der Besteuerung von Kapital- und Arbeitseinkommen (durch Abschaffung der Abgeltungssteuer von pauschal 25 Prozent)
- Abschmelzung des Ehegattensplittings und Abschaffung des Ehezuschlags für Beamte

- weitgehende Abschmelzung der Kinderfreibeträge, da hiervon nur begüterte Schichten profitieren
- Prüfung des Existenzminimums für Kinder und Entbürokratisierung der Familienhilfe
- Investitionsprogramm für Kitas, Kindergärten, Schulen, Sportvereine, Jugendhilfe, Schwangerenberatung und -unterstützung; umfassender quantitativer und qualitativer Aus- und Umbau der Kinderbetreuung
- kostenfreie Bildung von der Kita bis zur Hochschule
- Ausbau von Ganztagsschulen und Intensivförderung für jedes Kind
- Abschaffung der Steuerfreibeträge für den Besuch von Privatschulen

5. Heute schwarze Null, morgen schwarzes Loch

Wie wir unsere Schuldenberge verstecken und die Vergangenheit subventionieren

>»Der schnellste Radfahrer fällt um, wenn er aufhört zu treten. Und ich fürchte, wir haben seit geraumer Zeit aufgehört zu treten.«
>*Bert Rürup*[253]

>»Wir reden über einen Investitionsstau. Es fehlt an allen Ecken und Enden.«
>*Henrik Enderlein*[254]

Die Merkel-Regierung feiert die schwarze Null: ein ausgeglichener Haushalt! Keine neuen Schulden! Aber die schwarze Null hat ein Loch – und zwar ein ziemlich tiefes. Und unsere Kinder und Enkel zahlen die Zeche.

Der Einsturz des Bankensystems und die daraus folgende Weltwirtschaftskrise haben den staatlichen Schuldenberg auf neue Rekordhöhen getrieben. Allein die Zinsen der deutschen Schulden verbrennen derzeit über 60 Milliarden Euro, Jahr für Jahr. Dieses Geld fehlt an anderer Stelle: bei Kinderbetreuung, Bildung, digitaler Infrastruktur oder Energiewende. Dabei müsste der Staat doch umso mehr in die junge Generation investieren, denn sie muss die wachsenden Kosten für Pflege, Gesundheit und Renten einer größer werdenden Altengeneration schultern, zugleich mehr für sich selbst vorsorgen – trotz Niedrigzinsphase und Lohnflaute – und nebenher die Zinslasten der staatlichen Schuldenberge bewältigen. Jeder Euro, der heute nicht in die Zukunft investiert wird, ist eine Subvention der Vergangenheit.

Die junge Generation erbt nicht nur die Schulden, die der Staat macht, sondern auch die Schuldverschreibungen seiner Gläubiger. Die Staatsverschuldung ist, so gesehen, weniger ein Konflikt zwischen unserer Generation und der nachfolgenden, sondern vor allem ein sozialer Verteilungskampf zwischen den Kapitalbesitzern, die dem Staat ihr Geld leihen, und den Steuerzahlern, die für die Zinsen haftbar gemacht werden.

Der eigentliche Generationsbetrug ist ein anderer. Denn wenn die Regierung heute ihre »schwarze Null« lobt und sich rühmt, ohne neue Schulden auszukommen, dann verdankt sie diesen Erfolg vor allem einem gefährlichen Sparprogramm, das essentielle Fragen der Zukunft schlicht unberücksichtigt lässt. Hinter der schwarzen Null tut sich ein riesiges schwarzes Loch auf.

Dieses Loch lässt sich in klare Zahlen fassen: Noch im Jahr 2000 taxierten Volkswirte das Nettovermögen des Staates, also das öffentliche Eigentum an Infrastruktur abzüglich der Schulden, auf 500 Milliarden Euro. Davon ist heute nichts übriggeblieben: Die Vermögensbilanz des Staates ist seither praktisch auf Null abgeschmolzen, wie in den Berichten des Deutschen Instituts für Wirtschaftsforschung nachzulesen ist.[255] Im Klartext: Wir hinterlassen unseren Kindern: nichts.

Einer der Gründe für diesen Vermögensverlust liegt darin, dass der Erhalt der Infrastruktur vernachlässigt wurde und wird. Deutschland fährt auf Verschleiß. Straßen, Wasserleitungen, Schulen, Kitas und Bäder verfallen. Auf 132 Milliarden Euro türmt sich allein der kommunale Investitionsrückstand inzwischen auf, wie die Kreditanstalt für Wiederaufbau (KfW) berechnet hat.[256] Der Bundesrechnungshof beanstandet, der Erhalt der Fernstraßen sei »deutlich unterfinanziert«, mit der Folge einer »fortschreitenden Verschlechterung des Zustands« von Straßen und Brücken. Fast jede zweite Brücke sei inzwischen in mangelhaftem Zustand.[257] »Die Unterfinanzierung beim Erhalt und Ausbau der Straßeninfrastruktur ist evident«, warnt das

Deutsche Institut für Urbanistik. »Der jetzige Investitionsstau stellt eine zunehmende Gefahr für die Leistungsfähigkeit des Straßensystems in Deutschland dar.«[258] Auch die Bahntrassen sind an vielen Stellen überlastet oder baufällig. Kaum ein anderes europäisches Land investiert so wenig in seine Gleise wie Deutschland.[259]

Die Infrastruktur wird schleichend herabgewirtschaftet. Eine Expertenkommission des Bundeswirtschaftsministeriums spricht gar von einem »Investitionsnotstand«.[260] Wenn der Staat bauen lässt, dann sind es neue Straßen und Gebäude, während er den Bestandserhalt systematisch vernachlässigt. Offenbar lassen sich Politiker lieber für Spatenstiche feiern, als Schlaglöcher zu flicken.

Generationengerechtigkeit heißt nicht nur, dass der Staat nicht mehr Schulden macht, als die nachfolgende Generation an Zinsen ertragen kann. Generationengerechtigkeit heißt auch: Die Konsolidierung des Staatshaushaltes darf keinesfalls auf Kosten von Zukunftsinvestitionen stattfinden. Dann rückt vielleicht die schwarze Null im Haushalt kurzzeitig näher, aber in Wahrheit schieben wir nur eine versteckte Staatsverschuldung in die Zukunft ab: die schwarze Null heute im Tausch für rote Zahlen morgen. Inzwischen fordern selbst die Ökonomen des Internationalen Währungsfonds (IWF) die Merkel-Regierung auf, mehr in die bröckelnde Infrastruktur zu investieren.[261]

Was würden künftige Generationen vorziehen: eine intakte Verkehrsinfrastruktur, moderne Schulen und Hochschulen, eine ausgebaute öffentliche Kinderbetreuung, innovative Forschung und eine gesunde Umwelt – oder einen ausgeglichenen Staatshaushalt? Wenn öffentliche Hände eine Investition tätigen, die den Wohlstand für die kommenden Generationen mehrt, dann gibt es prinzipiell keinen Grund, warum die heutige Generation den gesamten finanziellen Aufwand allein tragen sollte. Auch Schulden sind daher grundsätzlich legitim. Auf eine einfache

Formel gebracht: *Pay as you use!* Alle sollten so an den Kosten beteiligt werden, wie sie auch davon profitieren.

Anders als die berühmte schwäbische Hausfrau, die ihre Pfennige eisern zusammenhält, hat die staatliche Finanzpolitik mehr mit einer Unternehmerin oder einer Hausbesitzerin gemein. Wenn eine Unternehmerin an der falschen Stelle knausert, dann vererbt sie ihren Kindern zwar ein schuldenfreies Unternehmen, in das aber nicht investiert wurde und das daher aller Wahrscheinlichkeit nach marode ist. Dasselbe gilt zum Beispiel auch für eine Hausbesitzerin: Wenn sie nicht in die Instandhaltung des Hauses investiert und dafür nötigenfalls auch einen Kredit aufnimmt, vererbt sie ihren Kindern zwar eine hypothekenfreie Immobilie, die aber ist halb verfallen und kostet ihre Nachkommen am Ende viel mehr, als wenn sie sich verschuldet hätte.

Doch genau das können wir seit einigen Jahren beobachten: Die öffentlichen Investitionen in Bauten und Ausrüstungen sind seit Beginn der 1990er tendenziell rückläufig. Damit einhergehend sinkt seit 2001 auch der öffentliche Kapitalstock, also das, was der Staat an öffentlicher Infrastruktur besitzt. Die Privatwirtschaft kann die staatliche Lücke nicht ausgleichen: Die aktuellen Unternehmensinvestitionen unterschreiten das Niveau der Vorkrisenjahre 2007/2008 (siehe Abbildung 10).[262] »Wir leben von der Substanz. Wenn wir unsere öffentliche Infrastruktur anschauen, haben wir ~~haben~~ seit Jahren negative Investitionen, also einen Verfall – wir hinterlassen künftigen Generationen weniger«, sagt Marcel Fratzscher, Präsident des Deutschen Instituts für Wirtschaftsforschung (DIW).[263] Heute folgt die Politik also nicht der Devise: *Pay as you use!*, sondern eher: *Pay forever after using!*

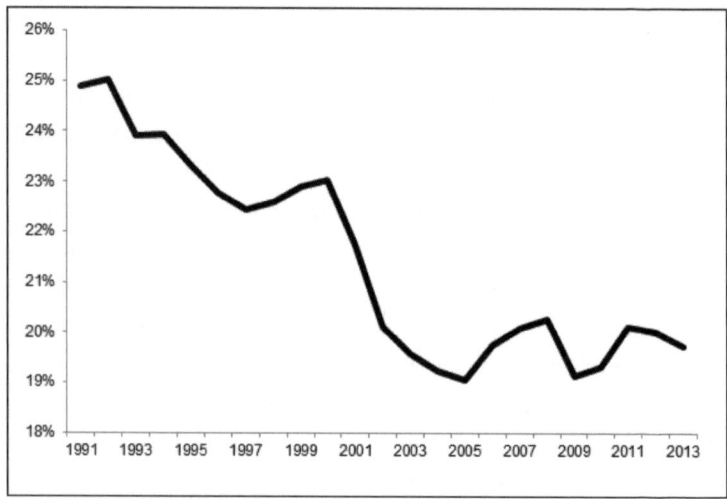

Abb. 10: Deutschlands Investitionen auf Talfahrt. Nominale Investitionsquote in Prozent des BIP.

Unterfinanzierte Bildungsrepublik

Auch die Bildung ist uns weniger wert als vielen anderen Ländern. Die Bildungsausgaben liegen in Deutschland unterhalb des OECD-Durchschnitts (siehe Abbildung 11),[264] und nur vier von 16 Bundesländern wenden heute mehr Grundmittel pro Student auf als im Jahr 2000.[265] Für Schule, Hochschule und sonstiges Bildungswesen beliefen sich die gesamten staatlichen Ausgaben im Jahr 2013 auf 4,1 Prozent des Bruttoinlandsprodukts und sind damit nach jahrelanger Flaute zumindest wieder auf das Niveau von 1995 zurückgekehrt, wie der Bildungsfinanzbericht des Statistischen Bundesamts belegt.[266]

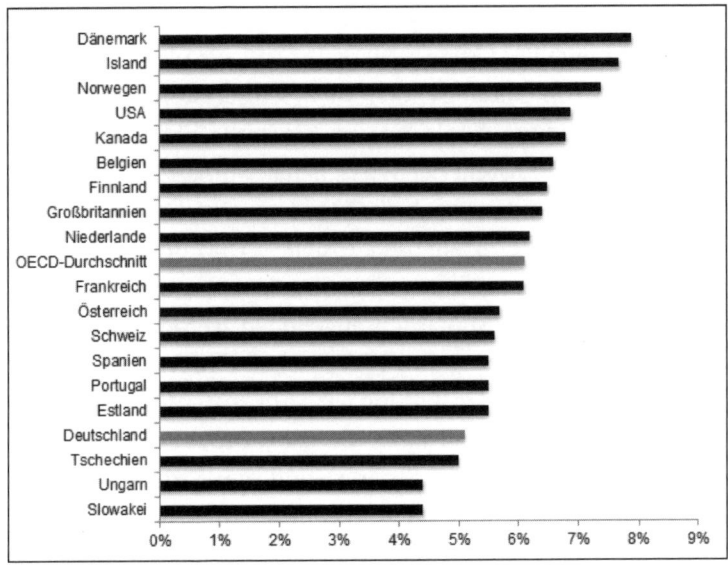

Abb. 11: Bildung ist Deutschland wenig wert. Ausgaben für alle Bildungsbereiche in Prozent des BIP, 2011.

Man mag noch so oft die alte Leier spielen, dass der einzige Rohstoff unseres Landes die Köpfe der Menschen sind – es ändert nichts daran, dass wir diesen Rohstoff achtlos vergeuden. Allein in Sachsen will die Landesregierung mehr als eintausend Stellen im Bildungssektor kürzen. An der Universität Leipzig sind in den letzten 20 Jahren rund 20 Prozent der Stellen verschwunden, und ein Ende der Auszehrung ist nicht in Sicht. Ganze Fakultäten stehen wegen der Sparpläne vor der Schließung. »Unsere Hochschule muss darben, weil das Geld fehlt«, klagt Hochschulrektorin Beate Schücking.[267] Als zuletzt die Bundesregierung den Ländern eine Milliarde mehr versprach, um die Kosten für die Bafög-Studienzuschüsse zu schultern, nahmen die Landesregierungen den Geldsegen gerne an – um andere Haushaltsposten zu finanzieren. Die Hochschulen sahen davon wenig.

In Anbetracht der strukturellen Unterfinanzierung ist die »Bildungsrepublik« (Angela Merkel) nicht gerade in greifbarer Nähe. Ihr beim Bildungsgipfel 2008 selbstgestecktes Ziel, das Budget für Bildung, Forschung und Wissenschaft bis 2015 auf zumindest zehn Prozent der Wirtschaftsleistung zu erhöhen, hat Merkel verfehlt. Allein die Aufholjagd zum OECD-Durchschnitt würde zusätzlich 27 Milliarden kosten.[268] Und um ein wirklich hochwertiges Bildungswesen zu gewährleisten, müssten die Ausgaben um rund 60 Milliarden angehoben werden, schätzt die Gewerkschaft Erziehung und Wissenschaft (GEW).[269]

Der Sparkurs bei der Bildung wird uns später teuer zu stehen kommen. Der Sozialstaat muss die selbst provozierten sozialen Verwerfungen mühsam reparieren, und die Wirtschaft verliert an Dynamik und Produktivität. Das ifo-Institut für Wirtschaftsforschung hat errechnet, dass wir ein Potential von über 530 Milliarden Euro bis 2050 in den Sand setzen, weil wir nicht alle Kinder so gut fördern, wie wir könnten. Weitere Kosten mangelhafter Bildung, wie beispielsweise Sozialleistungen für arbeitslose Jugendliche, sind dabei noch gar nicht eingerechnet.[270]

Leere Kassen für die Kinderbetreuung

Was der Staat den Alten schenkt, spart er sich bei den Kindern. Wie bereits einmal erwähnt, würde es neun Milliarden Euro kosten, die Kinderbetreuung auf ein qualitativ förderliches Maß zu bringen.[271] Das ist so viel, wie das neue Rentenpaket der Merkel-Regierung jährlich vertilgt und nur halb so teuer wie das überkommene Ehegattensplitting. Doch die Bundesregierung legte die angedachte Kita-Qualitätsoffensive wieder auf Eis: Leere Kassen, so hieß es, man müsse eben sparen. »Da regiert das Geld über die Menschlichkeit und das Kindeswohl«, empörte sich Kinderschutzbund-Präsident Heinz Hilgers erfolglos.[272] Familien wird das Leben systematisch schwergemacht. Schon die

Geburt wird zur Herausforderung, weil Hebammen fehlen – ein Berufsstand, der durch Hungerlöhne und horrende Versicherungsprämien zugrunde gerichtet wird. Krankenhäuser sind bei der Geburtshilfe so schlecht ausgestattet, dass sie am Rand der Belastbarkeit stehen. Allein in München wurden im Jahr 2014 rund 800 schwangere Frauen von den Krankenhäusern abgewiesen, selbst wenn sie schon in ihren Wehen lagen – weil die Kreißsäle überlastet waren.[273] Wie viel weniger wert können uns unsere Kinder eigentlich noch sein?

An anderer Stelle dreht der Staat den Geldhahn dafür umso praller auf. Eine gigantische und unsichtbare Last hat sich der Staat mit seinen Zahlungspflichten für die Beamtenversorgung auferlegt, und diese Zahlpflichten werden mit absoluter Gewissheit anfallen. Nach gängigen Projektionen werden sich die Lasten für die Beamtenpensionen von heute rund 27 Milliarden auf bis zu 86 Milliarden Euro im Jahr 2045 in etwa verdreifachen – insgesamt summieren sich diese schwebenden Versorgungsverpflichtungen auf einen Wert von 1,3 Billionen Euro.[274] Eine gigantische Kostenlawine rollt auf den Staat zu – ungedeckt durch Rückstellungen.

Die Politik steckt den Kopf in den Sand. Beim Demografiegipfel 2013 der Bundesregierung fragte ich Hans-Peter Friedrich, damaliger Bundesminister des Inneren (CSU), wie er denn die nahenden Lasten zu finanzieren gedenke. Kein Problem, beschied er mir, alles sei abgesichert. Klaus Dauderstädt, Vorsitzender des Deutschen Beamtenbundes, saß daneben und reagierte mit gleichermaßen stoischer Genervtheit. Der saarländische Sozialminister Andreas Storm (CDU), dem ich anschließend im Foyer über den Weg lief, beurteilte die Lage allerdings etwas anders: »Da kommt einiges auf uns zu. Wir merken das bereits in unseren Haushaltsplanungen.« Die Beamtenpensionen sind vermintes Terrain, das kaum ein Politiker zu betreten wagt, weil er sich der Abstrafung durch die Beamtenlobby sicher sein kann, jegliche Reformen aber mühselig sind und erst auf lange Sicht wirken.

(Ich fragte Hans-Peter Friedrich übrigens auch, warum beim Demografiegipfel ausgerechnet die junge Generation fehle, deren Zukunft doch hier auf der Tagesordnung stehe. Friedrich äußerte sein Unverständnis über meine Frage und zeigte mit dem Finger auf einige junge Menschen in der letzten Reihe. Das waren allerdings die Praktikantinnen.)

Längst wäre es an der Zeit, die überlebten Beamtenprivilegien abzuschaffen, indem man die Reformen der gesetzlichen Rentenversicherung auf die Pensionen überträgt – insbesondere durch die Erhöhung der Regelaltersgrenze auf 67 Jahre und die Einführung eines Nachhaltigkeitsfaktors. Allein diese eigentlich selbstverständliche Gleichbehandlung von Pensionären mit anderen Rentnern würde die künftigen Steuerzahler um 15 Prozent entlasten. Doch selbst wer solche Selbstverständlichkeiten formuliert, macht sich zur Zielscheibe der Wutpensionäre, die zornig ihre Besitzstände verteidigen.

Die Finanzkrise hat den staatlichen Schuldenberg auf neue Rekordhöhen getrieben: auf über zwei Billionen Euro. Zwar sagt diese Zahl erst einmal wenig aus, weil ja auch der öffentliche Kapitalstock in Form von Straßen, Gebäuden usw. gegengerechnet werden muss. Aber für die massive Erhöhung des Schuldenbergs durch die Bankenkrise gab es keinen Gegenwert. Allein in den beiden Krisenjahren 2009 und 2010 kostete die Rettung misswirtschaftender Banken rund 187 Milliarden, wie das Rheinisch-Westfälische Institut für Wirtschaftsforschung (RWI) errechnete.[275] Das ist mehr als die Hälfte des gesamten Bundeshaushalts! Die Rechnung begleichen muss der Steuerzahler: Die Zinsen kosten allein den Bund derzeit knapp 30 Milliarden Euro, Jahr für Jahr – der drittgrößte Posten im Bundeshaushalt.[276] Die Zinsausgaben der Länder kommen noch obendrauf.

Hinzu kommen astronomische Haftungsgarantien – etwa in Form des umstrittenen Europäischen Stabilitätsmechanismus (ESM) –, um den Euro vor den irrsinnigen Währungsspekulationen an den Finanzmärkten abzuschirmen. Die für Deutschland fälligen Haftungsgarantien summieren sich auf derzeit 533 Milliarden Euro – eine Summe, die den gesamten Bundeshaushalt in den Schatten stellt.[277] Wenn der Euro taumelt, fällt der Bundeshaushalt mit. Und es sei an dieser Stelle daran erinnert: Das Gros der bisherigen Stabilisierungszahlungen etwa in Form der Hilfspakete für Griechenland floß nicht etwa an die notleidende Bevölkerung, sondern direkt an die Banken.

Unsere versteckte Schuldenbilanz

Staatsverschuldung	*2,1 Bio. €*
davon Bankenrettung	*187 Mrd. €*
daraus resultierende jährliche	*30 Mrd. €*
Zinslasten (Bund)	
Kommunaler Investitionsrückstand	*132 Mrd. €*
Wohlstandsverluste durch unzureichende Bildung (summiert bis 2050)	*530 Mrd. €*
ungedeckte Pensionslasten (summiert bis 2045)	*1,3 Bio. €*
Haftungsrisiko durch Euro-Stabilisierung	*533 Mrd. €*

Beamte und Banken sind systemrelevant, Bildung und Kinder sind es nicht. Das ist die Botschaft, die uns aus jeder Schlagzeile entgegenschlägt. In einer parlamentarischen Demokratie mit kurzen Legislaturperioden besteht für die politisch Handelnden ein systemimmanenter Anreiz, Wahlgeschenke auf Pump zu finanzieren, damit ihre Wählerklientel bei Laune zu halten und die Finanzierungslasten in die Zukunft zu verschieben. Empirische Untersuchungen in vielen Demokratien belegen, dass die Neuverschuldung umso höher ausfällt, je intensiver der politische Wettbewerb ist, das heißt: je mehr Parteien in der Regierungskoalition vertreten sind, je unterschiedlicher die Programme der Koalitionspartner sind, je wahrscheinlicher die Abwahl einer Regierung und je kürzer die durchschnittliche Amtszeit einer Regierung ist. Kurz: Je schwächer eine Regierung, desto höher ist die Wahrscheinlichkeit, dass sie ihren Machterhalt mit Hilfe zusätzlicher Kredite »erkauft«.[278] Nun ist eine Abschaffung des politischen Wettbewerbs und deren Ersatz durch eine Diktatur erst recht nicht wünschenswert, wobei im Übrigen zu bezweifeln ist, dass Diktatoren mit dem Steuergeld ihrer Untertanen sparsamer umgehen würden. Aber was Not tut, ist eine Reform der Finanzverfassung, also der Regeln des Grundgesetzes, unter welchen Bedingungen Schulden zulässig sind. Und wir brauchen mehr Streit und Debatte darüber, wie wir als Gesellschaft die Steuereinnahmen verwenden wollen: die Vergangenheit subventionieren oder die Zukunft gestalten.

Um die Staatsverschuldung wieder in den Griff zu bekommen, hat sich die Politik eine »Schuldenbremse« verordnet und Schranken für staatliche Kreditaufnahme eingezogen. Das ist prinzipiell richtig, um die Zinslasten in Schach zu halten und die schleichende Selbstentmachtung der Politik gegenüber dem Joch der Finanzmärkte zu verhindern. Allerdings birgt die Schuldenbremse, wenn sie zu rigoros konstruiert ist, auch die Gefahr, dass gerade Zukunftsinvestitionen unter die Räder kommen, weil sich dort am einfachsten kürzen lässt – denn künftige Generationen haben keine Stimme und erheben sich nicht zum Protest. Daher muss man über eine Nachjustierung der Schuldenbremse nachdenken – zum Beispiel, indem man ein Mindestinvestitionsgebot einführt oder Kredite in Höhe der Nettoinvestitionen wieder zulässt.

Ein vorausschauender Mix aus Reformen in der Finanzordnung, im Steuersystem und bei den Staatsausgaben würde helfen, das Schuldenbuch zu sanieren. Es ist eine Dreifach-Strategie. Erstens: Sparen an den Stellen, wo Subventionen unter anderen Vorzeichen eingeführt wurden und ihren Sinn verloren haben – etwa bei umweltschädlichen Subventionen oder dem Ehegattensplitting. Zweitens: höhere Steuern dort, wo sie zur Chancengerechtigkeit beitragen und die wirtschaftliche Dynamik kaum beeinträchtigen – wie bei der Erbschaftssteuer; im Gegenzug niedrigere Steuern an anderer Stelle, beispielsweise bei den unteren Segmenten der Einkommenssteuer. Drittens: höhere Ausgaben dort, wo sie unzweifelhaft die Leistungsfähigkeit der nachfolgenden Generation stärken – wie etwa bei digitaler Infrastruktur, Bildung und Energiewende.

Agenda 21: Staatsfinanzen

- Zukunftsinvestitionsprogramm für digitale Infrastruktur, Energiewende und Verkehr
- Erhöhung der Investitionen in Bildung und Kinderbetreuung auf neun Prozent des Bruttoinlandsprodukts (Empfehlung der Stiftung Neue Verantwortung)
- Erhöhung der Investitionen in Forschung und Entwicklung auf 3,5 Prozent des Bruttoinlandsprodukts (Empfehlung der Fratzscher-Kommission)
- Nachjustierung der Schuldenbremse: Anreize für Investitionen (zum Beispiel Mindestinvestitionsgebot) und Schließen von Schlupflöchern (keine Schattenhaushalte durch öffentlich-private Partnerschaften). Wenn das Schuldenkonto mehrfach in Folge überzogen wird, soll automatisch ein »Schuldenpfennig« in Form eines vorübergehenden Zuschlages auf die Einkommenssteuer (Bund) bzw. Grunderwerbssteuer (Länder) in Kraft treten. Die heutige Pflicht zur »zeitnahen« Begleichung ist zu abstrakt und daher unwirksam.

- Erhalt vor Neubau: Priorität von Bestandsinvestitionen zum Erhalt der Infrastruktur statt Prestigebauten

- Einnahmen sinnvoll erhöhen: zum Beispiel höhere Erbschaftssteuer, Abschaffung der pauschalen Abgeltungssteuer für Kapitalerträge zugunsten des individuellen Einkommenssteuersatzes, ...

- Sparen an der richtigen Stelle: beispielsweise Abbau umweltschädlicher Subventionen, Neukonstruktion des Ehegattensplittings, Abschaffung des Betreuungsgelds, Reform der Beamtenpensionierung, ...

- Dämpfung der finanziellen Lasten für die Beamtenpensionen durch systemkonforme Übertragung der Reformen in der gesetzlichen Rentenversicherung auf die Pensionen (zum Beispiel Einführung Nachhaltigkeitsfaktor); stufenweises Einbeziehen von Beamten in die gesetzliche Rentenversicherung

6. Rente mit 70
Wie wir die Rente noch retten können

>»Die Rechnungsgrundlagen für die Altersrente zeigen
>eindeutig, dass die Rentenversorgung der Alten
>immer problematischer wird, wenn sich der Baum der
>Bevölkerung nicht ständig von unten her ergänzt.
>Wenn die Menschen länger leben, ist es durchaus
>zumutbar und vernünftig, die Dauer ihres
>Arbeitslebens ein wenig heraufzusetzen.«
>*Wilfrid Schreiber (1904–1975),*
>*im »Schreiber-Plan« 1955*[279]

Was ich mir nicht alles anhören musste. Als »Volltrottel«,
»Bildungskrüppel« und »Flachstruller« wurde ich beschimpft.
»Welch ein Kübel Unsinn schüttet dieser Mann hier aus?«, wurde
ich angefeindet. »Ihr könnt mich alle mal«, maulte ein anderer.
Ein etwas älterer Herr sagte mir gar mitten ins Gesicht, er werde
mir »den Hals umdrehen«. Und er blieb leider nicht der Einzige,
der mit Drohungen aufwartete. Der Shitstorm der Wutrentner
ist unerbittlich und landet mit großer Zuverlässigkeit schreib-
maschinengetippt oder per E-Mail nach jedem Fernsehauftritt
in meiner Post.

Die Rentendebatte ist emotional vergiftet. Meist wissen die
Rentner gar nicht so genau, was sie eigentlich kritisieren. Aber
sie fühlen sich angegriffen in ihrer Lebensleistung: Sieh an, da
kommt dieser junge Knilch und will uns unsere Rente wegnehmen! Egal welche Worte man wählt, egal welche Argumente man
vorbringt: der geballte Zorn des Altenmobs ist bei der leisesten
Kritik am Rentensystem gewiss.

Die Politik übt sich in einem Schmusekurs. Ohne die Alten
lässt sich in Deutschland keine Wahl mehr gewinnen – nicht erst

in ferner Zukunft, sondern hier und heute. Wer dennoch Reformen erkämpft, opfert sein politisches Überleben. »Es ist schwer, für Rentenreformen Zustimmung zu finden. Sie sehen ja, wie es uns ergangen ist«, klagte der ehemalige Bundesarbeitsminister Franz Müntefering (SPD),[280] der die unpopuläre, aber demografiepolitisch völlig richtige stufenweise Erhöhung des Rentenalters auf 67 durchsetzte. Für diesen Verrat wird die SPD seither mit Liebesbezug bestraft. Das ist fatal. Denn wenn wir den demografischen Wandel ignorieren, wird das die junge Generation von morgen bitter zu spüren bekommen.

Das demografische Zahlentableau ist eindeutig: Die Erwerbsbevölkerung wird bis zum Jahr 2050 um 16 Prozent schrumpfen, wenn man eine Zuwanderung von jährlich netto 200 000 Menschen unterstellt. Ohne Zuwanderung würde die Erwerbsbevölkerung sogar um 36 Prozent schrumpfen.[281] Damit verringert sich die arbeitsfähige Bevölkerung in weit gravierenderem Tempo als die Gesamtbevölkerung, weil die geburtenfreudige Babyboomer-Generation in die Rente abtritt und weniger Kinder nachfolgen. Im Jahr 2030 könnten rund 6,1 Millionen Fachkräfte fehlen, fürchtet die Unternehmensberatung BCG, selbst wenn sich Zuwanderung und Erwerbsquote optimistisch entwickeln. Vor allem die neuen Bundesländer werden den Fachkräftemangel nur schwer verdauen können und mit der Verödung ländlicher Regionen und der Abwanderung von Betrieben kämpfen müssen.[282] In fast allen Branchen wird die Demografie tiefe Lücken in die Belegschaften reißen.

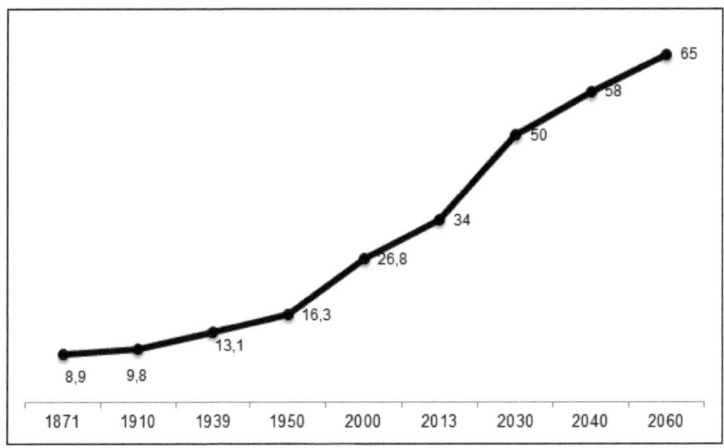

Abb. 12: Immer mehr Ältere. Entwicklung des Altenquotienten (Verhältnis der Über-65-Jährigen je 100 Jüngere zwischen 20 und 64 Jahren). 2030 und 2060 entsprechend der 13. Bevölkerungsvorausberechnung des Statistischen Bundesamts, Variante 1 (Kontinuität bei schwächerer Zuwanderung)

Auf Zuwanderung setzen, aber nicht nur!

Nur eine dauerhaft hohe Zuwanderung von netto 500 000 Menschen pro Jahr könnte die Schrumpfung mildern. In diesem Lichte können wir also froh sein über jeden, der zu uns kommt, und müssen alles dafür tun, dass alle Zuwanderer die bestmögliche Bildung erhalten und schnell in den Arbeitsmarkt integriert werden. Deutschland kann von der Flüchtlingskrise also enormen Profit schlagen, ja, Deutschland kann sogar mit Hilfe der Geflüchteten seine wirtschaftliche Dynamik retten. Andererseits können wir aber nicht ernsthaft wollen, dass weiterhin Kriege und Katastrophen über Jahrzehnte hinweg Millionen Menschen zur Flucht nach Europa zwingen. Und ist es wirklich moralisch richtig, dass reiche Industrienationen gerade die jungen und klügsten Menschen aus anderen Ländern abziehen, wo sie doch genauso gebraucht werden? So sehr wir aus wirtschaftlicher Perspektive eine hohe Zuwanderung begrüßen: Für die Sicherung unserer Sozialsysteme allein auf Zuwanderung zu hoffen, kann und darf nicht die Lösung sein.

Doch auch andere Lösungen stellen sich als Luftschlösser heraus. Fortschritte in der Produktivität, so viel steht wohl fest, können die demografische Lücke nicht ausgleichen. Wenn nicht gerade die Digitalisierung zu einem Wunder verhilft, werden Produktivitätssteigerungen den absehbaren massiven Rückgang des Arbeitsvolumens mitnichten auffangen können. Derzeit steigt die Produktivität nur noch um ein schmales Prozent pro Jahr – flach wie ein Brett.[283] Das reicht vorne und hinten nicht, um die wegfallende Erwerbsbevölkerung zu kompensieren. Weil sich die Wirtschaftsleistung immer aus dem geleisteten Arbeitsvolumen in Verbindung mit der Arbeitsproduktivität speist, muss bei abnehmendem Arbeitsvolumen und lahmendem Produktivitätsfortschritt die Wirtschaftsleistung abflauen.

Die Folge dieser demografischen Bremse: Der Kuchen wächst nicht mehr, während in einer alternden Gesellschaft der Umverteilungsbedarf zu Renten, Pflege und Gesundheit zwingend steigen wird. Harte Verteilungskonflikte kündigen sich an.

Natürlich haben die Rentner jahrzehntelang gearbeitet und wollen nun auch die verdienten Früchte ihrer Arbeit genießen. Aber was sie bekommen, müssen andere bezahlen. Und dafür braucht man eine funktionierende, dynamische Ökonomie – doch die wird gelähmt, wenn die arbeitende Bevölkerung wegbricht.

Was tun? Entweder man kürzt die Rentenerhöhungen (noch weiter); oder man erhöht die Beiträge (noch weiter). Beides ist nicht wünschenswert: In Anbetracht des ohnehin fallenden Rentenniveaus in der Folge der abermaligen Rentenreformen unter Norbert Blüm und Walter Riester würde die bereits wieder zurückkehrende Altersarmut noch unbändiger um sich greifen. Schon jetzt zahlen die Jungen mehr Beiträge in die Rentenkassen ein, bekommen aber in ihrem eigenen Alter weniger dafür heraus. Die sogenannte interne Rendite, also das Verhältnis zwischen eingezahlten Beiträgen und später ausgezahlten Leistungen, ist von vier Prozent für die heutigen Alten auf nur noch zwei bis drei Prozent für die heute Jüngeren gefallen.[284] Das fallende Rentenniveau erschwert bereits jetzt selbst dem Normalverdiener, sich durch eigene Arbeit eine Rente zu erarbeiten, die spürbar über der Sozialhilfe liegt: Reichten für einen Neurentner des Jahres 2010 noch 28 Beitragsjahre aus, um Anspruch auf eine Rente auf Höhe der Grundsicherung zu erwerben, muss ein Neurentner des Jahres 2030 bereits 33 Jahre gearbeitet und brav seine Beiträge entrichtet haben, um überhaupt eine Rente auf Grundsicherungsniveau zu bekommen – und dies gilt wohlgemerkt für den Normalverdiener und nicht nur für Hungerlöhner.[285] Wer zu Niedriglöhnen schuftet, kann sein Leben lang fleißig in die Rentenkasse einzahlen, hat davon aber nichts, weil er auf die Grundsicherung ohnehin Anspruch gehabt hätte, ohne jemals auch nur einen Cent an Beiträgen zu entrichten.

Dieses krasse Missverhältnis setzt das Vertrauen in den Generationenvertrag aufs Spiel und damit auch seine Funktionsfähigkeit. Warum sollte jemand in ein System einzahlen, wenn er nicht die Hoffnung haben kann, daraus jemals etwas herauszubekommen?

Die Regierung Merkel unternimmt dagegen nichts. Die Debatte um die Mindestabsicherung hat sie auf die lange Bank geschoben. Stattdessen hat sie erkleckliche Extrazahlungen an die heutigen Rentner ausgeschüttet. Wer heute unter 40 ist, wurde übers Ohr gehauen.

Ein erhöhtes Renteneintrittsalter ist nötig!

Eine noch drastischere Kürzung ihrer Rente oder eine noch stärkere Erhöhung der Beiträge können die Jungen nicht verkraften. Die charmantere Antwort auf die demografische Kernschmelze liegt darin, die Kenntnisse und Fähigkeiten der Bevölkerung besser zu aktivieren: durch eine erstklassige Bildungs-, Technologie- und Familienpolitik, durch eine Senkung der Abbrecherquoten an Schulen und Hochschulen und mehr Frauen und Zuwanderer auf den Arbeitsmärkten. Aber auch durch die langfristige Erhöhung des Renteneintrittsalters: Dann würden mehr Arbeitnehmer Beiträge in die Rentenkassen zahlen und zugleich weniger Menschen Rente beziehen. Das würde die Kosten balancieren helfen.

Die bereits beschlossene Rente mit 67 tritt erst im Jahr 2029 vollständig in Kraft. Bis dahin werden wir in Deutschland eine riesige Nachfrage nach Arbeitskräften erleben, weil die Babyboomer-Generation in den Ruhestand verschwindet und dann Arbeitskräfte händeringend gesucht werden, weil die Jungen zu wenige sind, um die Alten zu ersetzen. Schon in den letzten Jahren stieg deswegen die Beschäftigung Älterer rasant an, und der Trend geht weiter nach oben.

Bis die Rente mit 67 in Kraft ist, wird die Lebenserwartung um drei Jahre steigen, während davon aber nur zwei Jahre für die Erwerbsphase reserviert sein sollen. Die Rente mit 67 bedeutet also: ein Jahr länger Rente im Vergleich zu heute. Doch der demografische Wandel ist dann noch lange nicht vorbei. Die Lebenserwartung wird sich weiter verlängern und damit auch das Rentnerdasein. Auf lange Sicht brauchen wir die Rente mit 70 – nicht heute und für jeden, aber in (ferner) Zukunft und für die meisten. Erhöht sich die Lebenserwartung um beispielsweise zwei Monate, könnte man davon einen Monat für den Ruhestand reservieren und den anderen Monat für die Erwerbsarbeit abzweigen. Das würde irgendwann, vielleicht um das Jahr 2060, auf eine Rente mit 70 hinauslaufen. Eine solche Kopplung ist bereits beschlossene Sache in unserem Nachbarland Dänemark.

Der häufige Einwand, dass Akademiker sicherlich bis 70 arbeiten könnten, aber doch nicht körperlich schwere Berufe wie der berühmte Dachdecker oder Fließenleger, trägt nur bedingt.

Schon heute gehen Bauarbeiter nicht mit 65 Jahren, sondern mit durchschnittlich 58 Jahren in Rente,[286] weil sie körperlich nicht mehr können. Schon heute muss man für sie also Lösungen schaffen – vor allem durch eine bessere Erwerbsminderungsrente und Berufswechsel bereits während des Erwerbslebens. Für die große Mehrheit wird die Erhöhung des Rentenalters zu schaffen sein, weil die Alten gesünder sind als je zuvor.

Das Rentenalter lag übrigens schon unter Konrad Adenauer bei 65 Jahren, obwohl sich die Lebenserwartung seither deutlich erhöht hat – und damals haben mehr Menschen schwer körperlich gearbeitet. Seit Adenauer hat sich die durchschnittliche Rentenbezugszeit von knapp zehn Jahren im Jahr 1960 auf 19 Jahre im Jahr 2012 fast verdoppelt (siehe Abbildung 13). Wenn jedes zweite heute geborene Kind die Chance hat, hundert Jahre alt zu werden – wie das Max-Planck-Institut für demografische Forschung annimmt – dann verhieße selbst eine Rente mit 70 immer noch einen Ruhestand von 30 Jahren – das ist sicherlich genügend Zeit für einen entspannten und wohlverdienten Lebensabend.

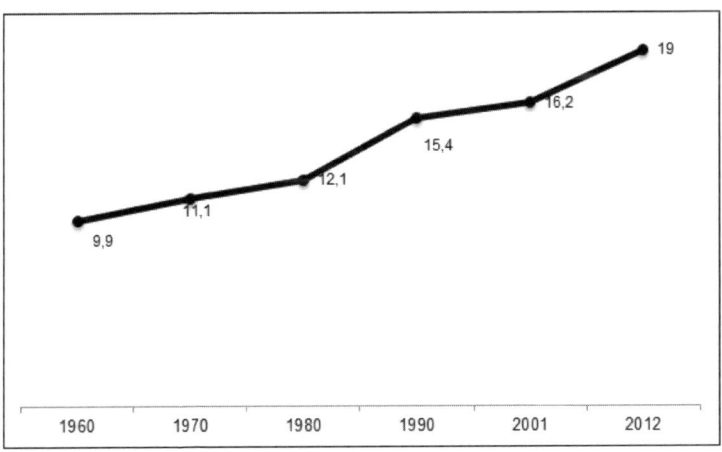

Abb. 13: Deutsche beziehen immer länger Rente. Durchschnittliche Rentenbezugsdauer in Jahren (bis 1990 nur alte Bundesländer)

Die hitzigen Debatten um die »Rente mit 63« oder »Rente mit 67« werden uns schon bald eher lächerlich vorkommen. Denn die meisten gehören noch längst nicht zum alten Eisen, sondern werden auf dem Arbeitsmarkt dringend gebraucht. Bereits heute sind die 70-Jährigen so fit und gesund wie die 60-Jährigen vor 20 Jahren.[287] Und wir wissen, dass die Produktivität älterer Belegschaften nicht zwangsläufig schwächer wird, wie etwa Untersuchungen der Fließbandarbeit in der Lkw-Fertigung unter Beweis stellen.[288] Wenn die durchschnittliche Lebenserwartung einmal bei 100 Jahren liegt, sollen sich die Menschen dann immer noch mit 65 oder gar 63 in den Ruhestand verabschieden? Der 1945 in New York geborene US-Bevölkerungswissenschaftler James Vaupel, Direktor des Max-Planck-Instituts für demografische Forschung, zeigt klare Kante: Wer sich früh aufs Altenteil verabschiedet, obwohl er noch arbeiten könnte, sei »zutiefst selbstsüchtig« gegenüber der jüngeren Generation.[289]

Wie alternsgerechtes Arbeiten praktisch aussehen kann, zeigt Anton Plenkers. In seinem Fünf-Mann-Betrieb in Meerbusch bei Düsseldorf holte der Dachdeckermeister seinen älteren Dachdecker vom Dach und machte ihn für Kundenbetreuung und Planung zuständig. Für die anderen Kollegen gab es neue Knieschoner und Rückentraining. Ganz ähnliche Gedanken verfolgten die Manager der Wurst Stahlbau GmbH im niedersächsischen Bersenbrück: Für die 200 Mitarbeiter spendierte die Firma Yogastunden, Rückenschule, Rauchentwöhnungskurse und Stressbewältigungsseminare. 235 Euro investiert Wurst in das betriebliche Gesundheitsmanagement, das ist viermal so viel wie im Durchschnitt. Jeder ausgegebene Euro, so hat man ausgerechnet, spart langfristig fast 19 Euro ein: durch niedrigeren Krankenstand, weniger Lohnfortzahlung, weniger Leiharbeitskosten, weniger Arbeitsunfälle, geringere Fluktuation, weniger Know-How-Verlust und weniger Aufwand für die Suche und Einarbeitung neuer Mitarbeiter.[290]

Immer mehr ältere Arbeitnehmer

Jugendkult war gestern. Wir sind Zeugen eines Paradigmenwechsels. Die Tage der goldenen Frühverrentung sind gezählt. Und auch die Zeiten, in denen jemand über 50 keine Chance mehr auf einen Job hat, nähern sich dem Ende. Langsam findet ein Umdenken statt, bei den Unternehmen genauso wie bei den Arbeitnehmern. Die sozialversicherungspflichtige Beschäftigung älterer Arbeitnehmer hat sich seit dem Jahr 2000 mehr als verdoppelt. Das Bundesinstitut für Bevölkerungsforschung macht dafür die gute wirtschaftliche Lage und den steigenden Bedarf an Fachkräften verantwortlich.[291] Jeder zweite ältere Beschäftigte spielt mit dem Gedanken, auch nach dem Rentenalter weiterzuarbeiten,[292] und mehr als die Hälfte aller Beschäftigten wünscht sich von ihren Arbeitgebern mehr Möglichkeiten, bis 65 oder länger im Job bleiben zu können.[293] Für den Sozialstaat ist das ein doppelter Gewinn: mehr Steuern und mehr Sozialbeiträge.

Meist schieben Tarif- oder Arbeitsverträge einen Riegel vor, indem sie das Ende des Beschäftigungsverhältnisses auf das 65. Lebensjahr festzurren. Die Unternehmen behelfen sich nun immer öfter, indem sie die Rentner über spezielle Senior-Experten-Firmen wieder zurück in die Betriebe holen: »Mumien-Service« werden die Seniorexperten scherzhaft bei Bosch genannt, »Space Cowboys« bei Daimler.[294]

Das tut auch den Alten gut. Denn Ruheständler sind nicht unbedingt glücklicher, wie die Altersforscherin Ursula Staudinger, Professorin für Psychologie und Direktorin des Columbia Aging Centers an der Columbia University in New York, bei Studien in Deutschland herausfand: Nach dem Renteneintritt fühlten sich die Facharbeiter eines Automobilwerks wie in ein Loch gefallen; viele konnten sich schon ein Jahr später vorstellen, wieder ins alte Unternehmen zurückzukehren.[295]

Wir brauchen die Alten mehr denn je. Wenn schon bald die Hälfte aller Deutschen über 60 sein wird, wie sollen wir auch ohne sie auskommen?

Abgesehen von der Einführung der halbgaren Rentengarantie im Krisenjahr 2009 ist die einzige Rentenreform, die Bundeskanzlerin Angela Merkel seit ihrem Amtsantritt 2005 zustande gebracht hat, das 2014 verabschiedete Rentenpaket. Der Inhalt: ein Bonus für Mütter, deren Kind vor dem Stichjahr 1992 geboren wurde, und eine abschlagsfreie Rente ab 63 für besonders langjährig Versicherte.

Nun hat meine Mutter meinen Bruder und mich vor dem Stichjahr 1992 auf die Welt gebracht und wird daher 56 Euro mehr Rente erhalten. »Nicht geschenkt, sondern verdient« sei das, ließ die Regierung auf Plakate drucken. Und weil ich ein Herz und alle Sinne beisammen habe, tue ich mich schwer, ausgerechnet meiner Mutter ihren kleinen Bonus streitig zu machen.

Aber ein paar Fragezeichen müssen doch sein. Denn was, wenn alle anderen nun noch tiefer in die Tasche greifen müssen? Zwischen 160 und 233 Milliarden Euro wird das Paket bis 2030 kosten, je nach statistischen Annahmen.[296] Weil die Steuereinnahmen nicht reichen, werden die Mehrausgaben durch höhere Rentenbeiträge finanziert. Dadurch bleibt den Arbeitnehmern weniger Netto vom Brutto. Und weil die Rentenentwicklung an den Nettolohn gekoppelt ist, fallen auch die Rentenanpassungen schmaler aus. Die Folge dieses komplexen Mechanismus: Alle Rentner, die nicht von der Rente mit 63 oder der Mütterrente profitieren, bekommen in Zukunft weniger als vorher, und alle Beitragszahler haben nicht nur weniger Nettolohn in der Tasche, sondern erhalten später auch noch weniger Rente.

Die Jungen haben von den Segnungen nichts, weil die Rente mit 63 auf die Jahrgänge bis 1963 begrenzt ist. Wer nach 1964 geboren ist, hat Pech. Die Jungen trifft es dreifach: Sie müssen *noch* mehr in die Rentenkasse einzahlen, bekommen am Ende aber *noch* weniger raus – und müssen *noch* mehr privat vorsorgen, um die Lücke auszugleichen, was bei anhaltend niedrigen Zinsen nicht einfach wird. Geringverdiener trifft es am härtesten. Wer jung und arm ist, der ist Opfer des Rentenpakets.

Die vielen Milliarden könnte man an anderer Stelle gebrauchen: bei der Bildung, bei der digitalen Infrastruktur, der Energiewende oder für einen wirklich wirksamen Kampf gegen Altersarmut. Doch Zukunftsinvestitionen haben eben keine Priorität.

Und dann frage ich mich doch, ob das Rentenpaket am Ende so gerecht ist. Was man den einen gibt, hat man den anderen genommen. Und so attestieren Umfragen zwar eine ungebrochene Sympathie der Deutschen für das Rentenpaket. Aber zwei Drittel finden auch, dass die Pläne zu Lasten der jüngeren Generation gehen.[297] Es kommt wohl immer darauf an, aus welchem Fenster man auf die Baustelle blickt.

Eine zukunftsfähige Rentenpolitik braucht den Blickwinkel der jungen Generation. Bei keiner einzigen Rentenreform hat man mit der Jugend gesprochen. Die Regierung muss einen Generationengipfel einberufen, um mit Vertretern der jungen Generation über die Zukunft der Altersversorgung zu diskutieren. Das heißt vor allem: Das Rentenniveau muss auch für die nachrückenden Generationen eine armutsfeste Absicherung garantieren.

Agenda 21: Rentenreform

- Einberufung eines Generationengipfels, um mit Vertretern der jungen Generation über die Zukunft der Altersversorgung zu diskutieren
- Stabilisierung des Rentenniveaus auch für künftige Rentner
- Kopplung des regulären Rentenalters an die Lebenserwartung bei gleichzeitiger Flexibilisierung des Renteneintritts und För-

derung eines fließenden Übergangs in den Ruhestand (zum Beispiel Teilrente ab 60)

- Verbesserung der Erwerbsminderungsrente und des Reha-Budgets
- Massive Förderung des betrieblichen Gesundheitsmanagements (Sport, Ernährung, Ausrüstung, ...) durch Tarifparteien und Staat
- Honorierung von Kindererziehung muss als gemeinschaftliche Aufgabe aus Steuermitteln gedeckt und seriös gegenfinanziert sein.
- Reform der Riesterrente (vor allem einheitliche Transparenzregeln) und Konzentration der staatlichen Förderung auf Geringverdiener
- Ausbau der kostenfreien und unabhängigen Beratung zur Altersvorsorge, beispielsweise durch die Verbraucherzentralen

7. Arbeitnehmer zweiter Klasse
Generational Pay Gap – Die Strafe der späten Geburt

»Die fetten Jahre sind vorbei – aber nur für die Jungen.«
Jörg Tremmel[298]

Die Einkommenslücke zwischen Frauen und Männern wird als »Gender Pay Gap« heiß diskutiert. Aber auch zwischen den Generationen klafft eine Lohnkluft. Wer später geboren wird, verdient im Laufe seines Lebens weniger. Arbeit ist heute weniger wert als früher. Es ist dringend an der Zeit, über den »Generational Pay Gap« zu diskutieren.

Die intergenerationelle Lohnlücke wird belegt durch eine im Jahr 2014 publizierte Langzeitstudie des Deutschen Instituts für Wirtschaftsforschung (DIW).[299] Darin haben die Forscher erstmals die Ungleichheit der Löhne und Gehälter über das gesamte Erwerbsleben summiert berechnet. Die Wissenschaftler verglichen die Lebenseinkommen der Jahrgänge 1935 bis 1972 und stellten fest: Bereits wer später als 1955 geboren ist, verdient im Laufe seines Lebens weniger als jemand, der früher geboren ist. Das gilt für das untere Gehaltssegment. Für den mittleren Einkommensbereich gilt derselbe Trend ab dem Geburtsjahr 1967. Insgesamt hat sich die Schere zwischen den Lebenslöhnen etwa verdoppelt. In konkreten Zahlen: Wer 1950 geboren wurde und in der unteren Gehaltsklasse arbeitete, hatte bis zu seinem 40. Geburtstag ein Lebenseinkommen von rund 550 000 Euro zusammen, einschließlich der Arbeitgeberbeiträge zur Rentenversicherung. Wer 1972 geboren wurde, kam nur noch auf 455 000 Euro. Ein geringeres Einkommen ist die Strafe der späten Geburt.

Einzige Ausnahme: Der oberste Einkommensbereich. Hier gilt genau das Gegenteil: Eine späte Geburt zahlt sich hier aus.

Dem Durchschnitt der Bevölkerung bleibt dagegen weniger als früher von ihrer Hände und Köpfe Arbeit.

Der Generational Pay Gap hat schwerwiegende Folgen, mahnen die Forscher: So sei zu erwarten, dass Arbeitnehmer mehr Schwierigkeiten haben als früher, »ein nennenswertes Vermögen aus eigener Anstrengung anzusparen«. Wie war das noch mit dem sinkenden Rentenniveau, weswegen die Regierung uns ermahnt, selbst mehr auf die Seite zu legen?

Die Lohnkluft ist kein deutsches Unikum, sondern ein struktureller Trend, der sich auch in anderen Industrienationen bemerkbar macht. Für Großbritannien bestätigen Analysen, dass die Löhne junger Arbeitnehmer seit 1997 inflationsbereinigt um 19 Prozent *gesunken* sind, während sich ältere Arbeitnehmer über 25 Prozent *höhere* Reallöhne freuen konnten. In Großbritannien verdienen Arbeitnehmer in ihren Fünfzigern im Durchschnitt heute 2,6-mal so viel wie junge Erwachsene unter 21. Im Jahr 1997 waren es nur 1,7-mal so viel. Und das bei steigenden Mietkosten: Keine Altersgruppe muss einen so hohen Teil ihres Einkommens für die Miete aufwenden wie die Jungen. »Die Jungen sind die neuen Armen, und die politischen Entscheidungsträger müssen mehr dafür tun, sie zu schützen«, heißt es in einem Report der Intergenerational Foundation, einer Stiftung mit Sitz in London.[300] Der EU-Thinktank Bruegel bestätigt den Trend: »Die Spaltung zwischen den Alten und Jungen hinsichtlich der sozialen Indikatoren vergrößert sich. Sozialstaatliche Ausgaben bevorzugen Ältere gegenüber Familien, Kindern und Bildung. Es gibt eine ernsthafte Gefahr, dass eine verlorene Generation entsteht.«[301]

Die junge Generation ist doppelt belastet: Zum einen erhalten Jüngere niedrigere Gehälter, und zwar sowohl im Vergleich zu älteren Kollegen als auch im Vergleich zum Niveau der Einstiegsgehälter in der Vergangenheit. Zum anderen müssen sie für Rente und Pflege umfassend privat vorsorgen – bei zugleich anhaltend niedrigen Zinsen –, was zu einem weiteren Verlust an frei verfügbaren Einkommen führt. Sie werden daher vom Umbau des Sozialstaats am härtesten getroffen.

Man braucht die erfreulich positive Lage auf dem Arbeitsmarkt in Deutschland. Gerade Deutschland erscheint im Vergleich zu unseren europäischen Nachbarn als Oase des Wohlstands inmitten eines von der Krise heimgesuchten Kontinents. Das braucht man weder leugnen noch schlechtreden, um auf problematische Tendenzen hinzuweisen, die spätestens in der nächsten Krise wieder voll aufbrechen werden: Viel arbeiten, wenig verdienen und lange nicht auf den grünen Zweig kommen – das ist der Normalfall für die junge Generation.

Junge Menschen bleiben arm, obwohl sie jeden Tag zur Arbeit gehen – weil sie selbst Hungerlöhne akzeptieren müssen. Doppelt so viele junge Arbeitnehmer wie im Bevölkerungsdurchschnitt sind von Armut bedroht.[302] Über die Hälfte der jungen Beschäftigten arbeitet zu Niedriglöhnen oder anderen prekären Bedingungen. Die Leiharbeit hat sich unter jungen Beschäftigten nahezu verdoppelt, und fast jeder zweite Berufsanfänger hat nur eine Anstellung mit Ablaufdatum. Gerade einmal 28 Prozent der Unter-35-Jährigen verdienen mehr als 2 500 Euro brutto (!) – das ist kein Gehalt, von dem man auch nur annähernd eine Familie ernähren kann.[303]

Je prekärer die Verhältnisse, desto weniger Nachwuchs

Allein ein Kita-Platz kostet im Schnitt um die 480 Euro im Monat, die Miete für eine bescheidene Wohnung mit Kinderzimmer schlägt mit vielleicht 700 Euro zu Buche. Wenn dann noch der Vater oder die Mutter Elternzeit nimmt oder in Teilzeit arbeitet, reicht das vorne und hinten nicht. Die finanziellen Probleme des Kinderkriegens löst die junge Generation, indem sie eben keine Kinder mehr kriegt. Ein Wunder, dass die Geburten in den letzten zehn Jahren wieder leicht im Aufwind sind.

»Die wirtschaftliche Lage in Europa erholt sich, die junge Generation aber profitiert davon nicht. Die wirtschaftliche Kluft zwischen Alt und Jung wird immer größer – auch in Deutschland«, wie eine druckfrische Studie der Bertelsmann-Stiftung belegt. Beim sozialen Zusammenhalt erreicht Deutschland im EU-Vergleich zwar einen respektablen siebten Platz, vor allem dank niedriger Arbeitslosigkeit. Allerdings hat sich sozial schlecht abgesicherte und niedrig bezahlte Beschäftigung ausgeweitet, bemängeln die Forscher. Beim Index der sozialen Generationengerechtigkeit, der etwa Kinderarmut und Bildungsgerechtigkeit misst, hat sich Deutschland seit 2008 sogar verschlechtert und ist von einem eher mittelmäßigen Platz 10 auf einen wenig ansehnlichen Platz 15 abgerutscht.[304]

Es passiert selten, dass der Deutsche Gewerkschaftsbund und die arbeitgeberfinanzierte Initiative Neue Soziale Marktwirtschaft (INSM) einer Meinung sind. Aber wenn es darum geht, jungen Menschen ohne Schul- oder Berufsabschluss unter die Arme zu greifen, bescheinigen beide der Merkel-Regierung ein eklatantes Politikversagen. 1,3 Millionen junge Menschen zwischen 20 und 29 Jahren haben keinen berufsqualifizierenden Abschluss – das ist jeder Achte. Ihr selbstgestecktes Ziel, diese Zahl zu reduzieren, hat Merkel damit verfehlt.[305] Viele junge Menschen ohne Schulabschluss, mit abgebrochener Berufsausbildung, familiären Schwierigkeiten oder fehlenden Sprachkenntnissen haben die Suche nach einem Arbeitsplatz resigniert aufgegeben, gehen keiner schulischen oder beruflichen Bildung mehr nach und sind nicht mehr aktiv auf der Suche nach Arbeit.[306] Das ist nicht nur eine fahrlässige Verschwendung ungeheuren Potentials in einer alternden Volkswirtschaft, die jeden Kopf dringend braucht. Es ist vor allem eine beschämende Kapitulationserklärung vor der Frage, warum die Gesellschaft diese jungen Menschen allein lässt, anstatt ihnen Mut zu machen und eine helfende Hand zu reichen. Wo bleibt die Freundschaftsanfrage der Politik an die junge Generation?

Generation Niedriglohn

Zugleich hat der berufliche Leistungsdruck schier wahnwitzige Ausmaße angenommen. Wo früher ein gutes Diplom für den sicheren Arbeitsplatz genügte, muss es heute die Bestnote im Master sein, mehrere hochqualifizierte Praktika, längere Auslandserfahrung und exzellente Fremdsprachenkenntnisse – für einen Einstiegsjob, oftmals befristet. In manchen Branchen wird selbst von Praktikanten so viel abverlangt, dass sie sich im Überstunden-Exzess wortwörtlich zu Tode schuften – wie der 21-jährige Wirtschaftsstudent Moritz Erhardt, für den sein Auslandspraktikum in der Londoner Niederlassung der Bank of America auch das letzte war. Nach drei schlaflosen Nachtschichten brach er vor Erschöpfung in seiner Dusche zusammen und stand nie wieder auf. Ein harter Preis für eine berufliche Perspektive. Die US-Investmentbank Goldman Sachs empfahl ihren weltweit 3 000 Praktikanten daraufhin, das Büro von Freitagabend bis Sonntagvormittag nicht mehr zu betreten und täglich nicht länger als 17 Stunden zu arbeiten.[307] In den meisten Branchen ist der Leistungsdruck zwar nicht derart exzessiv. Aber fast überall wird erwartet, dass junge Menschen erst einmal gratis bis in die Nacht schuften.

Der Missbrauch von Praktika selbst unter hervorragend ausgebildeten Akademikern mit abgeschlossenem Studium, wie sie unter dem Stichwort »Generation Praktikum« vor einigen Jahren in die Schlagzeilen geriet, ist symptomatisch für den Leistungsdruck, der auf der jungen Generation lastet. Die Bereitschaft, sich in (Schein-)Praktika als reguläre Arbeitskräfte ausnutzen zu lassen, ist enorm. Sie verwechseln das Hamsterrad mit einer Karriereleiter: nicht etwa, weil sie ein Wahrnehmungsproblem haben, sondern weil ihnen die Aussicht auf eine spätere Übernahme nahegelegt wird. Weil die Praktika nicht- bis unterbezahlt sind, übernehmen meist die Eltern die Miete und Lebensunterhalt. Für die, deren Eltern keine Finanzspritze erübrigen können, ist der Zugang zur Arbeitswelt versperrt. Erst das Mindestlohngesetz versucht Abhilfe zu schaffen: durch Mindestlohn nach drei Monaten, sofern es sich nicht um ein von der Studienordnung vorgeschriebenes Pflichtpraktikum handelt. Die bleiben in der Regel weiterhin unbezahlt.

Der langwierige Berufseinstieg bleibt nicht ohne Folgen. Die Abhängigkeit von den Eltern setzt sich fort, und der Weg in die ökonomische Unabhängigkeit wird erschwert. Viele können nur schwer oder spät eine Familie gründen, da sie erst einmal einige Jahre brauchen, um auf dem Arbeitsmarkt Fuß zu fassen. Insbesondere Frauen werden in noch stärkerem Maße in ihrer Lebensplanung eingeschränkt und hingehalten. Darunter leidet auch die Geburtenrate.

Junge Menschen lassen sich besonders schnell auf widrige Bedingungen ein, denn ihnen wird eingeredet, dass sie am Anfang ihres Berufslebens nichts anderes erwarten könnten und froh sein müssten, überhaupt ein Angebot zu ergattern. Sie befinden sich schlichtweg in einer sehr viel schlechteren Verhandlungsposition. Hinzu kommt, dass Absolventen und Azubis in aller Regel überhaupt keinen oder nur einen sehr geringen Anspruch auf Arbeitslosengeld I erworben haben, sodass sie bei Erwerbslosigkeit nur Arbeitslosengeld II (also »Hartz IV«) beantragen können – und daher auch schlechte Vertragsbedingungen hinnehmen müssen, um sich überhaupt über Wasser halten zu können und ihren Lebenslauf nicht von Anfang an mit Lücken zu verderben. Die Arbeitsagenturen sehen dann aber keinen Bedarf für Vermittlungsbemühungen oder Weiterqualifizierungen – ein gefährlicher Kreislauf beginnt, denn so bleiben viele in unqualifizierten und schlecht bezahlten Jobs hängen.

Und hat man erst einmal einen Job ergattert, dreht sich das Hamsterrad nicht etwa langsamer. Die Arbeitswelt ist gerade für junge Menschen geprägt von härterem Wettbewerb, zeitlicher Arbeitsverdichtung, steigender Komplexität, erhöhten Mobilitäts- und Flexibilitätsanforderungen, beruflicher Unsicherheit, pausenloser Erreichbarkeit und permanenter Anspannung. Dieser Druck bleibt nicht folgenlos [308]:

- Jeder fünfte junge Beschäftigte macht sich ständig Sorgen um seine berufliche Zukunft.
- Jeder Dritte klagt über zunehmenden Leistungsdruck und härteren Konkurrenzkampf unter Kollegen. Viele schleppen sich daher krank zur Arbeit.
- Zwei Drittel aller jungen Arbeitnehmer fürchten sich vor materieller Not im Fall einer Entlassung. Vier Fünftel haben Angst vor Armut im Alter.
- Drei Viertel leiden unter Stress am Arbeitsplatz, weil zu viel Arbeit in zu kurzer Zeit zu erledigen ist. Jeder Dritte schafft es nicht, nach Feierabend abzuschalten.
- Trotzdem sieht über die Hälfte ihre persönliche Zukunft als hoffnungsvoll, optimistisch oder zupackend – in der unverbrüchlichen Zuversicht, sich mit genügend Leistungsbereitschaft dennoch irgendwie durchschlagen zu können.

Nicht mehr die Stechuhr gibt den Takt an, sondern die Selbstdisziplinierung. Stress wird zur Zivilisationskrankheit des 21. Jahrhunderts. Mit unangenehmen Folgen: Psychische Erkrankungen wie Depressionen, Panik- oder Zwangsstörungen, Erschöpfung und Burnout haben sich unter jungen Menschen seit der Jahrtausendwende mehr als verdoppelt. Unter jungen Erwachsenen im Alter von 20 bis 30 Jahren geht bereits fast jeder zehnte Fehltag auf das Konto psychischer Erkrankungen, mit anschwellender Tendenz.[309] Schon während des Studiums erhält mehr als jeder fünfte Studierende eine psychische Diagnose. Vor allem Depressionen und Erschöpfung nehmen zu. Ein Viertel aller Studierenden fühlt sich unter Dauerdruck durch Prüfungen, Nebenjobs und finanzielle Sorgen.[310]

All dies ist nicht bloßes Schicksal einer globalisierten Welt. Im Gegenteil: Die junge Generation wird systematisch als Arbeitnehmer zweiter Klasse behandelt. Junge Menschen haben geringeren gesetzlichen und tariflichen Schutz vor Kündigungen und werden schneller entlassen, sind weit stärker von Armut bedroht als Ältere und haben vom Sozialstaat weniger zu erwarten. Die Jungen sind die Verlierer der Arbeitsmarkt- und Sozialstaatsreformen der letzten beiden Jahrzehnte.

Noch immer ist das Senioritätsprinzip fester Bestandteil vieler Tarifverträge und Gesetze, was etwa Löhne, Kündigungsschutz, Urlaub oder Arbeitszeiten angeht. Diese »Sitzzulagen« sehen für Ältere allein aufgrund ihres (Dienst-)Alters diverse Vergünstigungen oder Sonderrechte vor und diskriminieren Jüngere.[311] Betriebliche Rentenvorsorgemodelle gibt es für Berufsanfänger im Gegensatz zu älteren Beschäftigten ebenfalls kaum noch. Für private Vorsorge fehlt erst recht die finanzielle Grundlage. Damit ist Altersarmut vorprogrammiert.

Bei Tarifverhandlungen genießen ältere, langjährige Mitarbeiter Bestandsschutz und damit sehr viel großzügigere Regelungen. Neue oder junge Mitarbeiter müssen dagegen oft mit einem sehr viel schlechteren Tarifvertrag vorliebnehmen – gleiche Arbeit, weniger Lohn und soziale Rechte. Nicht einmal der neue gesetzliche Mindestlohn gilt für sie, wenn sie unter 18 Jahre alt sind – wer kein Wahlrecht hat, soll auch kein Recht auf fairen Lohn für seine Arbeit haben. Fast jeder dritte Erwachsene unter 30 Jahren hat schon einmal Benachteiligung wegen des Alters erfahren, so die Antidiskriminierungsstelle des Bundes. Unter den 45- bis 59-Jährigen erlebte dagegen nur jeder Fünfte, von den Über-60-Jährigen nur jeder Sechste bereits einmal Benachteiligung wegen seines Alters.[312]

Maßnahmen gegen die Lohnlücke

Es ist höchste Zeit für Reformen, um die intergenerationelle Lohnlücke (Generational Pay Gap) zu mildern. Die Diskriminierung junger Arbeitnehmer muss ein Ende haben, egal ob bei Mindestlohn, Kündigungsschutz oder Gehalt. Auch die drakonische Sanktionierung junger Arbeitsuchender durch die Jobcenter, die härteren Strafen ausgesetzt sind als ältere, muss ein Ende finden. Die neuen Selbstständigen, denen bislang oft jeder soziale Schutz fehlt, müssen in die Sozialversicherungen einbezogen werden.

Ein neues Leitbild ist gefragt: eine gerechte Verteilung von Arbeit, Einkommen und sozialem Schutz zwischen den Generationen. Diese Forderung kommt etwas technisch daher, ist aber in Wahrheit höchst brisant. Denn diese Umverteilung heißt nichts anderes als ein Paradigmenwechsel weg vom traditionellen Senioritätsprinzip. Die Einstiegsgehälter müssen steigen, dafür wäre der Anstieg im Lauf des Erwerbslebens etwas gedämpfter. Zugleich könnte man firmenintern ein Limit für die oberste Gehaltsklasse setzen – einen Höchstlohn analog zum Mindestlohn. Das ist beispielsweise umsetzbar, indem das Spitzengehalt auf maximal das Zwölffache des Einstiegsgehalts begrenzt wird oder wenigstens die völlig aus dem Ruder gelaufenen Manager-Boni einer Nachhaltigkeitsprüfung unterzogen werden, wie es selbst die Corporate Governance Commission (ein mit Spitzenmanagern und Wissenschaftlern besetztes Selbstregulierungsgremium der Wirtschaft) empfiehlt.[313] Das würde den Generational Pay Gap zumindest etwas lindern, da die Gehaltszuwächse vornehmlich in den oberen Etagen der Bevölkerung stattfinden.

Die Arbeitsmarktreformen unter Gerhard Schröder haben den Arbeitsmarkt dynamischer gemacht und viel zum heutigen Erfolg beigetragen. Aber sie sind auch nicht ohne Kollateralschäden geblieben. Dort, wo die Reformen zu sozialen Verwerfungen geführt haben, muss nachgesteuert werden. Dabei geht es nicht darum, das Rad der Zeit zurückzudrehen und neue Gräben um die alte Festung der lebenslänglichen 40-Stunden-Festanstellung zu ziehen. Aber wo Flexibilisierung die Hintertür zu Missbrauch aufgetan hat, muss diese wieder geschlossen werden. Ein Beispiel sind die Werkverträge, mit Hilfe deren sich Unternehmen aus ihrer sozialen Verantwortung für ihre Arbeitnehmer stehlen wollen und Arbeit an Tagelöhner ohne sozialen Schutz auslagern.

Viele wollen nicht mehr so arbeiten, wie das früher einmal der Fall war, und der Sozialstaat muss darauf neue Antworten finden. Der klassische, gewerkschaftlich organisierte Lohnarbeiter am Fließband der Industriegesellschaft ist nicht mehr die gesellschaftliche Norm. Die Gesellschaft hat sich verändert: Erwerbsarbeit ist digitaler, automatisierter, mobiler, dezentraler, flexibler, prekärer und weiblicher geworden. Es ist nicht mehr unbedingt der Monteur im Blaumann, der ausgebeutet wird, sondern es sind Freiberufler mit drei Jobs, aber ohne Rentenversicherung, die sich notgedrungen selbst ausbeuten, die von Auftraggebern mit Fristen unter Druck gesetzt und gegen die Konkurrenz ausgespielt werden. Die neuen Ausgebeuteten leben nicht so, wollen nicht so leben, wie es der Nachkriegsmentalität entspricht.

Lange hat die Politik trotzig diese neuen Lebensmodelle in die alten Schablonen gepresst. Unser Steuer- und Sozialsystem, unsere Kranken- und Rentenversicherung, unsere Gewerkschaften sind für eine Zeit gemacht, die hinter uns liegt; für eine Industriegesellschaft, in der es hieß: Junge, lern was Anständiges, dann bekommst du eine handfeste Stelle, kannst dir deine Rente erarbeiten und, mit viel Glück, vielleicht eine Reihenhaushälfte kaufen. Was nicht in den Erhard'schen Sozialstaat passte, sollte passend gemacht werden. Und die neuen digitalen Kopfarbeiter passten definitiv nicht: »Wer keinen richtigen Job will, dem können wir nicht helfen«, kommentierte Franz Müntefering.

Die Digitalisierung ist dabei, die gesamte Arbeitswelt auf den Kopf zu stellen, und es gilt, diese Umwälzung so hinter die Bühne zu bringen, dass die sozialen Risiken minimiert und die Chancen zu Emanzipation und Selbstbestimmung entfaltet werden, weil man dank Internet endlich arbeiten kann, wo und wann man will. Flexibilität auf dem Arbeitsmarkt kann auch wohltuend wirken, wenn sie Spielregeln folgt, die Missbrauch und Ausbeutung verhindern. Es kann auch ein glückliches Leben abseits des Nine-to-five-Jobs geben, aber gerade dafür braucht es einen intakten Sozialstaat, der eingreift, wenn Leistungsbereitschaft zu aufgezwungener (Selbst-)Ausbeutung pervertiert, und der einen auffängt, wenn man scheitert.

Agenda 21: Gute Arbeit

- Sachgrundlose Befristungen sind zu verbieten. Leiharbeit, Werkverträge und Minijobs müssen fair gestaltet werden.
- Mindestlöhne müssen auch junge Menschen vor Armut und Ausbeutung schützen. Ein Mindestalter für den Mindestlohn darf es nicht geben.
- Altersprivilegien in Gesetzen und Tarifverträgen, etwa bei Kündigungsschutz oder Urlaubsregelungen, sind überall dort abzuschaffen, wo sie nicht objektiv zu rechtfertigen sind. Tarifvertragliche Änderungen, Kündigungsschutz und Entlohnung dürfen sich nicht am Alter bzw. am Eintrittszeitpunkt ins Unternehmen orientieren und damit eine Altersgruppe über die Maßen belasten, sondern müssen die Gleichbehandlung aller Arbeitnehmer im Unternehmen gewährleisten.
- Gerade junge Menschen ohne Schul- oder Berufsabschluss brauchen eine helfende Hand. Teilqualifizierungen und ausbildungsbegleitende Unterstützungsangebote könnten helfen, schrittweise einen Berufsabschluss zu erwerben. Junge Menschen müssen schnell und kurzfristig die Möglichkeit erhalten, eine durch die Arbeitsagentur finanzierte Qualifizierung, Umschulung oder Weiterbildung zu absolvieren, um sich schnell und unkompliziert für Branchen mit Arbeitskräftebedarf zu qualifizieren. Bessere Beratung, Unterstützung und qualifizierte Arbeitsplatzvermittlung für junge Menschen, auch mit einem Alter von über 25 Jahren, müssen Standard werden.
- Die Entlohnung darf sich nicht am Lebensalter festmachen. Die Einstiegsgehälter müssen angehoben werden, im Gegenzug können die Gehälter älterer Gutverdiener gedämpfter ansteigen.

- Die härtere Sanktionierung junger Arbeitssuchender durch die Jobcenter ist zu unterbinden.

- Die vielbeschworene Vereinbarkeit von Familie und Beruf muss endlich ernst genommen werden: durch Entbürokratisierung familienrelevanter Dienstleistungen und Angebote, Home-Office, Job-Sharing und 32-Stunden-Woche für Eltern.

- Statt dem Durchackern bis zur Rente sollte es bereits während des Erwerbslebens mehr Auszeiten für Kinderbetreuung, Pflege, Fortbildung oder Erholung geben, etwa in Form von (Mini-)Sabbaticals.

- Einbezug von Selbstständigen in die gesetzlichen Sozialversicherungen nach dem Vorbild der Künstlersozialkasse.

- Das Verbot der Diskriminierung nach Lebensalter ist im Gleichheitsgebot des Grundgesetzes (Artikel 3) zu verankern.

- Eine Politik für alter(n)sgerechtes Arbeiten ist im Zuge des demografischen Wandels unerlässlich.

8. Kinder an die Macht
Wie wir die Demokratie zukunftsfähig machen können

>»Fast rührend – und deshalb durchaus beliebt – sind die
>Versicherungen, man denke die Enkel gewissermaßen
>mit, reserviere ihnen im Geiste einen Platz am
>Kabinettstisch, wenn wieder einmal über ihre Lasten
>entschieden wird, die sie tragen sollen.«
>*Kurt Biedenkopf*[314]

>»Reformen, die erst in weiterer Zukunft ihre Früchte
>tragen, sind für Politiker, die wiedergewählt werden
>wollen, auf dem Wählermarkt irrational.«
>*Wolfgang Merkel*[315]

Als Felix neun war, hielt er an der Schule ein Referat über
Wangari Maathai, die kenianische Friedensnobelpreisträgerin,
die zusammen mit ihrer Bewegung in Afrika 30 Millionen Bäume gepflanzt hatte. Felix spinnt die Idee, dass Kinder in jedem
Land der Welt eine Million Bäume pflanzen sollten, um auf eigene Faust den Klimawandel zu bekämpfen. Gemeinsam mit
seinem Vater, von den kühnen Plänen noch nicht ganz überzeugt, pflanzt er den ersten Baum und gründet die Organisation
»Plant for the Planet«. Mit zehn wird Felix zum Jugendsprecher
des Umweltprogramms der Vereinten Nationen ernannt, spricht
vor dem Europäischen Parlament und überzeugt auf der UN-Ju-
gendkonferenz in Südkorea Mistreiter aus jeder Ecke des Planeten von seiner Idee. Zwei Jahre später pflanzen Felix und Freunde ihren millionsten Baum in Deutschland. Mit 13 spricht Felix
vor der UN-Generalversammlung in New York und hinterlässt
bei den Delegierten einen bleibenden Eindruck.

Als Felix 15 ist, lädt ihn das ehrwürdige Schloss Tutzing ein, die traditionelle Kanzelrede zu halten. Dort sagt Felix: »Ich darf erst in drei Jahren wählen, obwohl ich schon heute politisch aktiv bin.« Die Kinder bei Plant for the Planet, erzählt er, »sind im Durchschnitt zwölf Jahre alt und dürfen erst in sechs Jahren wählen. Wie attraktiv ist das denn? Jedes Kind, jeder Jugendliche, der sich in eine Wahlliste eintragen lässt, soll wählen dürfen. Fangen wir in Deutschland damit an! Machen wir politisches Engagement attraktiver und zukunftsfähiger.«

Im November 2013 legte ich gemeinsam mit Felix und einem guten Dutzend weiterer Kinder und Jugendlicher im Alter zwischen neun und 17 Jahren beim Wahlprüfungsausschuss des Deutschen Bundestages Einspruch gegen die Bundestagswahl ein. Sie alle waren zum Wahlamt gegangen, hatten ihr Wahlrecht eingefordert und wurden schulterzuckend abgewiesen – zu jung, um ihre Meinung in die Waagschale werfen zu dürfen. Der Bundestag antwortete uns: Der Einspruch sei »unzulässig«, weil die Beschwerdeführer »am Wahltag nicht wahlberechtigt gewesen« und damit auch »nicht einspruchsberechtigt« seien. Da beklagen also Bürger dieses Landes, vom Wahlrecht ausgeschlossen zu werden, und werden mit dem Argument abgefertigt, dass sie kein Recht hätten, sich darüber zu beschweren, genau weil sie vom Wahlrecht ausgeschlossen sind! Da beißt sich die Katze in den Schwanz (mehr zu unserer Initiative auf *www.wir-wollen-waehlen.de*).[316]

Inzwischen sind wir bis zum Bundesverfassungsgericht gezogen – leider mit wenig Hoffnung auf Erfolg. Denn bereits vor uns hatten Jugendliche zweimal versucht, ihre demokratische Mitsprache in Karlsruhe zu erstreiten. Und beide Male lautete der Richterspruch: »Seit jeher« sei ein Mindestalter anerkannt. Was also schon immer so war, möge auch für immer so bleiben.

Vorschläge für ein »Wahlrecht ohne Altersgrenze« oder ein »Wahlrecht von Geburt an« sorgen bei so manchem für Stirnrunzeln. Nicht jeder Teenager sei ein Ausnahmetalent wie Felix Finkbeiner, heißt es. Und sollen dann auch Säuglinge oder Kleinkinder wählen gehen? Das wäre doch mehr als absurd, wird gesagt. Es geht aber nicht darum, Kindergartenkinder an die Urne zu schicken. Vielmehr soll jede Bürgerin und jeder Bürger das Wahlrecht ausüben dürfen, sobald sie oder er das eigenständig kann und möchte – egal, ob mit neun, 19 oder 90 Jahren. Es ist ein Wahlrecht, das ausgeübt werden *kann*, und keine Wahlpflicht, die ausgeübt werden *muss*. Die meisten werden daher erst mit etwa zwölf Jahren überhaupt von ihrem Wahlrecht tatsächlich Gebrauch machen, obwohl sie dieses Recht bereits vorher innehaben. Daher könnte man weiterhin eine reguläre Altersgrenze von beispielsweise 16 oder 18 Jahren aufrechterhalten; allerdings: Wer jünger ist und dennoch wählen möchte, müsste sich lediglich beim Wahlamt in das Wählerverzeichnis eintragen lassen und bekäme dann ebenfalls seine Wahlbenachrichtigung zugesandt. Der Politikwissenschaftler Jörg Tremmel, Juniorprofessor für generationengerechte Politik an der Universität Tübingen, spricht daher präziser von einem »Wahlrecht durch Eintragung«.

Junge Menschen sind am längsten und härtesten davon betroffen, was die heutigen Entscheider über ihre Köpfe hinweg beschließen. Sie sind nur Objekte, nicht aber Subjekte der Staatsgewalt. Gerade eingedenk der demografischen Machtverschiebung duldet die demokratische Gleichberechtigung der jungen Generation keinen Aufschub mehr. Dass der pauschale Ausschluss von 13 Millionen Menschen von ihrem vornehmsten Bürgerrecht offenkundig alle demokratischen Grundsätze der Volkssouveränität und der allgemeinen Wahl fundamental verletzt, hindert die Bedenkenträger nicht daran, ihre löchrigen Argumente ins Feld zu führen: Jugendliche seien nicht reif oder informiert genug, man müsste ihnen dann ja auch Rauchen und Alkohol erlauben, sie würden sich für Politik gar nicht interessieren und nur rechtsextreme Parteien wählen. Alle diese Behauptungen sind zusammenfantasiert und halten einem Faktencheck nicht stand.

Haben Kinder die nötige Reife zum Wählen?

Selbstredend wäre es zu begrüßen, wenn sich jeder Bürger vor der Wahl eingehend mit Politik beschäftigen würde, um dieses wichtige Recht verantwortlich auszuüben. Eine »Wahlreife« ist allerdings keine Voraussetzung für das Wahlrecht. Auch bei Älteren über 18 Jahren wird weder gefordert noch geprüft, ob sie eine gewisse Bildung oder Reife erlangt haben oder ob sie imstande sind, eine sozusagen »vernünftige« Wahlentscheidung zu fällen.

Das ist auch der Grund, warum ein *Höchst*wahlalter ebenso wenig zu rechtfertigen ist, obwohl sich dafür auch gute Gründe finden ließen. »Dieses Recht einer ganzen Generation alter Menschen durch die Einführung einer Altersgrenze zu entziehen, ist sowohl aus demokratietheoretischer als auch verfassungsrechtlicher Sicht unhaltbar«, heißt es dazu in einem Gutachten der Wissenschaftlichen Dienste des Deutschen Bundestages. Denn: »Die möglicherweise abnehmenden Fähigkeiten älterer Menschen, aktiv an der Lösung gesellschaftlicher Probleme gestalterisch teilnehmen zu können, kann kein Kriterium für den generellen Entzug des Wahlrechts ab einer bestimmten Altersgrenze darstellen, da das Vorhandensein dieser Möglichkeiten umgekehrt auch kein Kriterium für die Gewährung des Wahlrechts ist.«[317] Wenn dies für alte Menschen gilt, kann niemand erklären, warum das für junge Menschen nicht genauso gelten sollte.

Überhaupt ist völlig nebulös, was unter der so oft geforderten »Wahlreife« eigentlich konkret zu verstehen ist, wie das Gutachten des Bundestages feststellt. Kriterien, an denen man »Wahlreife« messen könnte, sind an keiner Stelle definiert – weder im Gesetz noch der Rechtsliteratur noch sonstwo. Und selbst wenn: Das reine Lebensalter wäre dafür kein geeigneter Maßstab, denn alte Menschen können auch überkommene Vorstellungen von Geschichte und Politik weiterschleppen und mit modernen Entwicklungen überfordert sein.

Auch Demenzkranke können nur unter sehr eng gefassten Voraussetzungen und nur durch gerichtliche Verfügung vom Wahlrecht ausgeschlossen werden und können es ansonsten frei und ungehindert ausüben. Von derzeit etwa 62 Millionen Wahlberechtigten leiden rund eine Million Bürger an Demenz, von denen die wenigsten geistig voll präsent sein dürften, aber die meisten das Wahlrecht besitzen. Für das Jahr 2050 wird eine Zahl von vier Millionen Demenzpatienten mit einem Anteil von fünf Prozent an der Wahlbevölkerung prognostiziert. Und fast alle unter ihnen werden das Wahlrecht besitzen.

Auch wer aus anderen Gründen nicht im Besitz seiner geistigen Kräfte ist und beispielsweise im Vollrausch in die Wahlkabine stolpert, darf nicht von der Wahl abgehalten werden. Drogensüchtige haben das Wahlrecht genauso wie Scientology-Anhänger und Nazis. Mörder ebenso wie Vergewaltiger. Das alles, weil sie »alt genug« sind. Nach ihrer »Reife« oder »Eignung« fragt sie niemand. Einzig und allein bei Jugendlichen werden derart hohe intellektuelle und moralische Maßstäbe angelegt wie bei niemandem sonst.

Jugendsoziologen und -psychologen haben übrigens immer wieder betont, dass die große Mehrheit junger Menschen bereits zwischen ihrem zwölften und fünfzehnten Lebensjahr den Höhepunkt ihrer geistigen Entwicklung erreicht. »Mit etwa zwölf Jahren ist eine stabile intellektuelle Basis erreicht, auch eine grundsätzliche soziale und moralische Urteilsfähigkeit ist gegeben. Von diesem Alter an ist es möglich, politische Urteile zu treffen; es wäre auch möglich, sich an Wahlen zu beteiligen«, so Klaus Hurrelmann, Professor of Public Health and Education an der Hertie School of Governance in Berlin und leitender Autor der Shell-Jugendstudie. Bei der Mehrheit der Jugendlichen ist die vehement geforderte »geistige Reife« also längst vorhanden.

Wissen Kinder genug über Politik?

Es mag stimmen, dass Kinder im Durchschnitt weniger über Politik wissen als Ältere. Aber politisches Wissen ist keine Voraussetzung für das Wahlrecht – sonst müsste man einen Wahleignungstest einführen, den wohl die meisten volljährigen Bürger ebensowenig bestehen würden. So konnte beispielsweise in Umfragen knapp die Hälfte der (erwachsenen!) Deutschen weder die Bedeutung der Erststimme noch die der Zweitstimme richtig einschätzen. Soll man also die Hälfte der Bevölkerung von Wahlen ausschließen, weil sie das Wahlsystem nicht versteht? Von Jugendlichen aber erwarten wir, dass sie das Wahlsystem kennen, die Parteiprogramme gelesen haben und die Weltfinanzkrise erklären können, bevor man ihnen das Wahlrecht gewähren dürfe. Von Älteren wird dies nie verlangt.

Dabei sind die Jugendlichen die besten Experten ihrer eigenen Lebenswelt und wissen beispielsweise über Schule, Bildung oder Internet fraglos besser Bescheid als viele Ältere, die in einer völlig anderen Welt zu Hause sind.

Was ist mit anderen Altersgrenzen? Sollen Kinder dann auch Alkohol trinken und Auto fahren dürfen?

Das Wahlrecht ist nicht zwangsläufig mit anderen Altersgrenzen verknüpft. Viele Altersgrenzen dienen dem Schutz junger Menschen vor schädlichen Einflüssen, wie Alkohol oder Rauchen. Demokratische Mitsprache ist aber gewiss nichts, wovor man Menschen schützen müsste. Die Natur des Wahlalters ist daher grundverschieden vom Wesen anderer Altersgrenzen etwa im Jugendschutz oder im Zivilrecht.

Eine Senkung des Wahlalters ist schon daher überfällig, um sie an andere Altersgrenzen anzupassen, die jungen Menschen schon erheblich früher Verantwortung über ihr eigenes Leben und die Geschicke der Gesellschaft anvertrauen. Beispielsweise können Jugendliche bereits mit 14 Jahren ihre Religion selbst bestimmen. Mit 17 Jahren können sie sich als Zeitsoldat bei der Bundeswehr verpflichten (wodurch es in Deutschland minderjährige Soldaten gibt). Mit 16 Jahren können sie in Parteien eintreten, dort Vorstände wählen und über Anträge, Wahlprogramme und Koalitionsverträge abstimmen – wie beim SPD-Mitgliedervotum im Dezember 2013 über den Koalitionsvertrag mit der CDU/CSU. Somit nehmen sie einen Einfluss auf die politische Willensbildung, der zweifellos höhere Anforderungen an die politische Urteilskraft stellt als das Wahlrecht.

Über manche Altersgrenzen kann man kritisch nachdenken. Beispielsweise gibt es keinen Grund für eine Altersgrenze beim Autofahren – sondern das Kriterium ist einzig und allein die Fähigkeit, ein Auto sicher führen zu können, sprich der bestandene Führerschein und ausreichende körperliche Gesundheit. Wenn ein Jugendlicher mit 14 oder 15 Jahren die Fahrprüfung besteht, ist nicht ersichtlich, warum man ihm das Autofahren verbieten sollte. Ebenso beim Strafrecht: Momentan gelten unterschiedliche Bestimmungen für das Jugend-, Heranwachsenden- und Erwachsenenstrafrecht, die jeweils an konkrete Altersgrenzen geknüpft sind. Hier könnte man es dem Gericht überlassen, selbst zu entscheiden, welches Strafmaß im Einzelfall angebracht ist. Auch andere Altersgrenzen gehören kritisch hinterfragt – die Diskussion um das Wahlrecht muss daher den Auftakt geben zu einer breiteren gesellschaftlichen Debatte.

Jugendliche interessieren sich doch gar nicht für Politik – oder doch?

Nur weil sich jemand nicht für Politik interessiert, darf man ihm deswegen nicht das Wahlrecht entziehen – erst recht nicht in Sippenhaft allen anderen der zufällig gleichen Altersgruppe.

Auch bei Über-18-Jährigen wird das Politikinteresse schließlich nicht zur Voraussetzung für das Wahlrecht gemacht.

In Wahrheit haben wir gar kein Problem mit dem Politikinteresse »der« Jugend, sondern mit dem Politikinteresse der Jugendlichen mit wenig Bildung. Auch das Gefälle bei der Wahlbeteiligung verläuft vornehmlich entlang der Bildung, nicht so sehr entlang des Alters. Mit dem Verweis auf das fehlende Interesse oder die trübe Aussicht auf die Wahlbeteiligung müsste man also Hauptschüler vom Wahlrecht ausschließen, Gymnasiasten aber schon mit 12 das Wahlrecht verleihen – eine hanebüchene Logik.

Außerdem bezeichnet sich laut Shell-Jugendstudie fast die Hälfte aller Jugendlichen als politisch interessiert. Das heißt: Viele junge Menschen interessieren sich für Politik, aber mitreden dürfen sie nicht. Da ist es kein Wunder, dass zwei Drittel der jungen Menschen laut Umfragen im Auftrag des Deutschen Kinderhilfswerks davon überzeugt sind, dass sich die Regierung wenig darum schert, was sie denken. Für sie findet Politik weit weg vom eigenen Leben statt und wird von alten Männern in grauen Anzügen gemacht, die unverständlich reden – ohne das Wahlrecht für Kinder und Jugendliche wird sich daran wohl nichts ändern.

Wen würden Kinder und Jugendliche wählen?

Egal was junge Menschen (vermutlich) wählen würden, ist das kein Grund, ihnen das Wahlrecht zu entziehen. Selbst wenn sie vermehrt die NPD wählen würden, müsste die Demokratie dies verkraften. Schließlich saß oder sitzt die NPD auch in den Landtagen beispielsweise von Sachsen und Mecklenburg-Vorpommern, und dort gibt es bekanntlich kein Kinderwahlrecht. Dennoch kommt niemand auf die Idee, allen Sachsen das Wahlrecht abzuerkennen, mit der Begründung, dass sie überdurchschnittlich stark zu rechten Parteien tendieren. Die Feinde der

Demokratie ausgerechnet mit einer Einschränkung des Wahlrechts bekämpfen zu wollen, ist ohnehin absurd.

Zur Beruhigung: Junge Menschen neigen sowieso nicht sonderlich zu extremen Parteien! Das Projekt U18, eine an Schulen und Jugendtreffs stattfindende Alternativwahl für Minderjährige von 0 bis 17 Jahren (also wohlgemerkt ohne Mindestalter!), liefert dafür eine robuste Einschätzung. Bei der U18-Bundestagswahl 2013 entfielen die Stimmen der circa 190 000 teilnehmenden Kinder und Jugendlichen wie folgt: CDU/CSU 27,4 Prozent, SPD 20,3 Prozent, Grüne 17,6 Prozent, Piraten 12,3 Prozent, Linke 7,8 Prozent, FDP 4,6 Prozent, sonstige 11,1 Prozent (siehe Abbildung 14). Rechtsextreme oder »Spaßparteien« hatten keine Chance. Während die AfD bei der realen Bundestagswahl beinahe die Fünf-Prozent-Hürde übersprang, versank sie bei den Jugendlichen mit mageren 1,4 Prozent in der Bedeutungslosigkeit.

Als warnendes Beispiel wird immer wieder auf Österreich verwiesen. Als dort erstmals im Jahr 2008 auch Jugendliche ab 16 bei der Nationalratswahl teilnehmen durften, profitierte davon nicht etwa die sozialdemokratische SPÖ, die das Wahlrecht ab 16 erstritten hatte – sondern die rechtspopulistische FPÖ. Allerdings merken Wahlforscher an, dass die FPÖ in Österreich zuvor an der Regierung beteiligt gewesen ist und in der Mehrheitsbevölkerung als etablierte Partei anerkannt ist. Der gesamtgesellschaftliche Rechtsruck habe sich daher lediglich auf die Jungwähler übertragen. Fazit der Wissenschaftler vom Sozialforschungsinstitut SORA: »Die Jugendlichen haben nicht grundsätzlich anders gewählt als andere Altersgruppen.« Bei der Nationalratswahl 2013 fiel die FPÖ in der Gunst der Jungwähler auch wieder deutlich ab.

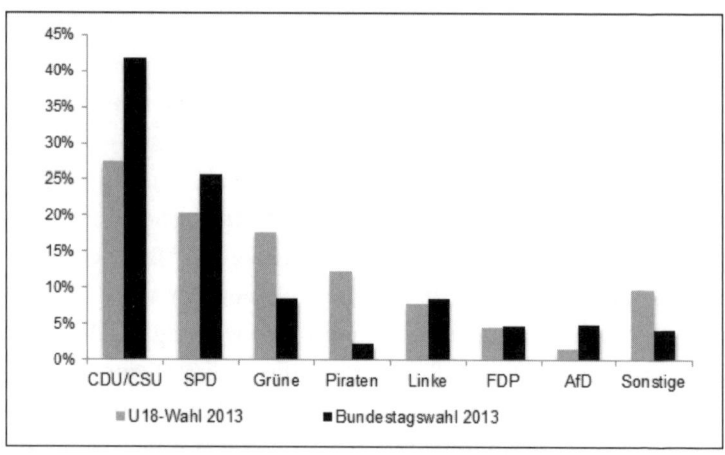

Abb. 14: Was Jugendliche wählen würden. Ergebnisse der U18-Wahl 2013 im Vergleich mit den Ergebnissen der tatsächlichen Bundestagswahl 2013

Sind Kinder zu leicht beeinflussbar? Würden nicht die Eltern den Stift zum Wahlzettel führen?

Wie leicht jemand beeinflussbar ist, wird auch bei anderen nicht zum Maßstab für das Wahlrecht gemacht. Es wird weder bei Bewohnern von Altenheimen geprüft, noch bei *Bild*-Lesern, noch bei Menschen mit einem IQ von unter 80, noch bei irgendeiner anderen Bevölkerungsgruppe. Eine unterstellte leichtere Beeinflussbarkeit ist daher kein Grund, einer gesamten Alterskohorte das Wahlrecht pauschal zu verweigern, da man sonst den gleichen Maßstab an die gesamte Bevölkerung anlegen müsste.

Zudem zeigen jugendsoziologische Studien, dass bereits ab dem Alter von 12 bis 13 Jahren der Einfluss der Eltern auf ihre Kinder schwindet und im Gegenzug der Einfluss der »peer groups«, also gleichaltriger Freunde und Bekannter, steigt. Dies schlägt sich etwa darin nieder, dass junge Menschen mit 12 bis 17 Jahren Gespräche über Politik vornehmlich mit Freunden und Bekannten, Mitschülern oder Partnern führen und wesentlich seltener mit dem Vater oder der Mutter. Wenn Jugendliche also durch jemanden beeinflusst werden, dann durch ihre Freunde – nicht durch ihre Eltern.

Im Übrigen würden Eltern eine Straftat begehen, wenn sie ihre Kinder zu einer bestimmten Wahlentscheidung nötigen (§108 Strafgesetzbuch), deren Wahlgeheimnis verletzen (§107c), sie täuschen (§108a) oder bestechen (§108b). Wenn man jemandem das Wahlrecht entziehen sollte, dann den erwachsenen Tätern, die Straftaten gegen die Demokratie begehen – und nicht den Opfern.

Sollten die Eltern stellvertretend für ihre Kinder wählen dürfen?

Die Fürsprecher eines stellvertretenden Elternwahlrechts erhoffen sich davon, die Familien politisch zu stärken. So ehrenwert dieses Anliegen auch sein mag: Die politische Fremdbestimmung der Jugendlichen bleibt bestehen, wenn sie das Wahlrecht nicht selbst ausüben dürfen, sondern lediglich von ihren Eltern vertreten werden. Denn: Elternwille und Kinderwille sind keinesfalls identisch. Die Unterstellung, die Eltern könnten am besten entscheiden, was im Interesse ihrer Kinder liegt, kann durchaus angefochten werden. Bei einer Reihe von Sachfragen wie etwa der Schul- oder Kulturpolitik gibt es gute Gründe für die Annahme, dass Eltern eine andere Meinung als ihre Kinder vertreten.

Die Stellvertretung gerät zudem in Konflikt mit der Gleichheit der Wahl, da Eltern faktisch mit einem mehrfachen Stimmgewicht ausgestattet würden. Zwar erhalten rein rechtlich die Kinder eine Stimme, die von den Eltern lediglich stellvertretend ausgeübt wird. Wenn aber Eltern für ihre Kinder die Wahl übernehmen, weil diese *zu jung* und daher *noch nicht* in der Lage sind, ihr Stimmrecht selbst auszuüben, müsste dies analog auch für hochbetagte oder demenzkranke Menschen gelten, weil diese *zu alt* und daher *nicht mehr* in der Lage sind, ihr Stimmrecht selbst auszuüben. Für Alte sieht das Gesetz allerdings auch keine allgemeine Stellvertretung durch ihre Kinder vor.

Vorstellbar wäre allenfalls ein Kombinationsmodell: Die Eltern dürften dann die Stimme ihrer minderjährigen Kinder stellvertretend wahrnehmen, aber nur so lange, bis das Kind selbst sein Wahlrecht an sich zieht und selbst ausüben möchte. Ein reines Elternwahlrecht würde dagegen die junge Generation weiter entmündigen.

Wählen attraktiver machen

Das Wahlrecht ist das wichtigste Mitspracherecht in einer Demokratie und darf schon daher niemandem nur aufgrund seines Alters willkürlich und pauschal vorenthalten werden – unabhängig davon, welche Folgen das Kinderwahlrecht für die Politik vermutlich hätte. Abgesehen davon gibt es allerdings gute Gründe für die Annahme, dass Themen wie Umwelt- und Naturschutz, Schule, Ausbildung und Netzpolitik an Gewicht gewinnen und stärker nach den Ansichten der Jugendlichen gestaltet würden.

Man könnte sich auch weit radikalere Modelle vorstellen. Erlauben Sie mir ein Gedankenexperiment: Wäre es wirklich undemokratisch, das Stimmgewicht an die Lebenszeit zu koppeln? Ein 60-Jähriger hat ja beispielshalber nur noch 20 Jahre statistische Lebenszeit vor sich, ein 20-Jähriger dagegen 60 Jahre. Ein 20-Jähriger ist also dreimal so lange von den politischen Entscheidungen betroffen – und müsste daher auch dreimal so viel Stimmgewicht erhalten. Wie würde Politik dann aussehen? Ist diese Idee wirklich abwegig?

Freilich kollidiert dieses Gedankenexperiment mit unserer Vorstellung eines demokratischen Wahlrechts, in dem jeder

Mensch die gleiche Würde hat und daher auch jede Stimme gleich zählt, und zwar egal, wie viel oder wie wenig Lebenszeit dieser Mensch vermutlich noch vor sich haben mag. Aber das Bestreben, jungen Menschen mehr politische Bedeutung einzuräumen, bleibt davon unbeschadet.

Es braucht mehr als eine radikale Senkung des Wahlalters und mehr als wohlmeinende Appelle, um Hürden für die Wahlbeteiligung abzubauen. Seit den 1980er-Jahren öffnet sich eine bedrohliche Schere in der Wahlbeteiligung zwischen den sozialen Klassen. Wer arbeitslos ist oder nur einen niedrigen Schulabschluss hat, geht heute fast gar nicht mehr zur Wahl – vor allem bei den Jugendlichen ist es so. Offenbar sind die gefühlten Hürden für Menschen aus disprivilegierten sozialen Lebenslagen höher geworden. Wenn wir noch länger abwarten, schlittern wir in eine Demokratie, in der die Armen sich aus der Demokratie endgültig teilnahmslos zurückziehen. Diese realen Hürden müssen wir erkennen und abbauen.

Politikunterricht an Schulen wird heute in homöopathischer Dosis verabreicht, und das Wenige ist überzeugend langweilig. Man kann sich des Eindrucks kaum erwehren, dass der Staat seine Jugend geradezu einschläfern will. Hätte ich mich in der Schule so wenig mit Mathe beschäftigt wie mit Demokratie, ich könnte heute nicht das kleine Einmaleins rechnen. Der Sozialkunde-Unterricht war für mich die wirksamste Abschreckung von politischem Engagement. Wir lernten die Namen und Amtszeiten der Bundespräsidenten und Bundeskanzler auswendig, wie viele Sitze der Bundestag hat, und welche Wahlverfahren es gibt. Die formalen Strukturen des parlamentarischen Systems standen auf dem Stundenplan, bis hin zu Details, die selbst den meisten Abgeordneten nicht geläufig sind. Wir lernten aber nicht, dass politischer Streit richtig und wichtig ist, wie politischer Streit aussieht oder welche Möglichkeiten politischen Engagements es gibt.

Auch hinsichtlich der Stundenzahl fällt Sozialkunde kaum ins Gewicht. In den Klassen 5 bis 9 ist in meinem Heimatland

Bayern weder an der Realschule noch am Gymnasium überhaupt Sozialkunde vorgesehen. Erst in der zehnten Klasse gibt es an Realschulen zwei Wochenstunden, an Gymnasien sogar nur eine (!) Wochenstunde, wofür im Gegenzug das Fach Geschichte um eine Wochenstunde gekürzt wird. An Hauptschulen hat man sich gleich entschieden, all das gesellschaftliche Gedöns im Hybridfach Geschichte/Sozialkunde/Erdkunde zusammenzulegen, mit insgesamt zwei bzw. drei Wochenstunden in den Klassen 5 bis 10, wovon aber nur ein Bruchteil der demokratischen Bildung gewidmet ist.[318]

Würde man die politische Bildung an den Schulen verzwölffachen, bedeutete das beispielsweise für die Realschulen und Gymnasien immerhin zwei Stunden pro Woche ab der fünften Klasse. Das sollte gangbar sein. Dabei würde, wie empirische Studien der Friedrich-Ebert-Stiftung nahelegen, mehr Politikunterricht die Bereitschaft zu politischer Partizipation deutlich erhöhen.[319] Wer mehr weiß, kann sich auch mehr einbringen.

Auch das Wahlsystem muss mit der Zeit gehen. So ist etwa die Vorstellung, dass die Familie am Wahlsonntag geschlossen zum Morgengottesdienst geht und danach zum Wahllokal, längst von der Lebensrealität überholt. In Schweden kann man nicht nur sonntags, sondern drei Wochen lang seine Stimme abgeben – und nicht nur im örtlichen Wahllokal, sondern auch in mobilen Wahllokalen in Bahnhöfen, Einkaufszentren und anderen öffentlichen Orten im ganzen Land. Das käme auch dem realen Alltag junger Menschen näher.

Die Legislaturperiode des Bundestags sollte auf fünf Jahre verlängert werden, wie das auch bei fast allen Landtagen sowie dem Europaparlament gang und gäbe ist. Das würde den Gestaltungshorizont der Politik zumindest ein Stück weit nach vorne verlagern. Denn nach jeder Wahl vergeht ein halbes Jahr, ehe Parlament und Regierung sich konstituiert haben und ihre eigentliche Arbeit beginnen können, und das Jahr vor der nächsten Wahl wird vom Wahlkampf absorbiert, statt von Reformeifer getrieben. Es bleiben also effektiv nur zweieinhalb Jahre, um sich den eigentlichen Aufgaben widmen zu können. Eine längere Amtszeit würde dieses enge Zeitfenster zumindest etwas entspannen. Außerdem könnten die Kommunal-, Landtags- und Bundestagswahlen auf einen Termin pro Jahr zusammengelegt werden. Damit würde der Eindruck vermieden, dass immer irgendwo Wahlkampf ist.

Einen radikaleren Vorschlag unterbreiten Martin Speer und Vincent-Immanuel Herr von der Stiftung Generationengerechtigkeit: Sie möchten eine Wahlpflicht einführen, wie es sie beispielsweise in Belgien und Luxemburg gibt. Wer keiner der antretenden Parteien traut, könne seinen Stimmzettel leer abgeben oder sonst ungültig machen; die Stimmenthaltung bliebe also gewahrt. Wer es versäumt, seine Stimme abzugeben, müsste ein symbolisches Bußgeld von vielleicht zehn Euro bezahlen.[320]

In Estland können die Bürger seit 2005 auch online ihre Stimme abgeben. Auch die Schweiz und Großbritannien haben sich die Einführung von Internet-Wahlen vorgenommen. Das ist charmant wie riskant zugleich: Weil niemand überprüfen kann, ob das Ergebnis stimmt, könnten Hacker die Online-Wahlen manipulieren. Hier sollten wir also bei Stift und Zettel bleiben, zumindest, bis sichere Verfahren die Nagelprobe bestanden haben – hier bleiben also Forschung, Experimente und Diskussion angesagt.

Der Zukunft eine Stimme

Das Wahlrecht allein wird nur mäßig Abhilfe schaffen, um die Gegenwartsorientierung der Demokratie zu beheben. Die kurzen Wahlperioden verführen strukturell zu einer Politik, die mehr die Interessen der Wählerklientel im Blick hat als die Interessen nachrückender Generationen. Dabei geht es nicht darum, Politikern grundsätzlich ein bloßes Macht- oder Postenstreben

zu unterstellen; auch Politiker, die eine zukunftsorientierte Sach-
politik im Sinne haben, werden unweigerlich in ihrem Handlungsspielraum begrenzt – was anders auch gar nicht denkbar
ist, ohne die Demokratie zu beschädigen. Mit den wachsenden
technologischen Möglichkeiten nimmt unser Einfluss auf die
Zukunft enorm zu. Durch den Konsum endlicher Rohstoffe und
die Verschmutzung von Atmosphäre und Ozeanen prägen wir
bereits jetzt die Lebensbedingungen für künftige Generationen,
die unsere Existenz noch in Tausenden Jahren spüren werden.
Im Vergleich dazu nimmt sich die Amtsperiode einer Regierung
ziemlich kurz aus.

Dieses Dilemma beschrieb Altbundespräsident Richard von
Weizsäcker (1920–2015) wie folgt: »Allgemein gesagt ist jede
parlamentarische Demokratie auf einem Strukturproblem aufgebaut, nämlich der Verherrlichung der Gegenwart und der Ver-
nachlässigung der Zukunft. Es ist nun einmal so, das wir nicht
anders regiert werden können und regiert werden wollen als
durch auf Zeit gewählte Vertreter, die mit ihrem Angebot zur Lösung der Probleme gar keinen weiteren Dispositionsspielraum
zur Verfügung gestellt bekommen als den ihrer Legislaturperiode. Damit will ich nicht behaupten, dass die gesamte politische
Repräsentanz keinen Sinn für langfristige, zukünftige Aufgaben
hätte. Nur steht sie vor der Notwendigkeit, sich Mehrheiten zu
beschaffen.«[321]

Ein Wahlrecht für die junge Generation kann daher nur ein
Schritt unter vielen sein, um unsere Demokratie fit für die Zukunft zu machen. Denn die Jungen sind zu wenige, als dass sie
das Übergewicht der Alten ausbalancieren könnten. Vor allem
aber vergessen wir nach wie vor, diejenige Minderheit zu reprä-
sentieren, die uns einmal ablösen wird: die künftigen, noch un-
geborenen Generationen.

Könnten künftige Generationen bereits heute wählen – die
Politik wäre eine völlig andere. Eine auf die Gegenwart ausge-
richtete Politik würde keine Mehrheit mehr finden. Doch die

künftigen Generationen sind eben noch nicht geboren und können daher schlechterdings ihre Stimme nicht in die Waagschale werfen. Die Zukunft ist in keiner Institution repräsentiert und wird daher strukturell vernachlässigt. Ein Lobbyist für die junge Generation fehlt am Kabinettstisch.

Eine institutionalisierte Interessenvertretung künftiger Generationen könnte helfen, dieses Dilemma zu beheben. »So liegt es nahe, Abhilfe zu schaffen«, meint etwa der ehemalige sächsische Ministerpräsident Kurt Biedenkopf (CDU) in seinem Buch *Die Ausbeutung der Enkel* und schlägt vor, eine »Kommission für zukünftige Generationen« zu schaffen.[322] Dies wäre ein Ombudsgremium, das mit der Aufgabe betraut wird, die Stimme der nachrückenden Generationen treuhänderisch zu vertreten und in den demokratischen Verhandlungsprozess einzubringen, selbstredend ohne die Hoheitsrechte des Parlaments zu berühren.

Zur praktischen Umsetzung könnte der bestehende Parlamentarische Beirat für nachhaltige Entwicklung, in dem bisher ein paar Hinterbänkler ein Schattendasein fristen, grundlegend reformiert und aufgewertet werden zu einer Parlamentarischen Kommission für zukünftige Generationen, oder kurz: zu einer Zukunftskommission. Als Vorbild können die Enquête-Kommissionen dienen (von französisch »enquête«: Untersuchung), wie sie traditionell vom Bundestag eingesetzt werden, um langfristige und komplexe Fragestellungen zu beraten und parteiübergreifende Positionen zu formulieren. Sie bestehen jeweils zur Hälfte aus Abgeordneten aller Fraktionen und zur anderen Hälfte aus externen Sachverständigen, die von den Fraktionen berufen werden. Beispiele sind die Enquêtes zur Globalisierung der Weltwirtschaft, zum Demografischen Wandel, zum Klimaschutz oder zu neuen Wohlstandskonzepten. Man mag die direkte politische Wirkung dieser Kommissionen belächeln und ihre dicken Berichte als geduldige Papiere abqualifizieren; aber innerhalb der Fraktionen und der beteiligten Zivilgesellschaft sorgten sie doch für Dialoge, wo vorher keine Dialoge stattfanden, und ihre Berichte werden vielfach zitiert.

Dem Vorbild der Enquête folgend, könnte die Zukunftskommission zur Hälfte aus Abgeordneten und zur anderen Hälfte mit jungen Experten aus Gesellschaft, Wissenschaft und Wirtschaft besetzt sein: junge Frauen und Männer, Forscher und Schreiber, Unternehmer und Aktivisten, die beispielsweise vom Bundespräsidenten ernannt werden.

Da die Zukunftskommission auf jeden Fall mit wirkungsvollen Kompetenzen ausgestattet sein müsste – etwa ein Recht auf Gesetzesinitiativen – stellt sich unweigerlich die Frage nach deren demokratischer Legitimation, da eine »Diktatur der Zukunftsweisen« nicht mit unserem demokratischen Verständnis in Einklang stünde – zumal autoritär regierte Gesellschaften erst recht nicht auf die Zukunft Rücksicht nehmen.[323] Der Zukunftsrat kann und darf daher lediglich eine anwaltliche Funktion besitzen, Gesetze aber nicht nach eigenem Gutdünken verändern oder völlig stoppen.

Mit gutem Grund setzt unser Grundgesetz hohe Hürden für Veränderungen des parlamentarischen Verfahrens. Jede Modifizierung des Wahlalters und jede Neujustierung im Machtgefüge des politischen Systems benötigt eine Zwei-Drittel-Mehrheit in Bundestag und Bundesrat. Diese Mehrheiten sind selten – doch aktuell hätte die Große Koalition die nötigen Stimmengewichte. »Eine Große Koalition muss Großes leisten«, heißt es oft. Mit ihrer Zwei-Drittel-Mehrheit könnte die Merkel-Koalition institutionelle Reformen anstoßen und unsere Demokratie zukunftsfähig machen. Doch allem Anschein nach soll alles so bleiben, wie es ist.

Agenda 21: Demokratie

- Das Wahlrecht muss für alle gelten – unabhängig vom Alter. Junge Menschen sollen wählen dürfen, sobald sie dies selbst können und möchten.

- Die Verlängerung des Wahltags auf ein Wochenende und die Einführung mobiler Wahllokale an öffentlichen Plätzen würden das Wählen näher an die Lebenswirklichkeit rücken. Auch weitere Reformvorschläge, wie eine Wahlpflicht, sollten diskutiert werden.

- Die Legislaturperiode sollte auf fünf Jahre verlängert werden, um die Langfristigkeit und Qualität der Regierungsarbeit zu fördern.

- Die Parteien sollten eine Jugendquote für ihre Amtsträger und Listenplätze einführen. Zumindest 20 Prozent aller Funktionäre und Kandidaten sollten unter 30 oder zumindest unter 35 Jahre sein.

- Die Möglichkeit von Online-Wahlen ist weiter zu erforschen und weitere Ansätze internetbasierter Demokratie sind zu erproben.

- Der Politikunterricht muss verbindlich ab der fünften Klasse an allen Schulen durchgeführt und in seiner Qualität grundlegend verbessert werden.

- Im Bundestag ist ein Zukunftsrat zu schaffen, der zur Hälfte aus Abgeordneten und zur anderen Hälfte aus jungen Vordenkern bestehen könnte. Der Zukunftsrat soll die künftigen Generationen im demokratischen Willensbildungsprozess vertreten. Er ist im Grundgesetz zu verankern. Als erster Schritt dahin muss der Parlamentarische Beirat für Nachhaltige Entwicklung gestärkt werden, unter anderem durch ein Recht auf Nachhaltigkeitsprüfung von Gesetzesvorlagen.

9. Die Opa-APO
Warum die Alten unsere wichtigsten Bündnispartner sind

»Altern ist kein Zustand, sondern eine Aufgabe.«
Reimer Gronemeyer[324]

»Demokratie kennt keinen Schaukelstuhl.«
Franz Müntefering[325]

Je älter die Gesellschaft wird, desto weniger können wir auf die Alten verzichten. Unsere Zukunft hängt von den Alten von heute ab: Wie positionieren sie sich im Kampf um Pfründe, Posten und Parkbänke? Folgen sie dem fatalen Menschenbild des Homo Oeconomicus, schielen einzig nach ihrem privaten Glück und verhindern Reformen? Oder schlagen sie sich auf die Seite der Jungen – und zwar nicht nur der eigenen Nachkommen, sondern der gesamten jungen Generation, von der bekanntlich diejenigen am meisten Hilfe brauchen, deren eigene Eltern und Großeltern am wenigsten haben?

Lange haben wir die Alten als eine Last angesehen, die man irgendwie loswerden und sozialverträglich entsorgen müsste. Als altes, verrostetes Eisen, das zu nichts mehr taugt. Diese Zeit ist vorbei. Endlich verstehen wir die Alten als das, was sie tatsächlich sind: als wertvolle Ressource. Aber nicht nur als das: auch als entscheidende gesellschaftliche Gruppe, von der das Wohl und Wehe des Landes abhängt.

Es geht dabei nicht darum, das Paradigma der Leistungsgesellschaft bis auf die Pflegeheime auszudehnen und selbst die Alten ins Hamsterrad zu sperren. Jedem ein schlechtes Gewissen einzureden, der mit 70 den Sonntag lieber im Garten verbringt

– das wäre die falsche Perspektive. Aber heute sind die meisten noch im hohen Alter fit und gesund, und sie können ihre Rente (hoffentlich nicht: ihren Ruhestand) in einer neuen, historisch einmaligen Freiheit genießen. Meine Hoffnung ist, dass sie aufwachen und sich dafür begeistern, was in diesem Land und in ihrer Nachbarschaft geschieht – und, vor allem, sich dabei offene Ohren bewahren für die Bedürfnisse der Jungen.

In ihrer Hochaltrigenstudie hat die Generali 400 Menschen über 85 Jahren nach ihrer Sicht der Dinge befragt.[326] Eine überwältigende Mehrheit beschäftigt sich demnach mit dem Lebensweg und dem Schicksal ihrer Kinder und Enkel. Die Alten wünschen sich, sich in die Gesellschaft einzubringen, und sei es nur durch Gespräche. Sie wollen für andere da sein, sie wollen etwas von sich für andere geben. Sie sagen: Das ist für mich essentiell, sonst bräuchte ich nicht mehr leben. Die Chance, die Alten für Engagement für die Gesellschaft zu gewinnen, ist also da – man muss dieses Potential nur heben.

In meinem Buch *Wir Zukunftssucher* habe ich einen Appell an die Alten gerichtet: Liebe Alte, wir brauchen euch – und zwar mehr als je zuvor! Denn: Ihr sitzt an den Hebeln der Macht in Politik, Wirtschaft, Kultur. Ihr stellt die Masse der Wähler und Verbraucher. Ihr seid gesund, ihr habt Geld und Zeit. Ohne euch kann meine Generation es nicht schaffen, das Land enkeltauglich zu machen, damit auch unser Nachwuchs noch eine Zukunft hat.

Zeit

Der langersehnte Ruhestand – das ist die Zeit des Golfspielens, der Kreuzfahrten und der Gartenarbeit. Die Lebenslaufguillotine fiel für die heutigen Rentner spätestens mit dem 65. Lebensjahr. Nachdem man ein Erwerbsleben lang 110 Prozent gegeben hat, soll man jetzt nur noch null Prozent geben. Muss das so sein?

»Die Generation, die jetzt in Rente geht, die goldene, die eine beispiellose Wirtschaftsprogression erlebt hat und vom Krieg verschont wurde, muss in die Pflicht genommen werden«, wirbt der Philosoph Richard David Precht. Diese Generation solle, so Precht, verpflichtet werden, sich ein Jahr lang ehrenamtlich und 15 Stunden pro Woche um Kinder oder Pflegebedürftige zu kümmern.[325]

Es sei dahingestellt, ob eine solche »soziale Wehrpflicht«, quasi die Mobilmachung einer Altenarmee, wirklich zweckdienlich ist. Aber eins stimmt: Wir brauchen den aktiven Unruhestand der Alten, ihre Zeit, ihr Wissen, ihr Engagement. Ob im neuen Bundesfreiwilligendienst, in zivilgesellschaftlichen Organisationen, als Gründer oder Ratgeber – all diese Bereiche würden trockengelegt, müsste der spärliche Nachwuchs auf sich allein gestellt die Verantwortung schultern.

Das Postulat des lebenslangen produktiven Tätigseins, das keine Altersgrenze kennt, mag wie eine Horrorvision klingen, so wie lebenslängliches Arbeiten bis zum Umfallen. Diese Gleichsetzung wäre zu kurz gedacht. Denn wir dürfen Arbeit nicht nur auf Erwerbsarbeit beschränken. Produktivsein und Wertschöpfung können auch anders aussehen: in der Betreuung der Enkel (und nicht unbedingt nur der eigenen!), in der Pflege, in Freiwilligenagenturen – und womöglich auch beim ehemaligen Arbeitgeber.

Warum nicht die gewonnenen Jahre nutzen, um endlich zu tun, was man schon immer aus ganzem Herzen tun wollte – also: Herzensunternehmer werden? Man nennt sie Sozialunternehmer oder »Social Entrepreneurs«: Unternehmen oder Organisationen, die aus der Absicht gegründet werden, die Gesellschaft ein Stück weit besser zu machen. Wie beispielsweise der Arzt Uwe Decker, der im Alter eine »Praxis ohne Grenzen« eröffnete, um Menschen ohne Krankenversicherung zu helfen; wie Heidemarie Dose, die nach dem Tod ihres Mannes die Hamburger Tafel gründete und noch mit 80 Jahren beim Sammeln und Verteilen von Lebensmitteln hilft; oder wie die Münchner Religionslehrerin Annette Habert, die nun mit ihrer mittlerweile bundesweiten Initiative »Mein Papa kommt« dafür sorgt, dass Väter und Mütter aus Trennungsfamilien eine kostenfreie Bleibe am Wohnort ihres Kindes vermittelt bekommen, wenn sie zu Besuch kommen.

Unternehmen ertüfteln erst allmählich passgenaue Modelle, um ältere oder ausgeschiedene Mitarbeiter besser einzubinden: durch projektorientierte Aufgaben, lebenslange Weiterbildung auch für die Generation 55plus oder einen flexibleren Übergang vom Beruf in die Rente, der beide Lebensabschnitte miteinander verzahnt, anstatt sie voneinander abzuschneiden.

Lothar Späth, der ehemalige Ministerpräsident von Baden-Württemberg (CDU), schlägt eine Art Zeitbank vor:[327] Wer sich für seine Mitmenschen engagiert, soll mit einer Zeitgutschrift belohnt werden: dieses »zeitliche« Guthaben kann er später selbst in Anspruch nehmen. In jedem Alter könnten Bürger sich engagieren und dafür Zeitguthaben sammeln. Gerade Menschen, denen es bisher an sozialer Einbindung und Anerkennung fehlt, könnten sich so sinnstiftend betätigen, ohne dass die verdiente Gegenleistung ausbliebe. Die Zeitbank könnte bei den Wohlfahrtsverbänden wie der Caritas und dem Diakonischen Werk angedockt werden. An einigen Orten haben Initiativen diese Idee praktisch erprobt: In München rief die Rentnerin Joyce Mayer im Jahr 2006 den Verein »Zeitbank« ins Leben. Ähnliche Initiativen gibt es in Mecklenburg-Vorpommern, Baden-Württemberg oder im österreichischen Vorarlberg.

Es gibt keine Zauberformel für Engagement, auch keinen technologischen Automatismus. Eine Engagementkultur kann man nicht vorschreiben oder von oben herab bestimmen. Umso mehr brauchen wir den aktiven Unruhestand der Alten: denn ohne sie wird eine solidarische und lebendige Bürgergesellschaft nicht zu machen sein.

Respekt

Die Alten fordern vor allem eins: die Anerkennung ihrer Lebensleistung. Aber für die Jugend haben sie nicht einmal einen Funken Respekt übrig: Täglich bekommen die Jungen zu hören und zu lesen, wie faul, dumm, egoistisch und desinteressiert sie in den Augen der Alten sind. Die Jugend hat mehr Respekt und offene Ohren verdient.

Als Bundesinnenminister Thomas de Maizière bei der Flutkatastrophe von 2013 mit eigenen Augen erlebte, mit welcher Hingabe und Professionalität die jungen Menschen Sandsäcke schleppten und die Deiche festigten, fasste sich der CDU-Politiker ein Herz: »Ich werde nie wieder von einer verlotterten Generation sprechen!«[328] Ein solcher Vorsatz täte auch anderen gut.

Dörte Weltzien, Professorin für Kindheitspädagogik an der Evangelischen Hochschule Freiburg, wollte herausfinden, was passiert, wenn man Kinder und Alte zusammenbringt. Gemeinsam mit ihrem Kollegen, dem Pflegeexperten Thomas Klie, Professor für öffentliches Recht und Verwaltungswissenschaft, organisierte sie daher regelmäßige Besuche von Kindergartenkindern in Alten- und Pflegeheimen. »Die älteren Menschen haben in dem Projekt Momente des Glücks, der Begegnung, des Kontaktes und ein Stück ›Normalität‹ erlebt«, berichtet Klie. »Wir wissen, dass es gerade für Menschen am Ende ihres Lebens besonders bedeutsam ist, in Kontakt zu den ihnen nachfolgenden Generationen zu stehen und sie erleben zu können.« Gleichzeitig tut der Kontakt auch den Kindern gut, die den alten Menschen neugierig und aufgeschlossen gegenübertreten. »Je jünger die Kinder sind, desto offener gehen sie in die Begegnungen mit den hochbetagten Menschen«, sagt Studienleiterin Weltzien. Nach zwei Jahren zeigte sich: Die Kinder konnten sich besser in die Wünsche und Gefühle der alten Leute hineinversetzen, sprachen offener über Themen wie Krankheit, Pflege und Tod und wurden in ihrem Selbstempfinden durch die Aufmerksamkeit und Zuwendung der Alten gestärkt.[329]

Solche Begegnungen der Generationen schaffen Mut und müssen unbedingt öfter stattfinden, was zum Glück auch geschieht: In Berlin existiert eine Kooperation zwischen der Bundesarbeitsgemeinschaft der Seniorenorganisationen (BAGSO) und dem Jugendring, im Saarland arbeiten die Seniorenvereinigungen mit dem Landesschülerrat zusammen.

Auch ein besseres Verständnis für das Netz würde den Alten guttun. Das brauchen sie nicht nur, um der Lebenswelt der Kinder und Enkel mit mehr Respekt zu begegnen. Netzkompetenz ist wichtig, um sich im Alltag besser zurechtzufinden, vor allem wenn Gewohntes wegbricht: Infos über Veranstaltungen bekommt man fast nur noch online, die Enkel sind besser per WhatsApp zu erreichen. Initiativen wie der Verein »Wege aus der Einsamkeit« arbeiten daran, die Alten ins Netz zu holen. Im Senioren-Computer-Club, der sich im Jahr 2009 im Mehrgenerationenhaus auf der Berliner Fischerinsel gegründet hat, haben sich die Alten gleich selbst der Materie bemächtigt und bringen sich gegenseitig das selbstsichere Navigieren im Netz bei: Es sind kleine Dinge, wie eine E-Mail schreiben, Familienfotos bearbeiten oder Briefe tippen, auf die die Alten neugierig sind. Medienkompetenz ist für sie ein Teil der Altersvorsorge.

Auch der Staat kann helfen, etwa, indem in allen Altenheimen kostenfreies WLAN ohne komplizierte Zugangsbarrieren eingerichtet wird. Inzwischen bietet die Bundesregierung außerdem ein »Freiwilliges Digitales Jahr« an, in dem sich junge Menschen mindestens ein halbes Jahr lang für ein kleines Taschengeld für eine gute Sache engagieren können – zum Beispiel, indem sie Alten (oder auch Kindern!) dabei helfen, ihren Weg ins Netz zu finden. Parallel gibt es übrigens auch den sogenannten Bundesfreiwilligendienst, der allen Altersgruppen offensteht – und in dem sich gerne auch Ältere engagieren können.

Wohnen

Als Veronika Offner zum Studium nach Köln zog, suchte sie lange vergebens ein Dach über dem Kopf. Bis sie schließlich ihre neue Bleibe bei Trude Kaiser fand, die nach dem Tod ihres Ehemannes plötzlich allein in einer viel zu großen Wohnung war und etwas Gesellschaft gut gebrauchen konnte. Aus der Zweck-WG wurden bald echte Freundinnen, die zusammen kochen, backen und über Männer lästern – trotz des Altersunterschieds von über 50 Jahren. Dabei könnte ihre neue Mitbewohnerin genauso gut ihre Großmutter sein.[330]

Das Programm »Wohnen für Hilfe« hat die ungleichen Mitbewohnerinnen zusammengeführt. Die Idee: Ältere vergeben ein leerstehendes Zimmer an Studierende mit knapper Kasse – im Tausch gegen eine helfende Hand beim Schneeräumen, Einkaufen oder am Computer. Pro Quadratmeter haben Veronika Offner und Trude Kaiser eine Stunde Hilfsdienste pro Monat vereinbart, doch so genau führen sie nicht Buch. Für die muntere Seniorin zählt vor allem, in der leeren Wohnung nicht einsam zu sein. Und Veronika Offner ist froh, nicht neben ihrem Studium arbeiten zu müssen, um sich die Miete leisten zu können.

Inzwischen gibt es »Wohnen für Hilfe« in den meisten deutschen Universitätsstädten und ist ein Vorzeigebeispiel für praktisch gelebte Solidarität zwischen Alt und Jung. Die eigene Familie lebt oft weit entfernt, und angesichts niedriger Kinderzahlen werden die Familien kleiner. Wahlverwandtschaften zwischen Senioren und Jüngeren werden damit zunehmend die traditionellen Familienbande ergänzen.

Es geht nicht nur darum, dass es zu wenig (vor allem: bezahlbaren) Wohnraum in den Städten gibt, sondern auch darum, wie der bestehende Wohnraum zwischen Jung und Alt aufgeteilt ist, wie eine Studie der Intergenerational Foundation feststellt: In Großbritannien sind demnach 37 Prozent des gesamten Wohnraums unterbesetzt. 16 Millionen vornehmlich ältere Menschen leben in unterbesetzten Wohnungen und Häusern und horten dort 25 Millionen leerstehende Zimmer. Die Spaltung zwischen den »Wohnungs-Habenden« und den »Nichthabenden« wächst – und wird nicht mehr primär von der Schichtzugehörigkeit bestimmt, sondern vom Alter.[331]

Inzwischen gibt es über das ganze Land verstreut Hunderte Häuser und ~~und~~ ganze Siedlungen, die bewusst als Orte des generationenübergreifenden Wohnens und Begegnens geschaffen wurden. Malu Dreyer, Ministerpräsidentin von Rheinland-Pfalz, wohnt mit ihrem Mann in einer solchen Siedlung: dem Schammatdorf bei Trier, das zu den ältesten Wohnprojekten Deutschlands zählt. In dem Dorf, in dem rund 300 Menschen in recht einfachen 70er-Jahre-Sozialbauten zusammenleben, funktioniert die Nachbarschaft über Schichten und Generationen hinweg; man kennt sich, und man hilft sich. Die Leute achten darauf, dass beim älteren Nachbarn jemand klingelt, wenn die Zeitung am Nachmittag noch immer vor der Tür liegt; die Omis und Opas passen hin und wieder auf die Nachbarskinder auf, und die Eltern revanchieren sich, indem sie eine Suppe vorbeibringen. »Ich habe die Vision, dass in jeder Kommune in unserem Land gemeinschaftliche Wohnprojekte entstehen«, so das Credo von Malu Dreyer. »Überall wollen die Menschen auch im Alter selbstbestimmt leben, aber nicht allein.« Denn keiner will ins Altersheim, und doch gibt es am Ende oft keine taugliche Alternative, weil die Kinder weit weg wohnen.

Ihren Ursprung haben die Mehrgenerationenhäuser in Salzgitter. Dort gründete Hildegard Schooß das erste Mütterzentrum des Landes: eine Art moderner Dorfplatz, auf dem sich Menschen begegnen und sich gegenseitig helfen können. Schooß stellte fest: »Seit die Tür aufgemacht wurde, ist sie nie wieder zugemacht worden. Alle Generationen treffen sich hier und finden etwas, was sie ganz persönlich brauchen – und wo sie sich einbringen können.« Seither sind aus dem ersten Mütterzentrum landesweit über 500 Mehrgenerationenhäuser geworden. Davon brauchen wir mehr!

Leonhard Kuckart, der einigermaßen betagte Vizechef der Senioren-Union, ist da anderer Meinung. Er möchte, dass Kitas aus Wohngebieten gesetzlich verbannt werden sollten, damit das Kindergeschrei die Senioren nicht bei ihrem Kaffeekränzchen stört. Genau das Gegenteil ist richtig: Kitas und Kindergärten sollten am besten direkt neben Altenheime gebaut werden! Nur so können neue Wahlverwandtschaften entstehen – und eine Win-win-Situation für Alt und Jung. Die sauerländische Stadt Arnsberg, ein Pionier in demografiegerechter Stadtplanung, macht es vor: Dort sind die Kita »Kleine Strolche« und das Seniorenheim »Zum Guten Hirschen« seit Jahren Partner. Kinder und Senioren besuchen sich alle zwei Wochen gegenseitig: sie spielen, singen und basteln zusammen.

Geld

Im letzten Sommer war ich an der Evangelischen Akademie Tutzing zu Gast, um über die Zukunft der Demokratie nach 25 Jahren Wiedervereinigung zu diskutieren. Unter Moderation des einstigen bayerischen Ministerpräsidenten Günther Beckstein beriet ein »Junges Podium«, ob unsere Demokratie ein Upgrade braucht. Mit 31 Jahren war ich dabei der Jüngste im Saal. Und Anke Domscheit-Berg, ehemalige Piraten-Politikerin und Internet-Aktivistin, lächelte heiter in die Runde: »Ich bin 47 und Sie halten mich trotzdem noch für jung.«

Im Vergleich zum Durchschnittsalter der Besucher musste sie sich tatsächlich blutjung fühlen. Abends beim Wein in den Salons erzählten die Männer vom Krieg und veralberten sich gegenseitig, weil der eine 81 war (»Sie alter Sack!«) und der andere erst 80 (»Sie Jungspund!«). Die Alten aber wunderten sich: Wo sind eigentlich die Jungen geblieben?

Die einzige jüngere Teilnehmerin wurde von ihrem Opa eingeladen. »Ich wusste gar nicht, dass es diesen Politischen Club überhaupt gibt«, sagte sie. Erfahren hat sie davon erst von ihrem Opa. Offenbar tut sich die Akademie schwer damit, junge Leute zu erreichen. Dazu kommt: Die Tagungsgebühr in Höhe von 85 Euro plus 200 Euro für Zimmer und Verpflegung kann sich ein durchschnittlicher Student oder Berufseinsteiger kaum leisten, ohne sich sein Sozialleben kaputtzusparen.

Und so wurde die Idee geboren, ein Stipendium zu stiften: Die Alten überweisen eine zweckgebundene Spende an die Akademie, und im Gegenzug können Junge gebührenfrei teilnehmen. Noch vor Ende der Tagung nahm Günther Beckstein die erste Spende entgegen.

Das Tutzing-Stipendium ist nur ein praktisches Beispiel von vielen Ideen gelebter Solidarität zwischen den Generationen. »Eigentum verpflichtet«, so steht es im Grundgesetz. Deswegen ist es eine moralische Pflicht der vermögendsten Generation, der Alten nämlich, ihr Eigentum zum Wohle der Allgemeinheit einzusetzen.

Nicht nur in Tutzing ist das Geld der Alten gut angelegt. Auch andere Organisationen, die sich für die junge Generation und eine lebenswerte Zukunft einsetzen, sind auf finanzielle Unterstützung durch Spenden, Fördermitgliedschaften oder Testamente angewiesen, sei es der Kinderschutzbund oder die Stiftung für die Rechte zukünftiger Generationen.

Die Alten können vor allem als konsumkräftigste Generation Berge versetzen, wenn sie ihr Geld bewusst, etwa zum Vorteil nachfolgender Generationen, einsetzen.

Macht

»Seid laut, seid deutlich, und lasst nicht zu, dass der Wohlstand in Deutschland nur noch verwaltet wird!« Es sind offene Worte, die Edmund Stoiber dem Parteinachwuchs auf dem Deutschlandtag der Jungen Union 2014 entgegenschleuderte. Aber aus diesen Worten wird nichts folgen. Denn es ist der Appell eines Politikers, der nicht mehr im Amt ist. Ein Appell, der sich im Nichts verliert. Weil die Alten an der Macht sind und die Jungen dirigieren.

Die Alten schimpfen auf die Unfähigkeit der noch älteren Politik und schimpfen im nächsten Atemzug auf die Unfähigkeit der luxusverwahrlosten Jugend, die das Land erst recht in den Abgrund führen werde. Wenn ein Bahnhof gebaut werden soll, dann sammeln sie Hunderttausende Unterschriften und verpassen denen da oben mit einem Wutbürgerbegehren eine Blutgrätsche. Wenn in der Kantine ein Veggie-Day eingeführt werden soll, dann kocht der Volkszorn über. Und bei jeder Rentenreform hagelt es empörte Leserbriefe in jede Zeitungsredaktion. Aber wenn es um die Zukunft geht, um Breitband, Bildung oder Klimaschutz, dann sagen sie, man könne ja eh nichts tun, um anschließend tatsächlich nichts zu tun.

Weder muss dies so sein, noch darf das länger so bleiben. Wir brauchen die Alten als mächtige politische Verbündete: als Anwälte der Jungen. Mit ihren Mehrheiten, ihrer Zeit, ihrem Geld und ihren Netzwerken kontrollieren sie das Land: die Parteien, die Gewerkschaften, die Stiftungen, Verbände und Vereine, jeden Verhandlungstisch.

Die junge Generation muss überall dort beteiligt werden, wo es um ihr Leben und ihre Zukunft geht. Es ist ein Skandal, dass in Gremien wie dem Nachhaltigkeitsrat der Bundesregierung oder den öffentlich-rechtlichen Fernsehbeiräten ausgerechnet die Jugend keinen Platz hat. Auch auf den Landeslisten der Parteien sollten zumindest 20 Prozent der Kandidaten jünger sein als 35. Eine solche Jugendquote gibt es bereits bei der SPD in Schleswig-Holstein; dort gilt sie allerdings nur bei Landtags- und Kommunalwahlen. Wissenschaftler wie der renommierte Jugendsoziologe Klaus Hurrelmann, aber auch Politiker wie

Gregor Gysi und Juso-Chefin Johanna Uekermann haben sich inzwischen für eine solche Jugendquote ausgesprochen.[332]

Das kann aber nur der Anfang einer Freundschaftsanfrage an die junge Generation sein. Die gesamte Kultur der Parteien muss sich wandeln. Bei jeder Ortsvereinssitzung im Traditionswirtshaus anwesend sein, jeden zweiten Samstagmorgen am Infostand gelangweilten Passanten einen Flyer in die Hand drücken, sich jahrelang hochdienen und nach jedem Ortswechsel wieder von vorn anfangen – das passt nicht zu einer Generation, von der überall erwartet wird, dass sie hochmobil und flexibel ist, nur eben nicht im Parteiapparat. Wenn dann im Ortsverein auch noch diskutiert wird, dass man ja die Einladung nicht nur per E-Mail versenden könne, weil ja so viele Mitglieder nicht per E-Mail erreichbar seien, dann braucht man sich nicht wundern, wenn junge Leute der Meinung sind, anderswo ihre Kraft und Energie besser einsetzen zu können. Es spielen Themen eine Rolle, die keinen Jugendlichen interessieren. Dann geht man doch lieber mit den Kumpels ein Bier trinken, als in der Eckkneipe mit vertrockneten Topfpflanzen und vergilbten Vorhängen übers Kreiskrankenhaus zu diskutieren.

»Wenn die jungen Parteimitglieder selber gestalten wollen, dann geht das erfahrungsgemäß nur, indem sie es sich erkämpfen. Ein konstruktives Miteinander wurde vom Parteiestablishment stets abgelehnt. Anstatt Angebote an die Jungen zu formulieren, ließ man sie lieber gegen die Wand laufen«, sagt der SPD-Nachwuchspolitiker Jens Crueger, Mitglied im Bremer Landesparlament. »Gegen die alten Säcke in der Partei kommt man nicht an.«[333]

Um die Vorherrschaft der zeitreichen Parteisoldaten zu brechen, muss das Engagement auch für diejenigen möglich werden, die nicht ihr gesamtes Sozialleben der Parteiarbeit widmen wollen. Das tut nicht nur den Jungen gut, sondern auch allen anderen, die berufs- oder familienbedingt nur wenig Zeit opfern können. Engagement darf nicht mehr nur in erster Linie im

Ortsverein verankert sein, sondern auch überregional projekt- und themenbezogen ermöglicht werden. Dazukommen müssen eine Verschlankung der Regelwerke und eine Stärkung von Mit- bestimmungselementen wie Mitgliedervoten und Vorwahlen. Unter *www.parteireform.org* hat das Progressive Zentrum, eine überparteiliche Denkfabrik mit Nähe zur SPD, zahlreiche weite- re Vorschläge zur Diskussion gestellt.

Liebe Alte: Sagt Ihr nicht immer, dass es Euren Kindern ein- mal besser gehen soll? Dann vergesst diesen Wunsch nicht! Und gebt uns Mitspracherechte – überall, wo es um unser Leben geht. Dafür müsst Ihr aber auch Eure Privilegien abgeben – und bereit sein, Eure Lebensweisheiten kritisch zu hinterfragen. Nur dann können wir gemeinsam das Land enkeltauglich machen. Auch die Alten haben die Pflicht zur Solidarität. Der Generationenver- trag ist keine Einbahnstraße.

10. Sorry for the Inconvenience ...
... but we are trying to change the world

»Ich will Menschen, die mit mir wütend auf die
Straße gehen. Gegen Fehlinvestitionen. Gegen
völlig aussichtslose Rentenreformen. Gegen eine
Bildungspolitik, die an den Bedürfnissen der Zukunft
vorbeigeht. Nicht gegen Geflüchtete!«
Marina Weisband[334]

»Die Zukunft gehört der Jugend, doch sie bekommt
sie nicht. Darum muss sie sich holen, was ihr zusteht.
Die Jugend muss zehnmal so laut sein wie die Alten,
die schwerhörig geworden sind.«
Johnny Haeusler[335]

Wir kennen Stéphane Hessels 2010 erschienenes Manifest
Empört euch! und seinen Appell, den Auswüchsen des Finanzkapitalismus, der sozialen Spaltung zwischen Arm und Reich und
den wiederkehrenden kriegerischen Auseinandersetzungen entgegenzutreten. Aber Empörung ist leider nicht genug. Sie kann
nur den Anstoß geben für konstruktives Engagement. Es wäre
müßig, die alte Debatte über die angebliche Politikverdrossenheit der Jugend an dieser Stelle abermals aufzuwärmen. Dazu
wurde alles schon tausendmal gesagt, auch in diesem Buch. Das
bringt uns keinen Zentimeter weiter.

Wir müssen aber mit dem Eingeständnis beginnen: Ja, wir
empören uns; zumindest manchmal, dann aber richtig. Aber wir
engagieren uns nicht – oder zu wenig. Wir haben versagt.

Nehmen wir Bekassine. Sie war mir unbekannt, bis Sascha
Lobo sie auf der Netzkonferenz re:publica 2014 zum Star seiner
traditionellen Rede zur Lage der Nation erhob.

Die Bekassine, erläuterte Lobo, ist eine langschnäbelige, mittelgroße Art aus der Familie der Schnepfenvögel. Der Bayerische Vogelschutzbund habe die Bekassine zum Vogel des Jahres 2013 auserkoren und vielfältige Aktionen zum Schutz der Bekassine ins Leben gebracht – mit 120 festen Mitarbeitern und einem Jahresbudget von zehn Millionen Euro allein in Bayern. Zum Vergleich: Die »Digitale Gesellschaft e.V.«, einer der wichtigsten Vereine für ein gesundes Internet, verfügte im Jahr der Bekassine über lediglich zwei hauptamtliche Mitarbeiter und ein Jahresbudget von nur 70 000 Euro. »Die Bekassine ist euren Eltern mehr wert als euch das Internet. Ihr twittert, aber ihr überweist nicht. Aber eure Eltern überweisen.«

Eine schallende Ohrfeige für die Netzgemeinde: Sie ist kläglich gescheitert, diejengen Organisationen zu unterstützen, die versuchen, das Internet als funktionierenden freien und offenen Raum zu bewahren. Lobo: »Überwachungsaffine Politiker sind dabei, die NSA-Spähaffäre auszusitzen, nur weil ihr nach fünf Monaten zu müde seid, zu protestieren.«

Das gilt nicht nur für die Netzpolitik. Der Sozial- bzw. Rentnerverband VdK hat 1,7 Millionen Mitglieder, der Tierschutzbund hat 800 000 Mitglieder, aber der Kinderschutzbund hat nur 50 000 Mitglieder. 16-mal mehr Deutsche engagieren sich für den Schutz der Tiere als für den Schutz der Kinder.

Empörung reicht nicht aus, und eine Onlinepetition zu unterzeichnen ist zwar schön, aber nicht genug. Wir dürfen unsere Zukunft nicht den Gralshütern der Vergangenheit überlassen, die wollen, das alles so bleibt, wie es ist. Wir müssen selbst aktiv werden und unsere Zukunft in unsere eigenen Hände nehmen.

Organisiert euch!

Wir haben verlernt, uns zu organisieren. Wir sind aufgewachsen mit dem Zeitgeist, dass es eine gemeinsame Sache gar nicht mehr gibt. Und gegen die Lobby der Ewiggestrigen sind die Jungen chancenlos – erst recht, wenn wir uns als Einzelkämpfer begreifen, die alleine nichts ausrichten können. Unter der Ideologie effizienzgetrimmter Karriereplanung und dem Leistungsdruck durch verkürzte Schulzeiten und gestraffte Studiengänge hat das Engagement fühlbar gelitten. Und das übriggebliebene Engagement ist oft so verstreut, so zerklüftet und fragil, dass es unsichtbar und unwirksam wird.

Wir sind ja auch genügend damit beschäftigt, mit Praktika unseren Lebenslauf zu optimieren und anschließend in mies bezahlten Einstiegsjobs zu arbeiten, um frühpensonierte Postbeamte nach überschaubarer Lebensarbeitszeit mit üppigen Pensionen auszustatten, nebenher die eigene Rente selbst zu sparen und wuchernde Gebühren für öffentlich-rechtliche Fernsehsender abzuführen, die Programm für die Alten machen. Aber das alles ist kein Naturgesetz, sondern menschengemacht. Und wir lassen es zu, weil wir uns nicht organisieren.

»Wenn die unsäglichen Pegida-Leute für irgendwas gut waren, dann für die Erkenntnis, dass schon 20 000 Leute auf der Straße die Bundespolitik überraschend stark beeinflussen können«, sagt Sascha Lobo, und er hat völlig recht. Eine winzige Milli-Prozentzahl an Demonstranten hat die gesamte Republik durcheinandergewirbelt. Wir brauchen eine neue Bürgerbewegung, die nicht – wie Pegida – für die Konservierung der Vergangenheit auf die Straße geht, sondern für die Rettung der Zukunft.

Das letzte Mal, als die Jugend massenhaft auf die Straßen strömte, war der Bildungsstreik im Sommer 2009, bei dem etwa 270 000 Studierende und Schüler die verkorkste Bologna-Hochschulreform auf die Tagesordnung setzten und eine Wende in der Hochschulpolitik einläuteten. Doch danach haben sich die Proteste verlaufen, und die Bewegung hat sich zerstreut. Doch das schlummernde Potential für eine neue Jugendbewegung ist ungebrochen: Als zuletzt das Künstlerkollektiv »Zentrum für politische Schönheit« im Juni 2015 dazu aufrief, auf der Wiese vor dem Reichstag symbolische Gräber für die im Mittelmeer ertrunkenen Flüchtlinge auszuheben, folgten dem »Marsch der Entschlossenen« über 5 000 vornehmlich junge Menschen.

Man stelle sich vor, jeder wäre in einer politischen Initiative, einer Gewerkschaft oder einer Partei aktiv – nicht unbedingt mit Amt und Würden, aber mit Herzblut. Man stelle sich vor, ein Verein wie die Digitale Gesellschaft oder die Stiftung für die Rechte zukünftiger Generationen hätte hundertmal oder tausendmal mehr Unterstützer. Und nun stelle man sich vor, das könnte tatsächlich wahr werden – wenn wir alle mitmachen.

Partei ergreifen!

Viele Menschen, und bei weitem nicht nur die jungen, haben den Glauben verloren, dass sie die Politik verändern könnten. Die Politik gilt als ein undurchsichtiger, sich um sich selbst drehender Selbstbedienungsladen auf Kosten von uns Bürgern, und damit will man nichts zu tun haben.

Diese Ansicht ist so falsch wie fatal. Wir unterschätzen unseren Einfluss auf die Politik vollkommen. Sich über die Politik zu beschweren, das ist einfach – und selbstgerecht. Selbst Politik zu gestalten, das ist schwer.

Wir haben hohe Ansprüche an die Politik und dulden keine Kompromisse. Junge Politiker gelten als schmierige Karrieristen. Wer jung ist und sich politisch einmischen will, bekommt ohnehin sofort gesagt, in seiner jugendlichen Naivität könne er das Thema noch gar nicht verstehen. Hat er dann noch ein Parteibuch, wird er sofort als Opportunist und Parteisoldat abgestempelt.

Mit unserer vorschnellen Pauschalkritik an den Parteien und ihren Politikern sind wir ziemlich respekt- und einfallslos. Eine Partei, und das lernt man eben nicht im Schulunterricht, ist keine religiöse Glaubensgemeinschaft, die keine Abweichung vom Katechismus des Wahlprogramms duldet. Eine Partei ist ein Zusammenschluss von Menschen, die gemeinsame Werte teilen und für eine gemeinsame Sache brennen, aber nicht das Wahlprogramm nachbeten oder Kadavergehorsam gegenüber dem Parteivorsitzenden leisten müssen. Wenn es eine Partei geben würde, mit der ich vollkommen übereinstimmen würde, dann hätte diese Partei genau ein Mitglied: nämlich mich selbst.

Wir leben in Zeiten, in denen sich die angesehensten Intellektuellen des Landes dafür feiern lassen, dass sie *nicht* wählen gehen. Politik braucht aber nicht solche selbstgerechten Gemüter, sondern einige Unerschrockene, die den Marsch durch die Institutionen antreten. Wir müssen den Politikern helfen, auf den richtigen Weg zu schwenken. Dazu braucht es Druck, innerhalb genauso wie außerhalb der Parteien. In eine Partei einzutreten und für die eigene Position in und mit der Partei zu kämpfen und politische Mehrheiten zu organisieren, ist unverzichtbar. Der Druck von der Straße ist kein Ersatz für den Kampf um andere Mehrheiten in Parteien und Parlamenten.

Daher müssen wir, statt uns in der Gemütlichkeit prominenter politischer Totalverweigerer einzurichten, die Parteien übernehmen. Zum Beispiel ein Wochenende lang das Willy-Brandt-Haus – die Parteizentrale der SPD – besetzen, dabei Unmengen von Pizza, Mate und Bier vertilgen, den Staub von 150 Jahren hinauskehren und mit der Devise »Hack die Partei!« eine alte Partei mit neuen Ideen auffrischen. Es ist an der Zeit, Partei zu ergreifen!

Verändert die Märkte!

Die Welt verändern: Das geht nicht nur durch die von Politikern gemachten Gesetze, sondern auch durch Märkte, soziale Normen und Technologien.

Es ist kein Zufall, dass die meisten sozialen Start-ups von jungen Leuten gegründet werden. Felix Finkbeiner war 14, als er die »Gute Schokolade« erfand und zur bundesweit meistverkauften Fair-Trade-Schokolade machte. Felix ist sicherlich eine Ausnahme. Aber es sind in erster Linie nicht die alteingesessenen Wirtschaftsbosse, die die Märkte verändern, sondern junge Social-Start-up-Unternehmer, die neue Produkte und Konsummodelle erfinden, die nicht nur irgendwie ökologisch und sozial punkten, sondern auch mit Qualität und Coolness überzeugen.

»Vor allem bei jüngeren Menschen gibt es ein gesteigertes Bewusstsein im Konsumverhalten. Sie haben ein hohes Interesse für die Herstellungsverfahren und Produktionsorte zum Beispiel ihrer Kleidung«, sagt Lisa Jaspers, Gründerin des Fair-Trade-Modelabels Folkdays. »Aber ihnen fehlen praktische Informationen für eine bewusste Kaufentscheidung, bei der am Ende schließlich auch Qualität, Design und Preis stimmen müssen. Außerdem ist das Image von Fair Trade in Deutschland ziemlich angestaubt.«[336] Fair Trade verbinden viele immer noch mit der Jesuslatschen-Mentalität der Eine-Welt-Läden der 1970er Jahre: Man steckt den Armen ein paar Cent zu, statt für ein gutes Produkt einen guten Preis zu zahlen. Beim Fair-Trade-Siegel gibt es beispielsweise keinerlei Anforderungen an die Qualität der Erzeugnisse. »Der nachhaltige Kleiderkonsum der Jugendlichen wird vor allem durch Vorurteile gebremst«, bestätigt eine Greenpeace-Studie zu den Einkaufsgewohnheiten der Jugendlichen. »So meint etwa ein Drittel der Befragten, sich grüne Mode nicht leisten zu können. Außerdem sei sie weder cool genug, noch gebe es genug Auswahl. Auch sind Läden und Siegel für ökologisch hergestellte Kleidung nicht bekannt genug.«[337] Die muffige Altöko-Denke des letzten Jahrhunderts hinterlässt ihre Spuren. Nicht Mitleid oder schlechtes Gewissen sollten uns zum Kaufen nötigen wollen. Fair Trade muss auch cool und bezahlbar sein – und vor allem authentisch und glaubwürdig.

Es gibt unzählige Beispiele, wie junge Gründer die Welt verändern. Georg Tarne macht mit Glas-Wasserflaschen mit schickem Design das Trinken von Leitungswasser wieder cool und bekämpft damit Plastikmüll. In München engagieren sich Katharina Mayer und Katrin Blaschke mit ihrem Unternehmen »Kuchentratsch« gegen Vereinsamung und Altersarmut: Ältere Menschen backen in gemütlicher Runde Kuchen und verdienen sich dadurch etwas zur Rente hinzu. Der 20-jährige Student Tobias Röddiger entwickelt die Zivilcourage-App EnCourage, mit der man per Knopfdruck einen Alarmruf an Menschen in der Umgebung aussenden kann, wenn man beispielsweise Zeuge einer Gewalttat wird und nicht alleine eingreifen kann. Waldemar Zeiler und Philip Siefer hängten ihre Karriere an den Nagel, um das erste nachhaltige Kondom herzustellen, aus Kautschuk ohne Regenwaldzerstörung und mit fairer Bezahlung für die Plantagenarbeiter. Martin Elwert und zwei seiner Freunde bieten mit Coffee Circle einen Kaffee, der nicht nur fair gehandelt ist, sondern auch den höchsten Qualitätsstandards genügt. Und diese Liste ließe sich lange fortsetzen.

Wenn Stéphane Hessel, der französische Résistancekämpfer, sein Manifest mit den Worten abschließt: »Neues schaffen heißt Widerstand leisten. Widerstand leisten heißt Neues schaffen«, dann sind die jungen Sozialunternehmer, die mit ihren Ideen wirklich Neues schaffen, vielleicht die wichtigsten Widerstandskämpfer.

Auf YouTube gibt es ein Video, das in weniger als drei Minuten zeigt, wie aus einem Einzelnen eine ganze Bewegung entsteht: »Leadership Lessons from Dancing Guy«. Nachdem der Programmierer, Schriftsteller und Unternehmer Derek Sivers die Aufnahme zur Grundlage seines Vortrags bei der TED Conference in Los Angeles 2010 machte, wurde es weltbekannt und millionfach geklickt. In der offenbar mit einer Handykamera aufgenommenen Szene tanzt ein halbnackter Typ in einem Park wild durch die Gegend, er springt, er dreht sich im Kreis, hat offenbar viel Spaß dabei, aber alle anderen sitzen nur daneben und schauen ihm amüsiert und wohl etwas befremdet zu. Er sieht tatsächlich auch etwas lächerlich aus, dort ganz alleine so abgedreht tanzend. Auf einmal kommt ein anderer dazu: Sein erster Follower! Die beiden klatschen sich ab, tanzen gemeinsam wie verrückt, schlagen Purzelbäume. Jetzt ist es nicht mehr nur ein Verrückter, es sind zwei Verrückte, die dort in diesem Park wie wild tanzen. Ein Dritter fasst Mut, läuft dazu und tanzt mit. Und das ist der Wendepunkt: Auf einmal trauen sich auch andere, mitzutanzen, und eine ganze Menge an Leuten strömt dazu, es ihnen gleichzutun. Was noch vor zwei Minuten eine ruhige Liegewiese war, ist jetzt eine große Tanzfläche. Ein Einzelner schaffte es, eine Bewegung anzustoßen.

Was ist daraus zu lernen? Derek Silvers bringt es auf den Punkt: Wenn du dich so fühlst wie der erste Typ, der ohne T-Shirt verrückt im Park tanzt, dann mach weiter, zeig, dass du Spaß hast, tu es öffentlich, sodass es jeder sehen kann, und hole deinen ersten Follower dazu. Dann bist du nicht mehr allein, sondern ihr seid zu zweit! Der erste Follower ist das, was zählt. Denn jetzt können auch andere sich anschließen. Und auf einmal hat man – hoffentlich – ein Momentum kreiert, und was vorher noch als sonderbarer Einzelfall wirkte, steckt andere an.

Es ist nur eine Minderheit von uns, die sich anschickt, die Welt zu verändern – aber diese Minderheit ist hochaktiv. Diejenigen unter uns, die sich politisch und gesellschaftlich engagieren, sind vielleicht nur wenige; aber sie haben das Zeug, eine Bewegung zu schaffen. Wir gründen soziale Unternehmen, die Kaffee, Schokolade und Kondome fair produzieren. Wir schreiben kritische Blogs, starten Onlinepetitionen und treten Twitter-Kampagnen los. Wir pflanzen Bäume, beziehen Ökostrom und ernähren uns vegetarisch oder vegan. Wir helfen in Flüchtlingsheimen in Kreuzberg und in Waisenheimen in Bolivien. Wir klagen vor dem Verfassungsgericht für das Wahlrecht für Jugendliche und schreiben Parteitagsanträge gegen Vorratsdatenspeicherung. Wir erdenken Konzepte für zukunftsfähige Weltklimaverträge und tanzen bei der Silent Climate Parade für den Klimaschutz. Wir protestieren beim G7-Gipfel mit Sitzstreiks für eine gerechte

Weltordnung und bei Blockaden in Kohlerevieren gegen die Zerstörung der Atmosphäre. Wir klammern uns an Botschaftszäune und legen Gräber vor dem Reichstag an, um für Menschenrechte zu demonstrieren. Engagement hat viele Gesichter.

Statt sich in Manifesten und Gegenmanifesten zu verrennen und in Trillerpfeifen zu pusten, machen wir die Welt ganz konkret und Stück für Stück ein klein wenig besser. Alte Schablonen passen nicht zu den vielfältigen neuen Formen des Engagements, das zu oft scheinbar unsichtbar unter der Oberfläche verläuft und sich nicht mehr in Parteibüchern messen lässt.

Vielleicht ist der Aufstand der Jungen längst da. Wir haben es nur noch nicht gemerkt.

Danksagung

Für dieses Buch habe ich mit vielen Menschen gesprochen. Zu ihnen zählen: Stefan Bach, Lars Castellucci, Sebastian Christ, Marcel Deister, Florian Drücke, Alexander Görlach, Yannick Haan, Markus Harder, Martin Hoefelmann, Christina Kampmann, Eva-Maria Kirschsieper, Lars Klingbeil, Bettina König, Lutz Mache, Lena-Sophie Müller, Bettina Munimus, Verena Pausder, Marcel Rasche, Jakob Rehof, Mathias Richel, Benjamin Rohé, Daniel Rousta, Bert Rürup, Carsten Schneider, Martin Speer, Philipp Steinberg, Jan Stöß, Michael ten Hompel, Henrik Tesch, Johanna Uekermann, Ole Wintermann. Der Titel »Alte-Säcke-Politik« ist inspiriert von der Antrittsrede von Johanna Uekermann beim Juso-Bundeskongress 2014.

Bildquellen

S. 30 / Abbildung 1
Tagesschau vom 24.08.2015

S. 46 / Abbildung 2
Shell-Jugendstudie 2015, Abb. 4.1

S. 48 / Abbildung 3
GLES (German Longitudinal Election Study, Vor- und Nachwahl-
Querschnitt (Kumulation), ZA5702, Lamers/Roßteutscher 2014

S. 64 / Abbildung 4
© Klaus Staeck

S. 67 / Abbildung 5 und 6
Eurostat 2013
Google 2015

S. 69 / Abbildung 7
OECD 2015

S. 70 / Abbildung 8
Akamai State of the Internet (Q3/2014)

S. 96 / Abbildung 9
ICILS 2013, S. 34

S. 122 / Abbildung 10
DIW 2015

S. 123 / Abbildung 11
OECD: Bildung auf einen Blick 2014. Paris 2014, S. 302 (Tab.B2.2)

S. 133 / Abbildung 12
Bundesinstitut für Bevölkerungsforschung, 2014;
Statistisches Bundesamt 2015

S. 137 / Abbildung 13
Deutsche Rentenversicherung

S. 164 / Abbildung 14
www.u18.org / www.bundeswahlleiter.de

Anmerkungen

1. bei der Pressekonferenz des Berlin-Instituts für Bevölkerung und Entwicklung am 12.5.2014
2. *Merkel über Athen-Krise: »Man muss auf Sicht fahren«*. FAZ.net, 30.6.2015-
3. bei Hart aber fair: *Altenrepublik Deutschland – werden die Jungen ausgeplündert?* Sendung vom 17.11.2014
4. Indikator »Median Age of Population«, vgl. UN Population Division: *World Population Prospects: The 2012 Revision*. http://esa.un.org/unpd/wpp/Excel-Data/population.htm
5. Der Anteil der Alten ab 60 Jahren wird bis 2030 auf 36,8 Prozent steigen und der Anteil der Jungen unter 20 auf 16,7 Prozent sinken, gegenüber 19,0 bzw. 25,6 Prozent im Jahr 2008 (Variante: Untergrenze der »mittleren« Bevölkerung). Vgl. Bundesinstitut für Bevölkerungsforschung: *Deutschland hat die älteste Bevölkerung in Europa*. Pressemitteilung vom 27.11.2013; Statistisches Bundesamt: *Die Bevölkerung Deutschlands bis 2060. 12. Koordinierte Bevölkerungsvorausberechnung*. Wiesbaden 2009, S. 39
6. *80-Jähriger erklimmt den Mount Everest*. AFP-Meldung vom 23.5.2013
7. *91-Jährige schafft nach Krebs Marathon-Rekord*. Welt Online vom 2.6.2014
8. Falkner, Markus: *Graue Schläfen – harte Tritte: Viele Senioren lernen Judo und Karate*. Morgenpost.de vom 2.2.2004
9. *Prozess: Opa-Gang gesteht Banküberfälle*. Spiegel Online vom 3.5.2005
10. Grimm, Bente et al.: *Auswirkungen des demographischen Wandels auf den Tourismus und Schlussfolgerungen für die Tourismuspolitik. AP 2, Teil 1: Trend- und Folgenabschätzung für Deutschland*. Berlin/München/Kiel 2009, S. 18, 24. Demnach stieg die Reisetätigkeit von 1972 bis 2003 um 91 Prozent (für die Altersgruppe 70plus) bzw. um 85 Prozent (60 bis 69 Jahre).
11. *Senioren besonders reisefreudig*. FAZ.net vom 15.2.2005
12. CLIA/DRV: *Der Hochseekreuzfahrtmarkt Deutschland 2014*. Hamburg 2015, S. 19-20

13. Schultz-Zehden, Beate: *Weibliche Sexualität in der zweiten Lebenshälfte – Ergebnisse einer empirischen Studie an Frauen zwischen 50 und 70 Jahren.* In: Sexuologie, 10 (2004) 2/3, S. 85-89; dies.: *Sexualität im Alter.* In: Aus Politik und Zeitgeschichte 4-5/2013, S. 53-56, hier: S. 54

14. Generali Zukunftsfonds & Institut für Demoskopie Allensbach: *Generali Altersstudie 2013. Wie ältere Menschen leben, denken und sich engagieren.* BpB-Schriftenreihe Band 1348: Bonn 2012, S. 32-34

15. Schwentker, Björn; Vaupel, James W.: *Eine neue Kultur des Wandels.* In: APuZ 10-11/2011, S. 3-10, hier: S. 5. Ihren subjektiven Gesundheitszustand beurteilen 36 Prozent der 75- bis 79-Jährigen heute als gut oder sehr gut – fast doppelt so viele wie noch 1985. Damals waren es nur 19 Prozent. Vgl. Generali Zukunftsfonds; Institut für Demoskopie Allensbach: *Generali Altersstudie 2013. Wie ältere Menschen leben, denken und sich engagieren.* BpB-Schriftenreihe Band 1348: Bonn 2012, S. 32-34. Dies bestätigt auch der Deutsche Alterssurvey. Demnach berichteten drei Alterskohorten (52-57, 58-63, 64-69) im Survey 2002 einen statistisch signifikant besseren subjektiven Gesundheitszustand als die gleichen Altersgruppen im Survey 1996 (also sechs Jahre frühere Geburtsjahrgänge). Für die anderen Alterskohorten (unter 51, über 69) liegt dieser Effekt nicht vor. DZA/Destatis/RKI: *Gesundheit und Krankheit im Alter. Beiträge zur Gesundheitsberichterstattung des Bundes.* Berlin 2009, S. 87-88

16. Grabka, Markus M.; Westermeier, Christian: *Anhaltend hohe Vermögensungleichheit in Deutschland.* DIW-Wochenbericht Nr. 9/2014, S. 151-165, hier: S. 160

17. BMAS: *Lebenslagen in Deutschland. Der Vierte Armuts- und Reichtumsbericht der Bundesregierung.* Berlin 2013, S. 121 und XXXVIII. Unter Sozialhilfe sind Leistungen nach SGB II zu verstehen.

18. Grabka, Markus M.; Frick, Joachim R.: *Weiterhin hohes Armutsrisiko in Deutschland: Kinder und junge Erwachsene sind besonders betroffen.* DIW-Wochenbericht Nr. 7/2010

19. Bundeswahlleiter: *Wahl zum 18. Deutschen Bundestag am 22. September 2013. Heft 4. Wahlbeteiligung und Stimmabgabe der Männer und Frauen nach Altersgruppen.* Wiesbaden 2014, S. 34

20. zit. n. Lau, Miriam: *Keiner weiß, wofür Angela Merkel wirklich steht.* Welt.de vom 9.4.2008

21. Oskar Niedermayer: *Parteimitglieder in Deutschland.* Version 2013. Arbeitshefte aus dem Otto-Stammer-Zentrum, Nr. 20. Berlin, Freie Universität Berlin 2013, S. 20. Das Durchschnittsalter liegt demnach bei CDU, CSU und SPD bei 59 Jahren, bei der Linken sogar bei 60 Jahren (2012).

22. Deggerich, Markus et al.: *Bizarre Situation.* Der Spiegel Nr. 36/2014, S. 36

23. http://www.igmetall.de/ausserbetriebliche-mitglieder-in-der-ig-metall-15996.htm

24. *In den Parlamenten haben die Alten das Sagen.* Welt Online, 12.11.2013

25. *Landtagspräsident Alois Glück kritisiert »Jugendfixierung« der Parteien,* ddp, 24.2.2005

26. FAS vom 11.3.2007, S. 4

27. Schmidt, Manfred G.: *Die Demokratie wird älter – Politische Konsequenzen des demographischen Wandels.* In: Alter und Altern, Heidelberg 2012, S. 163-184

28. Schmidt, Harald: *Kleiner Wahlkampfberater. Handreichungen für die Politkarriere.* Focus Nr. 5/2013, S. 23

29. Harald Wilkoszewski: *Age trajectories of social policy preferences. Support for intergenerational transfers from a demographic perspective.* MPIDR Working Paper WP-2009-034, November 2009

30. zitiert nach Soldt, Rüdiger: *Das Volk weiß es nicht besser.* FAZ. net, 19.2.2015

31. Göttinger Institut für Demokratieforschung: *Bürgerproteste in Deutschland. Zusammenfassung der Ergebnisse.* Göttingen 2013, S. 3; Marg, Stine et al.: *»Wenn man was für die Natur machen will, stellt man da keine Masten hin«. Bürgerproteste gegen Bauprojekte im Zuge der Energiewende.* In: Dies. (Hg.): *Die neue Macht der Bürger. Was motiviert die Protestbewegungen?* Bonn 2013, S. 92-136, hier: S. 97

32. WZB: *Befragung von Demonstranten gegen Stuttgart 21 am 18.10.2010.* Dokumentation der Pressekonferenz 27.10.2010, S. 3

33. Bonoli, Giuliano; Häusermann, Silja: *Who Wants What from the Welfare State? Socio-structural Cleavages in Distributional Politics: Evidence from Swiss Referendum Votes.* In: Tremmel, Jörg

(Hg.): *A Young Generation Under Pressure? The Financial Situation and the »Rush Hour« of the Cohorts 1970-1985 in a General Comparison.* Heidelberg 2011: 187-206

34. Netzwerk Kinderbetreuung Schweiz: *Abstimmung über den Familienartikel – wie weiter? Analyse des Abstimmungsresultates und Ausblick auf den politischen Handlungsspielraum.* Zofingen 2013, S. 9

35. beim Demografiekongress »Gut leben im Wandel« der Grünen Bundestagsfraktion, Deutscher Bundestag, 25.2.2013

36. SORA/ISA: *Analyse Volksbefragung Wehrpflicht 2013.* Wien 2013, S. 2f.

37. Beizler, Sabine: *Frank Henkel: »Keine einfach zu beantwortende Frage«.* tagesspiegel.de, 24.7.2015

38. zitiert nach Singer, Kurt: *Die Schulkatastrophe. Schüler brauchen Lernfreude statt Furcht, Zwang und Auslese.* Weinheim 2009, S. 31

39. Rund 46 Prozent der Lehrkräfte im Primarbereich und 48 Prozent der Lehrkräfte im Sekundarbereich waren 2012 mindestens 50 Jahre alt (OECD-Durchschnitt: 30 Prozent bzw. 36 Prozent). OECD: *Bildung auf einen Blick 2014. Ländernotiz Deutschland.* Ohne Ortsangabe, 2014, S. 10

40. Backes, Julia: *Spielplatz der Schande. Nachbars-Kinder müssen leider draußen bleiben.* bz-berlin.de, 15.7.2014

41. in Bad Sassendorf in Nordrhein-Westfalen. Vgl. Gaschke, Susanne: *Entspann dich, Alter!* Die Zeit Nr. 15/2011, S. 17-19

42. *Kinderlärm gleich Pressluftbohrer.* taz.de, 10.2.2011

43. *Ab 75 wird es gefährlich.* Auto Bild vom 2.5.2013

44. Gaschke, Susanne: *Entspann dich, Alter!* Die Zeit Nr. 15/2011, S. 17-19

45. E-Mail an den Autor von Florian Burgemeister, Wissenschaftlicher Referent der CDU-Bürgerschaftsfraktion, vom 21.12.2015

46. Sussebach, Henning: *Brunners letzte Fahrt.* Die Zeit Nr. 27/2015, S. 15-17

47. *Knappe Mehrheit der Bürger will Hotpants verbieten.* Zeit Online, 15.7.2015

48. Verwaltungsgerichtshof Baden-Württemberg: *Automatenvideothek bleibt an Sonn- und Feiertagen geschlossen.* Pressemitteilung vom 23.8.2011

49. *Streit um Rentengarantie: »Steinbrück sollte in Urlaub fahren«.* sueddeutsche.de 17.5.2010

50. bei der Tagung »Failing as Opportunity« der Alfred-Herrhausen-Gesellschaft am 21.4.2015 in Berlin

51. Wehner, Markus: *Die Front der »alten Säcke«*. faz.net, 8.10.2007

52. Schwarzer, Alice: *»Alice räche uns«*. Interview in: Der Spiegel Nr. 34/2011, S. 156-160

53. Münkler, Herfried: *Mißfelder und die Folgen: Wie funktionieren soziale Konflikte zwischen Jung und Alt?* Tagesspiegel vom 13.08.2003, S. 24

54. Bude, Heinz: *Bildungspanik. Was unsere Gesellschaft spaltet.* München 2011/2015, S. Kap. 6

55. Gronemeyer, Reimer: *Altwerden ist das Schönste und Dümmste, was einem passieren kann.* Hamburg 2014, S. 39, 84f., 64

56. GDV: *»Generation Mitte« 2015 – Studienergebnisse im Überblick.* Pressemitteilung, 2.9.2015; R+V: *Fremd und unkontrollierbar: Bedrohungen von außen jagen den Deutschen am meisten Angst ein.* Pressemitteilung, 3.9.2015; GfK-Umfrage: *Die Rückkehr der German Angst.* FAZ vom 16.12.2015

57. Münkler, Herfried: *Europa will sich nur freikaufen.* Die Welt vom 6.12.2015

58. Statistisches Bundesamt: *Nachhaltige Entwicklung in Deutschland. Indikatorenbericht 2014.* Wiesbaden 2014. Darin sind 16 von 38 Indikatoren als mit wenig Aussicht auf Zielerreichung aufgeführt.

59. Giesa, Christoph; Bednarz, Liane: *Gefährliche Bürger. Die neue Rechte greift nach der Mitte.* München 2015

60. Christ, Sebastian: *Warum ältere Menschen derzeit aus Deutschland einen Ort von Hass und Missgunst machen.* Huffington Post, 11.8.2015

61. BIM: *Deutschland postmigrantisch II. Einstellungen von Jugendlichen und jungen Erwachsenen zu Gesellschaft, Religion und Identität. Zweite aktualisierte Auflage.* Berlin 2015, S. 6-8

62. Bertelsmann-Stiftung: *Willkommenskultur in Deutschland. Ergebnisse einer repräsentativen Bevölkerungsumfrage in Deutschland. TNS Emnid im Auftrag der Bertelsmann Stiftung.* Gütersloh 2012, S. 3-7

63. Bertelsmann-Stiftung: *Religionsmonitor. Sonderauswertung Islam 2015. Die wichtigsten Ergebnisse im Überblick.* Berlin 2015, S. 9. Wörtlich: »Deutlich positiver ist das Islambild lediglich unter Jüngeren im Alter von 16 bis 25 Jahren. Bei dieser

Altersgruppe ist sowohl das Bedrohungsempfinden deutlich niedriger ausgeprägt als auch die Ansicht, dass der Islam nicht in die westliche Welt passt (...). Wir gehen davon aus, dass in jüngeren Generationen der Anteil, der mit Muslimen aufwächst und Muslime deshalb eher zu Deutschland zugehörig empfindet, zunimmt.«

64. *Umfrage: Mehrheit sieht Islam nicht als Teil Deutschlands.* Spiegel Online, 6.8.2014. Wörtlich: »So schlossen sich unter den 14- bis 29-Jährigen 61 Prozent der Auffassung an, der Islam gehöre zu Deutschland. ... über 60-Jährige (61 Prozent) ... stehen dem Islam (...) kritischer gegenüber.«

65. Vgl. dazu auch die eindeutigen Ergebnisse der Shell-Jugendstudie 2015.

66. ARD-Deutschlandtrend, Oktober 2015

67. Im Jahr 2015 gab es laut BKA mind. 789 Anschläge auf Flüchtlingsheime, davon 65 Brandstiftungen. Vgl. *789 Anschläge auf Flüchtlingsheime.* FAZ.net vom 9.12.2015

68. Müller-Dröge, Hans-Christian; Schrinner, Axel: *Germany's Boom under Threat.* global.handelsblatt.com, 3.6.2015

69. Dieses Zitat findet breite Verwendung, jedoch ist die ursprüngliche Quelle ungewiss. Möglicherweise beruht es auf einer Abwandlung aus Aristoteles' *Rhetorik:* »They [young people] have exalted notions, because they have not yet been humbled by life or learnt its necessary limitations; moreover, their hopeful disposition makes them think themselves equal to great things – and that means having exalted notions. They would always rather do noble deeds than useful ones: their lives are regulated more by moral feeling than by reasoning; [...] All their mistakes are in the direction of doing things excessively and vehemently. They disobey Chilon's precept by overdoing everything, they love too much and hate too much, and the same thing with everything else. They think they know everything, and are always quite sure about it; this, in fact, is why they overdo everything.« (*Rhetoric*, II, 1389.a31.)

70. Dieses Zitat wird Sokrates häufig zugeschrieben, ist jedoch unbelegt, da Sokrates' Arbeiten maßgeblich nur von seinem Schüler Platon aufgezeichnet wurden. Möglicherweise geht das Zitat auf eine Stelle in Platons *Staat* zurück, wo er Sokrates wie folgt die Auflösung der Rollenverteilung zwischen Alt und Jung kri-

tisieren lässt: »Und es bleibt nicht allein, fuhr ich fort, bei diesen Freiheitserscheinungen, sondern es ereignen sich auch noch andere Kleinigkeiten folgender Art: Der Lehrer fürchtet und hätschelt seine Schüler, die Schüler fahren den Lehrern über die Nase und so auch ihren Erziehern. Und überhaupt spielen die jungen Leute die Rolle der alten und wetteifern mit ihnen in Wort und Tat, während Männer mit grauen Köpfen sich in die Gesellschaft der jungen Burschen herbeilassen, darin von Possen und Späßen überfließen, ähnlich den Jungen, damit sie nur ja nicht als ernste Murrköpfe, nicht als strenge Gebieter erscheinen.« (Platon: *Der Staat*, Buch 8, Zf. 318.)

71. Schnibben, Cordt: *Eine heikle Zielgruppe.* Der Spiegel Nr. 38/1994, S. 58-63

72. Beyer, Susanne; Festenberg, Nikolaus von; Mohr, Reinhard: *Die jungen Milden.* Der Spiegel Nr. 28/1999, S. 94-103

73. Kramer, Bernd: *Umfrage zur Generation Y: Ungebildet? Unreif? Ohne Ziele?* Spiegel Online, 9.3.2015

74. im Gespräch mit dem Autor am 23.6.2015 in München

75. Römer, Jörg: *Sicherheit schlägt Einkommen.* Spiegel Online, 22.10.2014; vgl. vertiefend: Consulting cum laude GmbH: *Generation Y – Für Pauschalurteile viel zu bunt. Innere Antriebe, Einstellungen und Erwartungen einer Zielgruppe mit erheblichen Potenzialen.* München 2015

76. EY: *EY Studentenstudie 2014. Deutsche Studenten: Werte, Ziele, Perspektiven.* Hamburg 2014, S. 24; EY: *EY Studentenstudie 2014. In welche Branchen zieht es deutsche Studenten?* Hamburg 2014, S. 5-6

77. Jaksztat, Steffen; Schindler, Nora; Briedis, Kolja: *Wissenschaftliche Karrieren. Beschäftigungsbedingungen, berufliche Orientierungen und Kompetenzen des wissenschaftlichen Nachwuchses.* HIS Hochschul-Informations-System GmbH, Hannover 2010, S. 5

78. Spiewak, Martin: *So will doch keiner arbeiten!* Die Zeit Nr. 50/2014, S. 37

79. BMAS: *Kleine Anfrage der Abgeordneten Jutta Krellmann u.a. und der Fraktion DIE LINKE betreffend »Perspektiven junger Beschäftigter auf dem Arbeitsmarkt«. BT-Drs. 17/9285. (Antwort).* 15.5.2012, S. 9, 20

80. Allensbach; BdF; Axel Springer AG: *Chancengerechtigkeit durch*

Förderung von Kindern. Ein deutsch-schwedischer Vergleich. Hamburg 2012, S. 12

81. Deutsche Shell: *16. Shell-Jugendstudie.* Frankfurt am Main 2010, S. 346

82. Orth, Boris; Töppich, Jürgen: *Rauchen bei Jugendlichen und jungen Erwachsenen in Deutschland 2014. Ergebnisse einer aktuellen Repräsentativbefragung und Trends.* Bundeszentrale für gesundheitliche Aufklärung, Köln 2015, S. 10, 24-25; BzgA: *Der Alkoholkonsum Jugendlicher und junger Erwachsener in Deutschland 2012. Ergebnisse einer aktuellen Repräsentativbefragung und Trends.* Köln 2014, v.a. S. 72; UCL: *Survey examines changes in sexual behaviour and attitudes in Britain.* Press release, 26.11.2013; Slapper, Hannah: *Why is Generation Y having less sex?* theguardian.com, 18.3.2014

83. Keup, Thomas: *WTF ... suchen die Kinder in der Szene?* Blogpost auf www.gruendermetropole-berlin.de vom 17.5.2015

84. zitiert in: Weiguny, Bettina: *Generation Weichei.* FAZ.net vom 22.12.2012

85. Ware, Bronnie: *Fünf Dinge, die Sterbende am moisten bereuen.* München 2015, S. 107

86. Florin, Christiane: *Ihr wollt nicht hören, sondern fühlen.* Die Zeit Nr. 21/2012, S. 25

87. Florin, Christiane: *Wie die Generation »Gefällt mir« das Streiten verlernt.* Interview in sueddeutsche.de, 25.8.2014

88. Meyer, Axel: *Ehre und Ehrlichkeit der Studenten.* FAZ.net, 16.4.2015

89. http://cms.uni-konstanz.de/biologie/studium-biologie/bachelor/

90. BMBF: *Die wirtschaftliche und soziale Lage der Studierenden in Deutschland 2012. 20. Sozialerhebung des Deutschen Studentenwerks durchgeführt durch das HIS-Institut für Hochschulforschung.* Berlin 2012, S. 326, 330, 368

91. *Mieten im Städte-Vergleich: Die teuersten Uni-Städte Deutschlands.* Handelsblatt, 17.10.2013

92. BMBF 2012, a. a. O., S. 334

93. Bertram, Hans: *»Andere Gesellschaften sind lockerer.«* Interview in: Die Zeit Nr. 36/2014, S. 33

94. TNS Infratest: *Studierende in Deutschland.* Berlin 2013, S. 28f.

95. *Neue Studentengeneration: Hauptfach Egoismus.* Spiegel Online, 26.4.2014

96. TNS Infratest: *Studierende in Deutschland.* Berlin 2013, S. 30 und 4

97. Kaube, Jürgen: *Weckruf: Studenten, was geht?* FAZ.net, 17.7.2014

98. Deutsche Shell (Hg.): *Jugend 2015.* Frankfurt a. M. 2015, S. 24

99. Florin, Christiane: *Die gut gelaunten Resignierten.* In: Berliner Republik 6/2014, S. 6-8

100. Roßteutscher, Sigrid: *Wählen und Nichtwählen.* Vortrag bei der Tagung »Wahlen und Demokratie« der Friedrich-Ebert-Stiftung, Berlin, 11.5.2015

101. Hartmann, Michael: *»Der Zusammenhang zwischen Nichtwählen und sozialer Lage ist eindeutig«.* Interview in: tagesspiegel.de 25.6.2015

102. Deutsche Shell (Hg.): *Jugend 2015.* Frankfurt a.M. 2015, 2015, S. 23

103. *Drogenpolitik: Sprecher von CDU und Grünen fordern Cannabis-Freigabe.* Spiegel Online, 13.5.2015

104. vgl. z.B. Scholz, Christian: *Generation Z. Willkommen in der Arbeitswelt.* DerStandard.at, 6.1.2012

105. Adams, Douglas: *How to Stop Worrying and Learn to Love the Internet.* Sunday Times, 29.8.1999, zitiert nach Rosenberg, Scott: *Say Everything: How Blogging Began, What It's Becoming, and Why It Matters.* New York 2009, S. 388, eigene Übersetzung

106. Postman, Neil: *Wir amüsieren uns zu Tode. Urteilsbildung im Zeitalter der Unterhaltungsindustrie.* New York 1985

107. zitiert nach Stuttgarter Zeitung vom 24.12.2005, S. 35ff.

108. »Bildschirmmedien machen dick, unaufmerksam, senken die Leistung in der Schule und führen zu mehr Gewalt in der realen Welt. Wer das anzweifelt, hat entweder die wissenschaftlichen Studien dazu nicht gelesen oder lügt. Das muss man zunächst einmal festhalten. Es ist einfach so, wie ich gerade eben gesagt habe.« Hessischer Landtag: Öffentliche Anhörung zum Jugendmedienschutz. Stenografisches Protokoll, Wiesbaden 2011, S. 39

109. Spitzer, Manfred: *Digitale Demenz. Wie digitale Medien uns und unsere Kinder um den Verstand bringen.* München. 2012, S. 325

110. Spitzer, Manfred: *»Wir müssen unsere Kinder schützen«.* Handelsblatt-Interview, 7.11.2015

111. Appel, Marcus; Schreiner, Constanze (2015). *Leben in einer digitalen Welt: Wissenschaftliche Befundlage und problematische*

Fehlschlüsse. Stellungnahme zur Erwiderung von Spitzer (2015). In: Psychologische Rundschau, 66, S. 119-123; Appel, Markus; Schreiner, Constanze (2014). *Digitale Demenz? Mythen und wissenschaftliche Befundlage zur Auswirkung von Internetnutzung.* In: Psychologische Rundschau, 65, S. 1-10.

112. Interview mit Hans-Peter Their und Michael Madeja: *Digitale Demenz? Von wegen!* Welt Online, 2.1.2013

113. Schaumburg, Heike et al.: *Lernen in Notebook-Klassen. Endbericht zur Evaluation des Projekts »1000mal1000: Notebooks im Schulranzen«. Analysen und Ergebnisse.* Bonn 2007, S. 120f.

114. BITKOM: *Jung und vernetzt. Kinder und Jugendliche in der digitalen Gesellschaft.* Berlin 2014, S. 15f.; ähnlich auch: Medienpädagogischer Forschungsverbund Südwest: *JIM 2011. Jugend, Information, (Multi-) Media. Basisstudie zum Medienumgang 12- bis 19-Jähriger in Deutschland.* Stuttgart 2011

115. Vgl. zu diesem Themenkomplex ausführlich: Dittmayer, Matthias: *stigma-videospiele. Hintergründe und Verlauf der Diskussion über gewaltdarstellende Videospiele in Deutschland.* Ohne Ortsangabe, 2014

116. Meiritz, Annett: *Abgeordnete über Computer: »Diese moderne Technik ist etwas ganz Schlimmes«.* Spiegel Online, 12.8.2014

117. BMFSFJ: *Medien und Gewalt. Befunde der Forschung 2004-2009. Kurzfassung.* Berlin 2010, S. 10; Ferguson, Christopher J.; Kilburn, John: *The Public Health Risks of Media Violence: A Meta-Analytic Review.* The Journal of Pediatrics, May 2009, Volume 154, Issue 5, Pages 759–763; siehe auch Appel & Schreiner, a. a. O.

118. te Wildt, Bert: *Internetabhängigkeit und ihre Folgen für uns und unsere Kinder.* München 2015

119. Dreier, Michael et al.: *Studie über das Internetsuchtverhalten von europäischen Jugendlichen.* Mainz 2013

120. Bitkom-Studie, 2014, a. a. O.

121. DIVSI: *DIVSI U9-Studie: Kinder in der digitalen Welt.* Hamburg 2015, S. 62

122. Deutsche Shell (Hg.): *Jugend 2015.* Frankfurt a. M. 2015, S. 24

123. Laut Studie »Exzessive Internetnutzung in Familien« im Auftrag des Bundesfamilienministeriums besteht bei 6 Prozent der Familien suchtartiges Verhalten der Kinder, wobei »Sucht« als 4 Stunden Internet pro Tag definiert wird. Das sind zwar immer

noch 6 Prozent zu viel, aber die Jugendlichen geraten dabei laut Bericht nicht in die soziale Isolation, sondern flüchten zum Computer als letzten Zufluchtsort in einem schwierigen sozialen und familiären Umfeld. Das Internet blockiert dabei nicht sozialen Austausch, sondern ermöglicht und verstärkt ihn eher. Restriktive Erziehungsmethoden würden die Situation daher eher verschlimmern. BMFSFJ: *EXIF – Exzessive Internetnutzung in Familien. Zusammenhänge zwischen der exzessiven Computer und Internetnutzung Jugendlicher und dem (medien-)erzieherischen Handeln in den Familien.* Berlin 2012. Vgl. auch die DVSI-U9-Studie (2015, a. a. O.), wonach die Souveränität der Eltern in digitalen Medien mit der ihrer Kinder korreliert und auch in Haushalten ohne reglementierte Mediennutzung die Kinder kaum mehr Computer spielen als andere.

124. Enzensberger, Hans Magnus: *Wehrt Euch!* FAZ.net vom 28.2.2014

125. Vgl. die Kritik von Markus Beckedahl, https://netzpolitik. org/2014/hans-magnus-enzensberger-ruft-zum-widerstand-auf/

126. Vgl. Hanasch, David: *Die intellektuelle Elite weiß nichts vom Internet.* tagesspiegel.de, 4.6.2009; Wissenschaftliche Dienste des Deutschen Bundestags: *Das Für und Wider der urheberrechtlichen Diskussion im Zusammenhang mit dem »Heidelberger Appell«.* Berlin 2009

127. Günter Grass: »Facebook ist Scheißdreck«. Der Tagesspiegel, 4.9.2013

128. Horx, Matthias: *Der kurze Sommer der @narchie. Die tragischen Irrtümer von www.wolkenkuckucksheim.* Welt Online, 24.3.2001

129. Heinemann, Gerrit: *Amazon – Vorbild oder Bösewicht?* Huffington Post, 16.2.2015

130. Schütte, Christian DuMont: »In zehn Jahren ist Google tot«. Interview in FAZ.net, 27.8.2007

131. Staeck, Klaus: *Klaus Staeck über die Gefahr der »Blogorrhoe«.* tagesspiegel.de, 22.10.2009

132. OECD: *Government at a Glance 2015.* Paris 2015, S. 147

133. DIVSI: *DIVSI Milieu-Studie zu Vertrauen und Sicherheit im Internet – Aktualisierung 2013.* Hamburg 2015, S. 3

134. mindestens gelegentliche Nutzung: 42,9 Prozent der Befragten ab 60 Jahre, 100 Prozent von 14 bis 19 Jahren, laut ARD/ZDF-

Onlinestudie 2013. Laut Shell-Jugendstudie 2015 (S. 18) sind 99 Prozent der Jugendlichen online.

135. Müller, Peter; Supp, Barbara: *Kommt 'ne Frau zur CDU ...* Der Spiegel Nr. 25/2015, S. 56-60, hier: S. 57

136. Eurostat: *Niveau der Internetkenntnisse von Personen. Prozentanteil der gesamten Bevölkerungsgruppe der 16-74 Jährigen (Code: tsdsc470).* 2014, abrufbar unter http://ec.europa.eu/eurostat/tgm/mapData.do?toolbox=data&tab=map&plugin=1&pcode=tsdsc470&language=de&r=1452681597435

137. Studie des Kassler Marktforschungsinstituts Crisp Research, zitiert nach: *Digital Loser statt Leader: Nur jeder 12. Manager in Deutschland fit für digitale Transformation,* blog.wiwo.de, 1.10.2015

138. Nach einer Umfrage im Auftrag des Bundesforschungsministeriums sehen 39 Prozent der Deutschen ab 16 Jahren den Veränderungen »eher mit Befürchtungen entgegen«. Demnach sehen nur 16 Prozent der 45- bis 59-Jährigen und nur 10 Prozent der Über-60-Jährigen die Digitalisierung positiv. Vgl. Nestler, Ralf: *Umfrage: Die Deutschen haben Angst um private Daten.*tagesspiegel.de vom 18.2.2014

139. D21: *D21-Digital-Index 2014. Die Entwicklung der digitalen Gesellschaft in Deutschland.* Berlin 2015, S. 11

140. Fibre to the Home Council Europe: *Creating a Brighter Future.* Stockholm, 19.2.2014. Die Darstellungsgrenze liegt bei 1 Prozent.

141. Lobo, Sascha: *Ein digitalpolitisches Armutszeugnis.* Spiegel Online, 17.9.2013

142. laut ARD-Magazin »Plusminus«, Oktober 2014

143. *DSL-Studie: Deutschland hinter Rumänien und Russland.* CHIP. de, 29.1.2014; Akamai: *The State of the Internet.* Q3 2014

144. Akamai: *The State of the Internet.* Q3 2014

145. Dörner, Stephan: *Deutsche zahlen gewaltig für winziges Datenvolumen.* Welt Online, 22.5.2015

146. Lobo, Sascha: *Digitale Agenda: Merkels Drohung mit der Breitband-Strategie.* Spiegel Online, 3.6.2015

147. 2014: 4,4 Milliarden; 2015: 9 Milliarden; steigen bis 2030 auf 11 Milliarden jährlich. Vgl. BMAS: *Fragen und Antworten zum Rentenpaket.* Berlin 2013, S. 2

148. Deutsche Bank Research: *Fortschritt braucht Breitband. Private*

Investitionen benötigen mehr staatliche Impulse. Aktuelle Themen, 31.7.2014

149. DIHK: *Industriestandort Deutschland: Risse im Fundament. DIHK-Umfrage im Netzwerk Industrie 2014.* Berlin 2014, S. 4 und 8

150. IT-Planungsrat: *Zukunftspfade Digitales Deutschland 2020.* Ohne Ort, 2013, S. 28f.

151. eco: *Verbreitung und Nutzbarkeit von WLAN, WLAN-Zugangspunkten sowie öffentlicher Hotspots in Deutschland.* Berlin 2014, S. 10

152. Stöcker, Christian: *Günther Oettingers Netzkompetenz: Der Digitalkommissar und die Dummheit.* Spiegel Online, 30.9.2014

153. Beckedahl, Markus: *Günther Oettinger: »Man will den Sozialismus durch die Tür der Neutralität einführen.«* Netzpolitik.org, 4.6.2015

154. *Oettinger nennt Befürworter »Taliban-artig«.* wiwo.de, 11.3.2015

155. *Oettinger gegen schnelles Ende von Geoblocking.* FAZ.net, 30.3.2015

156. persönliche Gespräche des Autors mit Bodo Ramelow am 20.6.2015 und mit Malu Dreyer am 8.5.2015

157. BMWi: *Monitoring-Report Wirtschaft Digital.* Berlin 2015, S. 8f.

158. Bitkom: *E-Government-Nutzung kommt nur schleppend voran.* Pressemitteilung vom 19.10.2015

159. Stiftung Neue Verantwortung: *Offene Daten ohne Deutschland: Der G7-Gipfel und der steinige Weg zu mehr Transparenz.* Pressemitteilung vom 4.6.2015

160. zitiert nach Bundesverband Deutsche Startups: *Digitale Agenda = Startup Agenda?* Berlin 2014, S. 4

161. Deutscher Bundestag: *Antwort der Bundesregierung.* Drks. 18/1266, 29.4.2014, S. 3

162. World Bank Group: *Doing Business 2015. Going Beyond Efficiency. Economy Profile 2015: Germany.* Washington D. C. 2014, S. 11, 18-23; European Commission: *Flash Eurobarometer, Die Jugend Europas im Jahr 2014,* S. 1, abrufbar unter http://www.europarl.europa.eu/pdf/eurobarometre/2014/youth/fl395_cu ropean_youth_in_2014_de_de.pdf

163. World Economic Forum: *The Global Competitiveness Report 2014–2015.* Geneva 2014, S. 190f.

164. bei der C-Night 2015 in Berlin

165. zitiert nach: Roland Berger; BDI: *Die digitale Transformation der Industrie.* Berlin/München 2015, S. 17

166. BDI-Umfrage zitiert in Buhr, Daniel: *Soziale Innovationspolitik für die Industrie 4.0.* WISO Diskurs, April 2015, S. 12

167. IW: *IW-Strukturbericht: Offenheit siegt.* Pressemitteilung vom 16.11.2015

168. VDMA: *VDMA-Studie: Chancenthema Industrie 4.0.* Pressemitteilung vom 12.10.2015: »Bei der Umsetzung von Technologie-Projekten halten sich rund 47 Prozent der Unternehmen hingegen zurück.«

169. IDC-Umfrage zitiert nach ELAN 1/2015, S. 7

170. Roland Berger; BDI: *Die digitale Transformation der Industrie.* Berlin/München 2015, S. 27, 30f.

171. Abolhassan, Ferri: *Das passiert, wenn Unternehmen die digitale Revolution verschlafen.* Focus Online, 30.7.2015

172. IMD/Cisco: *Digital Vortex. How Digital Disruption Is Redefining Industries.* Global Center for Digital Business Transformation, 2015, p. i

173. A.T. Kearney: *Europäische Hightech-Industrie verliert weiter an Relevanz.* Pressemitteilung vom 21.2.2014

174. Roland Berger & BDI: *Die digitale Transformation der Industrie.* Berlin/München 2015, S. 43f.

175. Zeitraum 2004-2014. IW: *Innovationen brauchen Freiheit. Wie gründungsfreundlich ist Deutschland?* Köln 2015, S. 5; IfM – Institut für Mittelstandsforschung: *Gründungen und Liquidationen im gewerblichen Bereich.* Bonn 2015, vgl. http://www.ifm-bonn.org/

176. KfW Research: *KfW-Gründungsmonitor 2015. Gründungstätigkeit nimmt zu – Freiberufliche Tätigkeitsfelder dominieren.* Frankfurt am Main 2015

177. Kollmann, Tobias: *Deutschland braucht einen Masterplan.* Manager Magazin, 23.12.2014

178. *Nokia-Reaktion auf Apples iPhone: »Wir haben ein Jahr Vorsprung«.* Spiegel Online, 10.1.2007

179. *Vier Internet-Riesen stecken 30 Dax-Firmen in die Tasche.* DasInvestment.com, 8.12.2014

180. DZ Bank: *Angst überlagert Chancen der Digitalisierung im Mittelstand.* Pressemitteilung, 11.9.2014

181. IMD/Cisco: *Digital Vortex. How Digital Disruption Is Redefining Industries.* Global Center for Digital Business Transformation, 2015

182. beim »Disput\Berlin! 2014 – Deutschland verschläft die Zukunft«, FAZ Forum, Berlin, 16.10.2014

183. Hansen, Eric T.: *Euer Ende ist nah.* Die Zeit Nr. 41/2015

184. Roland Berger; BDI: *Die digitale Transformation der Industrie.* Berlin/München 2015, S. 21

185. Interview mit Tim Renner in der Süddeutschen Zeitung vom 26.7.2014

186. Interview mit Reed Hastings: *»ARD und ZDF braucht kein Mensch.«* FAZ, 10.5.2015

187. *ZDF-Vermarkter kritisiert Privatsender: »Melken des Apparats ist zur Strategie geworden«.* Interview auf Meedia.de, 10.4.2015

188. ZDF-Presseportal: *»Lahme Zoten, Wahn um Quoten: Fehlt dem ZDF der Mut?«.* Pressemeldung, Mainz, 19.08.2013; ARD-Pressestelle: *Konzentration, Profilierung, Kooperation – ARD schlägt grundlegende Reform der Digitalkanäle vor.* Pressemeldung, 15.4.2013

189. Fichter, Alina: *Anders sehen.* Die Zeit Nr. 22/2013

190. 190. Heinemann, Gerrit: *»Die digitale Lüge«,* unter http://etailment.de/thema/player/Gerrit-Heinemann-Die-digitale-Luege--3068, 13.5.2015

191. Domscheit-Berg, Anke: *Autos und Häuser – ausdrucken nicht vergessen.* In: manager-magazin.de, 19.6.2015

192. Fuest, Benedikt: *»Deutschland ist nur bedingt auf der Höhe der Zeit«.* Welt Online, 26.7.2015

193. Frost, Simon: *Wie die Regierung die 4. industrielle Revolution blockiert.* tagesspiegel.de, 28.5.2015

194. Roland Berger; BDI: *Die digitale Transformation der Industrie.* Berlin/München 2015, S. 21

195. bei der Netzkonferenz re:publica 2013

196. Doll, Nikolaus: *Was Daimler sich bei Latina-Köchinnen abguckt.* Welt Online, 27.1.2016

197. PwC: *Spotlight on Automotive. PwC Semiconductor Report.* PwC 2013, S. 12

198. Eckl-Dorna, Wilfried: *Wie Tesla deutschen Autobauern zusetzt.* manager-magazin.de, 14.7.2015

199. beim RWE-Talk in Berlin am 16.6.2015

200. ARD: Die Story im Ersten: Das Märchen von der Elektro-Mobilität. 10.8.2015

201. http://www.mckinsey.de/elektromobilitaet

202. Fasse, Markus: *A Well-Oiled Machine*. Handelsblatt Global Edition, 23.7.2015

203. Kraftfahrzeugbundesamt: *Der Fahrzeugbestand am 1. Januar 2015*. Pressemitteilung vom 25.2.2015

204. *Neuwagen-Käufer so alt wie noch nie*. FAZ.net, 26.8.2013

205. Umfrage der Unternehmensberatung Capgemini anlässlich der IAA 2015. Demzufolge können sich 65 Prozent der 18- bis 34-Jährigen, aber nur 26 Prozent der Über-50-Jährigen vorstellen, ein Auto von Google oder Apple zu kaufen.

206. IWH: *Die Abwrackprämie – Wer zahlt die Zeche?* Pressemitteilung Nr. 29/2009

207. ARD: *Die Story im Ersten: Das Märchen von der Elektro-Mobilität*. 10.8.2015

208. *Die Schreibschrift soll erhalten bleiben*. tagesspiegel.de, 12.3.2015

209. Siehe dazu den brillanten Blogeintrag von Sandra Schön, https://sansch.wordpress.com/2015/03/27/das-informatik-schulbuch-meiner-tochter-werft-es-endlich-weg/

210. Heinen, Richard: *»Bring Your Own Device«: Bildungsgerechtigkeit 2.0?* Interview auf Politik-digital.de, 5.1.2015; Bär, Dorothee: *Macht das Internet dumm?* Beitrag für 20zwoelf.de

211. Bos, Wilfried; Eickelmann, Birgit; Gerick, Julia: *ICILS 2013 auf einen Blick. International Computer and Information Literacy Study. Presseinformationen zur Studie und zu zentralen Ergebnissen.* Münster 2014, S. 34; vgl. auch: Friedmann, Jan: *Internationale Vergleichsstudie: Jeder fünfte Schüler kann nicht mit Computern umgehen.* Spiegel Online, 20.11.2014

212. https://www.schulstart.de/blog/digitale-bildung-machen-statt-reden/news/819

213. vgl. Bos et al. 2014, a. a. O.

214. Bankenverband: *Jugendstudie 2015*. interesse 4/2015, S. 5 (67 Prozent für Schulfach Wirtschaft, 5 Prozent: bereits vorhanden); Bitkom: *Schüler wünschen sich ein Pflichtfach Informatik*. Pressemitteilung vom 20.1.2015 (75 Prozent für Pflichtfach Informatik)

215. *Lehrerverband warnt vor »totaler Zwangsdigitalisierung«*. Interview in Deutschlandradio, 25.2.2015

216. OECD: *PISA 2009 Results. Executive Summary*. Paris 2010, S. 8

217. Initiative D21: *Medienbildung an deutschen Schulen. Handlungsempfehlungen für die digitale Gesellschaft*. Berlin 2014, S. 22

218. Platzek, Ilka: *Stadt hält Internet an Schulen für unbedenklich.* RP Online, 22.4.2015

219. Sonnleitner, Martin: *Hamburg legt Pläne für WLAN an Schulen auf Eis.* SHZ.de, 29.11.2014

220. »Considering the very low exposure levels and research results collected to date, there is no convincing scientific evidence that the weak RF signals from base stations and wireless networks cause adverse health effects.« WHO: *Electromagnetic fields and public health,* abrufbar unter http://www.who.int/peh-emf/publications/facts/fs304/en/

221. BfS, Brief an den Autor, 1.6.2015

222. LBS: *Mobile Kommunikation im Kinderzimmer auf dem Vormarsch.* Pressemitteilung, 2.3.2015. Ganz ähnlich auch: Bitkom: *Jung und vernetzt. Kinder und Jugendliche in der digitalen Gesellschaft.* Berlin 2014

223. Bitkom, 2014, a. a. O.

224. Curtis, Sophie: *Web-savvy kids more ›resilient‹ to online threats.* The Telegraph Online, 15.10.2014

225. Joost, Gesche: »Die Agenda ist zu wenig visionär.« Interview in: Die Welt, 19.10.2014, S. 6

226. Ausgabe 4./5./6. September 2015

227. Meister, André: *CloudFlare: Deutscher Bundestag bezieht schon wieder Internet von US-Anbietern, diesmal für die eigenen Webseiten.* Netzpolitik.org, 22.6.2015

228. zitiert in Müller, Ann-Katrin; Neubacher, Alexander: *Die Chancenlüge.* Der Spiegel Nr. 20/2015, S. 66-73, hier: S. 67

229. Piketty, Thomas: *Das Kapital im 21. Jahrhundert.* München 2014, S. 501; ders.: »Die politische Architektur der EU ist ein Monster«. Interview in Zeit Online, 25.6.2014

230. Bos, Wilfried et al.: *IGLU 2006. Lesekompetenzen von Grundschulkindern in Deutschland im internationalen Vergleich. Zusammenfassung.* Handout zur Pressekonferenz in Berlin, 28.11.2007, S. 19

231. BMBF: *Die wirtschaftliche und soziale Lage der Studierenden in Deutschland 2012. 20. Sozialerhebung des Deutschen Studentenwerks durchgeführt durch das HIS-Institut für Hochschulforschung. Auszug.* Bonn/Berlin 2012, S. 8

232. Bertelsmann-Stiftung: *Ausgaben für Nachhilfe – teurer und unfairer Ausgleich für fehlende individuelle Förderung.* Gütersloh 2010, S. 7ff.

215

233. Precht, Richard David: *Anna, die Schule und der liebe Gott. Der Verrat des Bildungssystems an unseren Kindern.* München 2013, S. 70

234. Stifterverband; McKinsey: *Hochschul-Bildungs-Report 2020.* Berlin 2015, S. 36-39

235. Quenzel, Gudrun; Hurrelmann, Klaus: *Bildungsverlierer. Neue Ungleichheiten.* Frankfurt am Main 2010, S. 11

236. Quenzel und Hurrelmann 2010, a. a. O., S. 28; Deutsche Shell 2015, a. a. O., S. 14

237. OECD: *OECD-Papier: Einkommensungleichheit beeinträchtigt das Wirtschaftswachstum.* Pressemitteilung vom 9.12.2014

238. OECD: *OECD-Sozialbericht: Einkommensungleichheit in Deutschland im Mittelfeld, Vermögensungleichheit hoch.* Pressemitteilung vom 21.5.2015

239. Vortrag von Marcel Fratzscher bei der Berliner Mittwochsgesellschaft am 6.5.2015

240. unicef: *Reiche, kluge, glückliche Kinder? Der UNICEF-Bericht zur Lage der Kinder in Deutschland 2013. Zusammenfassung.* Ohne Ortsangabe, 2013, S. 1

241. Bertelsmann-Stiftung: *Kinder- und Familienarmut. Lebensumstände von Kindern in der Grundsicherung.* Gütersloh 2015, S. 11-17

242. Müller, Ann-Katrin; Neubacher, Alexander: *Die Chancenlüge.* Der Spiegel Nr. 20/2015, S. 66-73, hier: S. 69

243. Die Tafel: *Zahlen & Fakten.* http://www.tafel.de/die-tafeln/zahlen-fakten.html (2014)

244. vgl. Bertelsmann-Stiftung: *Armutsgefährdete Kinder sind materiell unterversorgt und sozial benachteiligt.* Pressemitteilung vom 10.5.2015

245. Grabka, Markus; Göbel, Jan: *Rückgang der Einkommensungleichheit stockt.* DIW-Wochenbericht Nr. 46/2013a, S. 13-23; vgl. auch Schnitzlein, Daniel D.: *Wenig Chancengleichheit in Deutschland: Familienhintergrund prägt eigenen ökonomischen Erfolg.* DIW-Wochenbericht Nr. 4/2013, S. 3-9

246. Plickert, Philip: *»Die Senioren haben mehr als die Jüngeren«,* FAZ.net, 22. April 2008

247. Braun, Reiner: *Erben in Deutschland.* Wirtschaftsdienst Nr. 10/2011, S. 724-726; DIA – Deutsches Institut für Altersvorsorge (Hg.): *Erben in Deutschland bis 2020. Gefälle zwischen Ost und West.* Presseinformation, Berlin, 15.6.2011

248. DIA (Deutsches Institut für Altersvorsorge): Erben in Deutschland bis 2020. Gefälle zwischen Ost und West. Presseinformation, 15.6.2011

249. Rollhäuser, Lorenz: *Feudales Relikt und gehütetes Privileg.* Deutschlandradio Kultur, 15.6.2015

250. Bach, Stefan: *Vermögensbesteuerung in Deutschland: Eine Ausweitung trifft nicht nur Reiche.* DIW-Wochenbericht Nr. 30/2009, S. 478-486, hier: S. 478

251. IMF (International Monetary Fund): *Taxing Times. Fiscal Monitor.* Washington D. C. 2013, p. viii; OECD: *Divided We Stand: Why Inequality Keeps Rising.* Paris 2011, Presseinformation, S. 4; OECD: *Economic Surveys – Germany. Overview.* Paris 2014, S. 5

252. Vgl. auch: Prognos: *Endbericht: Gesamtevaluation der ehe- und familienbezogenen Maßnahmen und Leistungen in Deutschland.* Berlin 2014, Ziffern 245, 248, 253

253. beim »Disput\Berlin! 2014 – Deutschland verschläft die Zukunft«, FAZ Forum, Berlin, 16.10.2014

254. beim Fachgespräch »Öffentlich-Private Preistreiberei?« am 20.4.2015 im Deutschen Bundestag

255. Fratzscher, Marcel: »*Deutschland lebt von der Substanz*«. Interview in: manager-magazin.de, 24.6.2013; Bach, Stefan: *Staatsverschuldung und gesamtwirtschaftliche Vermögensbilanz: Öffentliche Armut, privater Reichtum.* In: DIW-Wochenbericht Nr. 50/2010, S. 2-8, hier: S. 8

256. KfW: *KfW-Kommunalpanel 2015. Unterschiede zwischen den Kommunen nehmen zu.* Pressemitteilung vom 29.5.2015

257. Bundesrechnungshof: *Bericht an den Haushaltsausschuss des Deutschen Bundestages nach § 88 Abs. 2 BHO über die Erhaltungsbedarfsprognose im Bundesfernstraßenbau.* Bonn 2015, S. 3-6

258. Arndt, Wulf-Holger et al.: *Kommunale Straßenbrücken – Zustand und Erneuerungsbedarf.* Deutsches Institut für Urbanistik: Difu-Impulse Bd. 6/2013, S. 13

259. Doll, Nikolaus: *Deutschland lässt seine Gleise verrotten.* Welt Online, 2.7.2015

260. Fratzscher, Marcel: *Vorstellung Bericht der Expertenkommission* »*Stärkung von Investitionen in Deutschland*«. Berlin, 13.4.2015

261. Heilmann, Dirk; Rürup, Bernd: *The Make or Break Decade.* Handelsblatt Global Edition, Online, 3.7.2015

262. Bofinger, Peter: *Generationengerechtigkeit und gesamtwirtschaftliche Ersparnis.* Vortrag, Deutscher Bundestag, 21.5.2014

263. Vortrag von Marcel Fratzscher bei der Berliner Mittwochsgesellschaft am 6.5.2015

264. BMAS: *Lebenslagen in Deutschland. Der Vierte Armuts- und Reichtumsbericht der Bundesregierung.* Berlin 2013, S. XX. Dies gilt sowohl gemessen am Bruttoinlandsprodukt als auch pro Schüler.

265. Kaube, Jürgen: *Keine Rede von den Studenten.* FAZ.net, 17.10.2014

266. Statistisches Bundesamt: *Bildungsfinanzbericht 2014.* Wiesbaden 2014, S. 48

267. Interview mit Beate Schücking: »Das wird uns Höllenqualen aussetzen«. Die Zeit Nr. 9/2014, S. 34

268. Im Jahr 2012 betrug der Anteil lediglich 9,0 Prozent. Aktuellere Zahlen liegen noch nicht vor. Vgl. Antwort des Parlamentarischen Staatssekretärs Stefan Müller vom 6. Februar 2015 an Kai Gehring MdB, BT-Drks. 18/4044, S. 65f.

269. GEW: *Bildungsfinanzierung für das 21. Jahrhundert. Finanzierungsbedarf der Bundesländer zur Umsetzung eines zukunftsfähigen Bildungssystems.* Frankfurt a. M. 2011, S. 114

270. Wößmann, Ludger; Piopiunik, Marc: *Was unzureichende Bildung kostet.* Bertelsmann 2009, S. 44

271. Streit, Matthias: *Kita-Gipfel ohne Kita-Betreiber.* Wirtschaftswoche, 7.11.2014

272. Müller, Ann-Katrin: *Verschobenes Qualitätsgesetz: Frust über Schwesigs Kita-Rückzieher.* Spiegel Online, 28.7.2014; Lehmann, Anne: *Am Ende vielleicht nur Verlierer.* taz.de, 6.5.2015

273. Bund, Kerstin: *Wer hilft ihm auf die Welt?* Die Zeit Nr. 28/2015, S. 14

274. Benz, Tobias; Hagist, Christian; Raffelhüschen, Bernd: *Ausgabenprojektion und Reformszenarien der Beamtenversorgung in Deutschland. Studie im Auftrag des Bundes der Steuerzahler Deutschland.* Berlin 2011, S. 156-159

275. Döhrn, Roland; Gebhardt, Heinz: *Die fiskalischen Kosten der Finanz- und Wirtschaftskrise.* IBES-Diskussionsbeiträge #198 (2013), zitiert nach Greive, Martin: *Finanzkrise kostet Deutschland 187 Milliarden.* Welt Online, 3.4.2013

276. siehe http://www.bundeshaushalt-info.de

277. ifo-Institut: *Der Haftungspegel – die Rettungsmaßnahmen für die Euroländer und die deutsche Haftungssumme*. Stand: 8.5.2015

278. Süßmuth, Bernd; von Weizsäcker, Robert K.: *Institutional determinants of public debt*. In: Tremmel, J. (Hg.): Handbook of Intergenerational Justice. Cheltenham 2006, S. 170-184; Scherf, Wolfgang: *Politische Ursachen und Möglichkeiten einer konstitutionellen Begrenzung der staatlichen Verschuldung*. In: Staatswissenschaften und Staatspraxis Nr. 3/1996, S. 365f.; Stalder, Inge: *Staatsverschuldung in der Demokratie: eine polit-ökonomische Analyse*. Frankfurt am Main 1997

279. Schreiber, Wilfrid: *Existenzsicherheit in der Industriellen Gesellschaft. Unveränderter Nachdruck des »Schreiber-Planes« zur dynamischen Rente aus dem Jahr 1955*. BKU-Diskussionsbeiträge 18 (2004), S. 19 und 36, leicht und sinnwahrend verändert durch den Autor

280. bei der Pressekonferenz des Berlin Instituts für Bevölkerung und Entwicklung, 26.5.2014

281. Statistisches Bundesamt: *Bevölkerung Deutschlands bis 2060. 13. koordinierte Bevölkerungsvorausberechnung*. Wiesbaden 2015, S. 44; vgl. auch Bertelsmann-Stiftung: *Zuwanderungsbedarf aus Drittstaaten in Deutschland bis 2050. Szenarien für ein konstantes Erwerbspersonenpotenzial – unter Berücksichtigung der zukünftigen inländischen Erwerbsbeteiligung und der EU-Binnenmobilität*. Gütersloh 2015

282. BCG: *Arbeitskräftemangel in 2030 birgt große Gefahr für Wohlstand und Wachstum*. Pressemitteilung, 29.5.2015

283. Statistisches Bundesamt: *Arbeitsproduktivität in Deutschland seit 1991 um 22,7 Prozent gestiegen*. Pressemitteilung, 30.4.2012; dass.: *Inlandsproduktsberechnung. Arbeitsproduktivität, Durchschnittslöhne und Lohnstückkosten nach Wirtschaftbereichen – Stundenkonzept*. Wiesbaden 2015 (www.destatis.de)

284. Berlin-Institut für Bevölkerung und Entwicklung: *Die Zukunft des Generationenvertrags. Wie sich die Lasten des demografischen Wandels gerechter verteilen lassen*. Discussion Paper 14 (2014), S. 15, m.w.N.

285. Bäcker, Gerhard; Kistler, Ernst: Überschneidung von Grundsicherung und Rente. bpb.de, 31.1.2014

286. DGB: *Jeder zweite ältere Beschäftigte will Arbeitszeit vor Rente reduzieren*. Pressemitteilung, 22.9.2014

287. Genauer gesagt: Wenn man die prozentuale Aufteilung der berichteten Anzahl der Krankheiten vergleicht, ist die der 58- bis 63-Jährigen in 1996 eine Mischung aus denen der 64- bis 69-Jährigen und der 70- bis 75-Jährigen in 2002. 1996 gaben 72 Prozent der 58- bis 63-Jährigen an, zwei oder mehr Erkrankung zu haben, 2008 waren es nur 53 Prozent. Vgl. Wurm, Susanne et al. *Gesundheit.* In: Motel-Klingebiel, Andreas et al. (Hg.): *Altern im Wandel. Befunde des Deutschen Alterssurveys (DEAS).* Stuttgart 2010, S. 90-117. Der Effekt besserer Gesundheit trifft auf drei Alterskohorten (52-57, 58-63, 64-69) zu, die im Survey 2002 einen statistisch signifikant besseren subjektiven Gesundheitszustand berichteten als die gleichen Altersgruppen im Survey 1996 (also sechs Jahre frühere Geburtsjahrgänge). Für die anderen Alterskohorten (unter 51, über 69) liegt dieser Effekt nicht vor, was auf eine Ausweitung der Lebensspanne »Junges Alter« hinweist. Vgl. DZA; Destatis; RKI: *Gesundheit und Krankheit im Alter. Beiträge zur Gesundheitsberichterstattung des Bundes.* Berlin 2009, S. 87-88

288. Börsch-Supan, Axel; Weiss, Matthias: *Productivity and age: Evidence from work teams at the assembly line.* MEA Discussion Paper No 148-07 (2008)

289. zitiert in: von Petersdorff, Winand: *Es ist Zeit, über die Rente mit 83 nachzudenken.* faz.net, 26.11.2014

290. Körber-Stiftung: *Länger leben – länger arbeiten.* Hamburg 2014, S. 6f.

291. Bundesinstitut für Bevölkerungsforschung: *Bevölkerungsentwicklung 2013. Daten, Fakten, Trends zum demografischen Wandel.* Wiesbaden 2013, S. 23; Zahlen für 2011

292. Bundesinstitut für Bevölkerungsforschung: *Hohe Bereitschaft für Weiterbeschäftigung im Ruhestand.* Pressemitteilung vom 22. Januar 2014

293. berufundfamilie: *Arbeit und Alter. Unternehmens- und Beschäftigtenumfrage.* Frankfurt am Main 2014, S. 15

294. Preuss, Susanne: *Daimler und Bosch holen die Rentner zurück.* FAZ.net, 5.10.2014

295. Niejahr, Elisabeth: *Der große Renten-Irrtum.* Die Zeit Nr. 6/2014, S. 21

296. Spanne ausweislich Gesetzesbegründung bzw. Schnabel, Reinhold: *Rentenpolitik: Wiedereinstieg in die Frühverrentung.* Universität Duisburg-Essen, 31.1.2014

297. Allensbach: *Renten- und Arbeitsmarktpolitik im Spiegel der öffentlichen Meinung*. 2014

298. Tremmel, Jörg: *Die fetten Jahre sind vorbei...* Die Zeit Nr. 14/2005, S. 23

299. Bönke, Timm; Lüthen, Holger: *Lebenseinkommen von Arbeitnehmern in Deutschland: Ungleichheit verdoppelt sich zwischen den Geburtsjahrgängen 1935 und 1972.* In: DIW-Wochenbericht Nr. 49/2014, S. 1271-1277

300. Monaghan, Angela: *Young workers hit by double squeeze as pay divide widens.* The Guardian, 24.2.2014

301. »There is an increasing generational divide between the elderly and the young in terms of social indicators. Social spending on elderly people was favoured relative to spending on families, children and education. There is now a serious danger that a lost generation might develop in several member states.« Darvas, Zsolt; Deschekassin, Olga: *Poor and under pressure: the social impact of Europe's fiscal consolidation.* Bruegel Policy Contribution 4/2015, S. 1

302. BMAS: *Armuts- und Reichtumsbericht der Bundesregierung.* Berlin 2013, S. 536

303. DGB: *Arbeitsqualität aus der Sicht von jungen Beschäftigten. 5. Sonderauswertung zum DGB-Index Gute Arbeit.* Berlin 2014, S. 4

304. *Der Nachwuchs verliert den Anschluss.* Tagesschau.de, 27.10.2015; Schraad-Tischler, Daniel: *Social Justice in the EU – Index Report 2015. Social Inclusion Monitor Europe.* Bertelsmann-Stiftung: Gütersloh 2015, S. 59-69

305. IW Köln: *Bildungsverlierer. Kurzstudie auf Basis des Soziooekonomischen Panels und PISA-Daten.* Köln 2014. DGB: *Bildungsgipfel-Bilanz 2014 Die Umsetzung der Ziele des Dresdner Bildungsgipfels vom 22. Oktober 2008.* Berlin 2014

306. Bertelsmann-Stiftung: *Erwerbstätigkeit im Lebenszyklus. Benchmarking Deutschland: Steigende Beschäftigung bei Jugendlichen und Älteren.* Gütersloh 2011

307. *Goldman Sachs führt 17-Stunden-Tag für Praktikanten ein.* Zeit Online, 18.6.2015

308. DGB-Index Gute Arbeit 2014, a. a. O., sowie repräsentative Umfrage unter Berufstätigen zwischen 20 und 35 im Auftrag von Neon, 2009, zitiert nach Bauer, Patrick; Schrenk, Jakob: *Krise? Normal!* Neon Nr. 9/2009, S. 36-44

309. DAK: *Dauerstress setzt Seele unter Druck. Psychische Erkrankungen auf dem Vormarsch.* Pressemitteilung vom 22.3.2011

310. TK: *Gesundheitsreport 2015. Gesundheit von Studierenden.* Hamburg 2015, S. 20ff., S. 64ff.

311. Siehe dazu das Hintergrundpapier der Stiftung Generationengerechtigkeit, abrufbar unter www.generationengerechtigkeit.de

312. Schormann, Tobias: *Berufsneulinge klagen über Altersdiskriminierung.* Welt Online, 11.3.2013

313. Deutscher Corporate Governance Kodex, Abschnitt 4.2.3, abrufbar unter http://www.dcgk.de/de/kodex/archiv.html?file=files/dcgk/usercontent/de/download/kodex/2014-06-24_Deutscher_Corporate_Governance_Kodex.pdf

314. Biedenkopf, Kurt: *Die Ausbeutung der Enkel.* Berlin 2006, S. 217

315. Merkel, Wolfgang; Weßels, Bernhard: *Der wählerische Souverän.* In: Frankfurter Hefte Nr. 5/2009, S. 17-19

316. Dort findet sich auch unser Hintergrundpapier mit ausführlichen Nachweisen und Quellenbelegen für die in diesem Kapitel gemachten Aussagen

317. Die Stundentafeln sind dem Anhang der Schulordnungen zu entnehmen, einsehbar unter www.km.bayern.de/km/schule/recht/verordnungen

318. Lange, Dirk et al.: *Politikunterricht im Fokus. Politische Bildung und Partizipation von Jugendlichen. Empirische Studie.* FES: Berlin 2013, S. 43f.

319. Herr, Vincent-Immanuel; Speer, Martin: *Wer nicht wählen will, soll zahlen. Der Trend zur politischen Verweigerung gefährdet die Demokratie. Ein Plädoyer für die Wahlpflicht.* Die Zeit Nr. 35/2013, S. 32

320. zitiert nach Friedrich, Holger et al.: *Die Herausforderung Zukunft: Deutschland im Dialog.* Berlin 1998, S. 53

321. Biedenkopf, Kurt: *Die Ausbeutung der Enkel.* Berlin 2006, S. 222

322. Buchstein, Hubertus: *Umweltpolitik in Diktaturen und Demokratien Neue Befunde zu einer alten Kontroverse.* Heinrich-Böll-Stiftung: Berlin 2011, S. 4-11

323. Gronemeyer, Reimer: *Altwerden ist das Schönste und Dümmste, was einem passieren kann.* Hamburg 2014, S. 180

324. zitiert nach Lüdecke, Matthias: »Demokratie kennt keinen Schaukelstuhl«. weser-kurier.de, 10.11.2011

325. Generali Zukunftsfonds: *Der Ältesten Rat. Generali Hochaltrigenstudie: Teilhabe im hohen Alter.* Monitor 05 (2013), S. 5

326. im Stern vom 24.11.2011, zitiert nach Denninger, Tina et al.: *Leben im Ruhestand. Zur Neuverhandlung des Alters in der Aktivgesellschaft.* Bielefeld 2014, S. 365

327. Späth, Lothar; Henzler, Herbert: *Der Generationen-Pakt: Warum die Alten nicht das Problem, sondern die Lösung sind.* München 2011, insbesondere S. 97-99

328. an der Evangelischen Akademie Tutzing, 20.6.2015

329. Evangelische Hochschule Freiburg: *Begegnungen von Alt und Jung fördern Kinder.* eh-freiburg.de, 23.5.2014

330. Ich habe die beiden bei der WDR-Sendung »west.ART« am 20.1.2013 in Köln kennengelernt.

331. IF: *Hoarding of Housing: The intergenerational crisis in the housing market.* London 2011

332. Sutthoff, Jan Daniel: Gysi fordert Jugendquote für den Bundestag – und eine Auszeit für junge Politiker. Huffington Post, 7.10.2015

333. zitiert nach Leif, Thomas: *Angepasst und ausgebrannt.* München 2010, S. 83f.

334. Weisband, Marina: *Setzen wir die falschen Prioritäten?* Blogpost vom 14.8.2015, abrufbar unter http://marinaslied.de/setzen-wir-die-falschen-prioritaeten/

335. bei der re:publica 2013

336. beim Journalistenfrühstück im Folkdays Pop-Up-Shop in Berlin, 26.6.2015

337. nuggets: *Greenpeace Usage & Attitude Mode unter Jugendlichen. Ergebnisbericht.* Hamburg 2015, S. 34

Bibliografische Information der Deutschen Nationalbibliothek

Die Deutsche Nationalbibliothek verzeichnet diese Publikation
in der Deutschen Nationalbibliografie; detaillierte bibliografische
Daten sind im Internet über https://portal.dnb.de abrufbar.

Verlagsgruppe Random House FSC® N001967

1. Auflage
Copyright © 2016 Gütersloher Verlagshaus, Gütersloh,
in der Verlagsgruppe Random House GmbH,
Neumarkter Str. 28, 81673 München

Redaktionelle Mitarbeit: Dr. Peter Schäfer, Gütersloh
(www.schaefer-lektorat.de)

Druck und Bindung: GGP Media GmbH, Pößneck
Printed in Germany
ISBN 978-3-579-08626-2

www.gtvh.de